国連研究　第22号

持続可能な
開発目標と国連

SDGsの進捗と課題

日本国際連合学会編

国際書院

The United Nations Studies, Number 22 (June 2021)
SDGs and the UN: Progress and Challenges
by
The Japan Association for United Nations Studies
Copyright ©2021 by The Japan Association for United Nations Studies
ISBN978-4-87791-313-7 C3032 Printed in Japan

目　次

持続可能な開発目標と国連

SDGsの進捗と課題

（『国連研究』第 22 号）

目 次

表紙写真

Scene at UN Headquarters ahead of High-level Week of 74th General Assembly

©UN Photo/Laura Jarriel

Contents

SDGs and the UN: Progress and Challenges

(The United Nations Studies, Number 22)

Cover: Scene at UN Headquarters ahead of High-level Week of 74th General Assembly
©UN Photo/Laura Jarriel

序

　『国連研究』第 22 号は「持続可能な開発目標と国連—SDGs の進捗と課題」を特集テーマに据えた。「誰一人取り残さない（Leave no one behind）」をスローガンに、「持続可能な開発目標（Sustainable Development Goals: SDGs）」が設定されてから早 5 年が過ぎた。現在の国際社会は、新型コロナウイルスの感染拡大によって深刻なダメージを受けている。国際社会は加速度的に進展するグローバル化の負の側面と戦っているといってよい。この感染症は SDGs の実現にも暗い影を落とし、目標達成への障害になっている。SDGs 達成のためには、国際機構、国家、NGO や企業などの非国家主体といった多様な行為主体（アクター）間のさらなる連携も不可欠であるし、さまざまな資源を調整する機能の充実も急がれている。国連システムにおける既存の枠組みの転換も必要である。

　そこで今号では、SDGs の目標設定の意義と妥当性を問い直し、現在の進捗状況を評価することを試みた。SDGs の達成に向けて努力を続ける国際社会の動態を探り、多種多様なアクターと協働する国連の役割と機能について、また、目標達成のための今後の課題について検討する論考が揃った。

　以下、特集論文から掲載順に各セクションの論文を紹介する。

　髙橋論文は、様々な角度から各々の策定過程を分析することにより、MDGs から SDGs に至るプロセスを検証している。MDGs は OECD・DAC による新たな開発計画政策を基礎とし、当時国連事務総長であったコフィ・アナンが少数の「専門家」とともに策定を主導した。そのため、ポスト MDGs の形成過程では、「専門家」がリードした MDGs 策定に対する G77 途上国の危機感が反映された。また、並行して起こったグローバル化や、経済・社会・環境を包括的に捉える志向、脱ウェストファリア体制といった潮

流も、SDGs の目標策定に大きな影響を与えた。そして、「誰一人取り残さない」ことを念頭におきつつ、内容的には革新的な目標を掲げた SDGs を達成するためには、グローバル性の確保や脱ウェストファリアの進展などが必要であるとともに、国連自体も、SDGs に対応して変化することが必要であると結論づけている。

　小川論文は、SDGs による「目標による統治」という統治システムが登場した背景、特徴、そして、このガバナンス・システムの実効性についての評価を試みている。「目標による統治」は新しいタイプのガバナンス・システムであり、国際レジームの機能不全への打開策として期待できるが、SDGs の実効性が確保されるためには進捗状況を適切に計測し、評価し、アクターにフィードバックされるという一連のモニタリング・プロセスが機能していることが大前提であると同論文は述べている。そして、モニタリング・プロセスとして、グローバル指標やダッシュボードには一定の役割はあるとしつつも、それぞれには課題が多いことを指摘している。

　菅原論文は、「SDGs ウォッシュ」といった表面的に SDGs に取り組む企業に対する懸念を紹介しつつ、COVID-19 をめぐる事態を背景として、SDGs の中核である企業の人権尊重責任が、自社のみならずそのバリューチェーンを含む事業活動全体で果たされるべきという「ビジネスと人権」の原点が確認されている現状を指摘する。同論文は現在までの経緯として、グローバルな問題解決における企業の位置づけが、「規制の対象」であるとともに、課題解決のための国家や国連機関の「パートナー」へと拡大し、SDGs では企業が実現の担い手としてより積極的な役割が期待されるようになったことを分析した。そのうえで、「国連ビジネスと人権に関する指導原則」に定められた人権尊重責任が SDGs の取組で軽視されることへの国連ビジネスと人権作業部会の懸念なども紹介し、SDGs に対する「ビジネスと人権」の視点が整理されている。

　上村論文は、SDGs の達成のために、グローバル・タックスといったグローバルな政策および世界政府といったグローバルな制度が不可欠であり、

それらの実現には市民社会セクターの役割が重要であることを論証している。同論文は、まずグローバル社会における市民社会セクターの位置づけを確認し、グローバル・ガバナンスとグローバル政府（世界政府）の重要性を浮き彫りにした。次に、SDGs 達成を阻むグローバルな政治経済構造を分析し、その打破に不可欠なグローバルな政策としてグローバル・タックスを、グローバルな制度として世界政府を検討した。そのうえで、グローバル・タックスの実現に向けて活動する NGO、なかでも国会議員と協働する日本のグローバル連帯税フォーラムと、世界政府や世界議会実現のために積極的に動いている NGO、とくにドイツの国境なき民主主義について詳細に検討し、NGO の課題と展望を論じた。

　独立セクションには、2 本の論文を掲載した。

　西海論文は、保護する責任概念が、国連において外交上、実務上定着した一方で、研究者間では消極的・批判的にとらえられる傾向があるという両者の齟齬を問題の発端としている。本論文では、その乖離が生じた原因として、正戦／介入論、ガバナンス論、紛争予防論という保護する責任概念の三つの系譜を指摘したうえで、研究者は正戦／介入論を軸とした議論を行う一方、外交・実務上では紛争予防論の系譜が重視されるようになってきたことにあると論じている。さらに、この紛争予防論を基盤とする保護する責任概念の理解は、文民保護のための武力行使を推進する可能性があることを指摘し、その現れとして「キガリ原則」を参照したうえで、この方向性が保護する責任の「第 2.5 の柱」になりうることを示唆している。

　小林論文は、「国連平和活動とローカルな平和」と題し、紛争国や地域で平和を構築する過程を分析している。かつて、国連の平和活動は国レベルの支援による、外からのかつ上からの平和であり、地域への平和支援はこれまで研究者にあまり検討されてこなかった。現在の国際法が国家および政府間国際機構を主体として構築された秩序であることの限界ともいえよう。同論文は具体例として、アフリカのスーダンおよび南スーダンを取り上げている。1950 年代以来、スーダンでは内戦が行われてきたが、2003 年にアラブ系民

兵がアフリカ系住民を虐殺するダルフール紛争が勃発し、当時「世界最悪の人道危機」と呼ばれた。2011年にスーダンから南スーダンが独立し、2020年3月に和平協定が結ばれて、紛争は一応の終結をみたが、紛争当事者間の和平合意とは別に、住民にとっての平和が完全に構築されたわけではないと筆者は述べている。

　政策レビューには、国連日本政府代表部での任務を終えて昨年秋に帰国した星野会員に、大使・次席常駐代表としての三年間の経験について執筆をお願いした。国連政治の中で人間中心の議論を進めていくことの難しさと、新時代の「人間の安全保障」の重要性と実現の必要性について、SDGsの推進も含めてレビューしている。

　続いて、書評セクションには4本の書評を掲載した。書評の対象となった文献は、D. M. Crane et at eds. *The Founders: Four Pioneering Individuals Who Launched the First Modern-Era International Criminal Tribunals*、帶谷俊輔『国際連盟：国際機構の普遍性と地域性』、岩谷暢子『国連総会の葛藤と創造−国連の組織、財政、交渉』、詫磨佳代『人間と病：国際政治から見る感染症と健康格差』である。

　D. M. Crane et at eds. *The Founders: Four Pioneering Individuals Who Launched the First Modern-Era International Criminal Tribunals* は、4つの国際的な刑事裁判所・法廷の各初代主席検察官自身による4つの自叙伝と、実務家および研究者による国際刑事司法の文脈と歴史、実践上の課題に関する補足で構成されている。同書については、越智会員が解説している。

　帶谷俊輔『国際連盟—国際機構の普遍性と地域性』は、機能の面では包括的であり、構成国と活動地域の面では普遍的であることを目指した世界史上初の国際機構である国際連盟が、世界のそれぞれ地域の枠組み（中国、アジア太平洋、ラテンアメリカ、地域機構）に対して実際にはどのように対応したかについて論じている。同書については、渡部会員が解説している。

　岩谷暢子『国連総会の葛藤と創造—国連の組織、財政、交渉』は、国際連合の行財政問題を扱う国連総会の第5委員会に焦点を当てている。担当した

久山会員は、本書を国連行財政に関する「技術的な手引き書的色彩の濃い内容」としており「この国連の行財政問題書をできるだけ深く掘り下げ、その分析結果を広く共有することを目的とした労作である。」という。

　詫磨佳代『人間と病：国際政治から見る感染症と健康格差』は、人類と病の関係について通時的に記述しつつ、国際政治の視点から分析するものである。世界が新型コロナウイルスの脅威と闘った 2020 年に本書が出版された。コロナ禍に直面した多くの人が、人類と病の歴史について書かれた本書に多大な関心を持つことは想像に難しくないと、担当の鈴木会員も言及している。

　加えて、学会の活動として、国連システム学術評議会（ACUNS）研究大会、ACUNS の地域セッションとして開かれた ACUNS-Tokyo 大会、コロナ禍で延期された東アジア国連システム・セミナーの代わりに開催された日中韓理事長レベルの交流会、また、今年 3 月に行われた国際シンポジウムについての報告も掲載した。いずれもコロナ禍により、オンラインでの開催となった。

編集委員会

＊「governance」の日本語表記は、「ガバナンス」あるいは「ガヴァナンス」などがあるが、各論文における表記の仕方については執筆者に委ねた。

I 特集テーマ

持続可能な開発目標と国連

1 MDGsからSDGsへ：
その過程の検証とポストSDGsの課題

髙 橋 一 生

はじめに

SDGsの中核である「サステナビリティ」をあざ笑うがごとく新型コロナウイルス感染症の拡大が人の往来を断ち切ることによって社会が分断され、歴史の流れが断絶された昨今、もう一度SDGsとは何であるのか、を問うことが求められているであろう。その作業の一環としてMDGsからSDGsへの展開を検証し、その意味を探ることにする。そこから断ち切られた歴史におけるSDGsの意義、そしてその先への課題が見えてくるものと思われる。

1 MDGs

（1） 成立

1997年に国連事務総長に就任したアナン（Kofi Annan）は「自分はオポチュニストだから自分が最重要課題だと思っている」[1]、貧困削減に全世界の焦点を当てさせるためには何でもすることにした、と自伝で振り返った[2]。そのためにまず目を付けたのは1990年代の国連の各種会合で徐々に影響力を増してきた世界のNGOの活躍と[3]、それとの連携強化であった[4]。アナンはまた、冷戦後グローバル化の中心的役割を担ってきた世界のビジネス界にも焦点を当て、ダボス会議に乗り込みグローバル・コンパクトを発足

させた。[5] さらに、それまでとかく疎遠であった世界銀行総裁のウォルフェンソーン（James Wolfensohn）と親密になることを心がけた[6]。

　アナンはここまでは自伝で述べているが、多くの自伝がそうであるように、最も重要なことは書いてない。それが、MDGs は実は OECD・DAC の「新開発戦略」の“コピー”であるという点である。自伝をよく読むと、それが透けて見える。

　MDGs 成立の過程を振り返ろう。2000 年の国連ミレニアム・サミットにおいて先進国全体が途上国の貧困削減に開発協力の焦点をあてる、ついてはそれを有効にさせるためにも途上国自身も自国の政策を貧困削減に焦点をあてる、それを市民社会と企業セクターが支援する、という構造を作り上げる。これが MDGs である。アナンは、その担当を自分のオフィスのラギー（John Ruggie、当時コロンビア大学教授兼任）に担当させた、と述べている[7]。

　　MDGs は以下の内容がエッセンスである[8]。
　　・極度の貧困と飢餓の撲滅
　　・初等教育の完全普及の達成
　　・ジェンダー平等推進と女性の地位向上
　　・乳幼児死亡率の削減
　　・妊産婦の健康改善
　　・HIV/ エイズ、マラリアその他の疾病蔓延の防止
　　・環境の持続性確保
　　・開発のためのグローバルなパートナーシップの推進

　それに対して 1996 年に採択された DAC 新開発戦略（21 世紀に向けて：開発協力を通じた貢献）は以下がその内容の中心であった[9]。
　　・2015 年までに貧困人口割合の半減
　　・2015 年までに初等教育の完全普及
　　・2015 年までに初等・中等教育における男女格差の解消

・2015 年までの乳幼児死亡率の 1/3 までの削減

・妊産婦死亡率の 1/4 までの削減

・性と生殖に関する健康（リプロダクティブ・ヘルス）に関わる保健・医療サービスの普及

・2005 年までの環境保全のための国家戦略の策定

・2015 年までの環境資源の減少傾向の増加傾向への逆転

　これらの目的達成に向け、先進国および開発途上国が共同の取り組みを進めてゆくグローバル・パートナーシップが極めて重要と指摘している。

　この DAC 新（当時は）開発戦略を MDGs とすることによって国連ミレニアム宣言は精彩を放つことになった。その背景を探ってみたい。

　1961 年にアメリカのケネディ大統領提唱の「国連開発の 10 年」が国連総会で採択されて以来急速に南北の視点が国連システム全体を覆うようになった。国連総会および専門機関総会等で新独立国が多数を占めるようになり、冷戦の激化に伴い、その多数派に対して西側と東側の支持獲得合戦が展開された。国連諸機関に対する支配力を確保する競争という色彩が濃厚になり、それを途上国（G77）が利用するという構造が形成された。1989-91 年に冷戦が終結すると、G77 は西側先進国（OECD 諸国）に対する楯を失い、数だけでは意味のある譲歩を OECD 諸国から勝ち取れないということを十分に認識するに至る。1992 年のリオ環境・開発サミット（会期中の 2 週間、会議事務局長ストロング（Maurice Strong）の要請で筆者は何時でも相談に乗れる態勢をとり、ほぼ常に事務局長に同行）は「環境」をいわば“人質”にすることによって、G77 がどれだけ西側先進国から ODA などについての譲歩を引き出しうるであろうかというポスト冷戦の南北交渉の試金石になった。1990 年代に繰り返されることになる各種グローバル国連会合において G77 はそれぞれのテーマを“人質”にして ODA 等に関する譲歩を西側先進諸国に迫ったが、なかなか成功しなかった。1990 年代後半になると徐々に途上国の間で G77 に対する無力感が出て来るようになった。

　他方、西側先進諸国は冷戦の終結とともに対途上国協力への関心が薄れ始

めた。唯一の例外が日本であった。1990 年代を通して日本が世界最大の
ODA 供与国であったのは、他の主要西側諸国に比して冷戦期の対ソ連政策
が緩やかであったことの反映でもあった。1993 年の G7 サミットで主要テー
マを開発協力にすることを主催国日本が提案（アジェンダ設定の中心は主催
国ということが慣例化していた）し、他の諸国から峻拒されたことが、この
時期の西側主要国の状況を物語っている。その中、OECD 諸国の援助機関
は ODA 予算を確保することに苦労を重ねていた。たとえば、スウェーデン
では議会で開発援助に関する議論がテーマにならないように、必死に裏操作
をすることによって、ODA 予算が前年同額になるように工夫していた。

　この間、冷戦終結のための力にもなっていたグローバル化が、レーガン・
サッチャー連合の保守革命によって徐々に進展していき、冷戦終結とともに
急展開し始めた。1990 年代半ばになると、先進国においてもグローバル化
の進展に伴う貧富格差の拡大が起こり、たとえば日本では 1997 年にはジニ
係数（常に ODA 予算額の先行指標：高いほど ODA 予算は減少）が高まり
始めた。その結果、先進国における社会運動が急速に拡大し、1995 年の時
点では EU 諸国の半数以上の国政における与党が社会民主党ないしは第三の
道政権になり、アメリカではその第三の道路線に同調し、年次会合に出席す
るクリントンが大統領[10]、日本では社会党の村山首相のもとの連立政権が発
足、という状況になった。

　「先進国クラブ」とも称される OECD では、主要国における社会主義的な
政権の発足に伴い、新たな政治環境の下での開発協力政策を構築する必要性
のコンセンサスが形成され、DAC が「新」開発協力政策を立案することに
なった。そして、オランダの開発協力大臣（Jan Pronk、元 UNCTAD 事務
次長）が中心となって日本を含む小さな作業グループが形成され、DAC「新」
開発協力政策を立案することになった。DAC は 1996 年に国連各種会合結論
も使いながら社会民主党・第三の道政権が開発協力に前向きに取り組みやす
い戦略を前面に打ち出すとともに、「新」開発協力政策の内容においては、
貧困削減に焦点を当てることとした。英国において 1997 年にブレア政権

（新労働党・第三の道政権）が成立すると、直ちにこの新戦略に同意した。

　DAC は伝統的には保守党色の強い政策環境を前提として、援助の条件、評価など援助の質に焦点をあてて国際社会に貢献することを旨としてきていた。そのため、この新開発戦略を推進する先頭に立つにはその委員長も担当局長も戸惑いを隠せず、新政策の執行に自信がなかった。筆者は「DAC の先輩として知恵を貸してくれませんか。」という相談を受けた。

　1990 年代の末になると反グローバル化の波はますます盛んになり、世銀・IMF さらに WTO はその矢面に立たされることになった。1999 年 12 月のシアトルにおける WTO 会合は反グローバル化運動の過激派によりダウンタウンが占拠され、中止せざるを得なくなり、新ラウンドの発足が頓挫した。他方、国連ミレニアム・サミットが目前に迫っているにもかかわらず、G77 は無力感を克服できず、準備ができてなかった。結果として、当時国連事務総長だったアナンの主導で、国連のミレニアム・サミットは進むことになる。事務総長が実務のリーダー役を命じた副事務総長のフレシェット（Louise Fréchette）はカナダ出身、ラギー（オーストリア生まれ、カナダに移住）はコロンビア大学の前任のカナダ人コックス（Robert Cox）教授の秘蔵っ子であり、カナダとの親近性は強い。DAC 事務局長のウッド（Bernard Wood、カナダ出身）との間に（当人たちに確認してはいないが）、筆者の経験から推測しても、カナダ・コネクションとして密なコンタクトがあったに違いない。この協力関係が、途上国代表たちが SDGs 協議に際して、MDGs は「専門家ペース」でできあがった、ということになる。2000 年 9 月のミレニアム・サミットに際しクリントンが当然のこととしてミレニアム宣言を支持した[11]背景には第三の道政権路線を前面に出した、この協力作業があったことに対する安心感があったからであろう。さらには2000 年 6 月には、ゴルバチョフ元大統領とストロング・リオ・サミット事務局長を共同議長にし、有識者プラス、世界各地における草の根会議による「地球憲章」が発表された。政府間交渉を最小限にしつつも、「地球憲章」の高い倫理性・哲学性が貧困削減に焦点を当てた MDGs を後押ししたことも、

このプロセスに正当性を付与することになった。

（2）　展開

　アナンはMDGsの実行に際し、財政と戦略を確立することを重視した。財政に関してはサミット直後にメキシコのセデイヨ大統領に委任した[12]。国連とアメリカの関係を熟知するアナンは、アメリカ大統領が共和党のブッシュになったことの意味を深く理解していたようだ。アメリカの国内政治において国連は、国連創設を主導した民主党左派のプロジェクトとして位置付けられている[13]。従って、エリトリア事件があったものの、クリントン政権に関しては基本的に国連に対して前向きであった。一方で、それまでの共和党政権と同様に、ブッシュ政権は国連に対して後ろ向きのはずととられ、事務総長はMDGsの実施に関して極めてデリケートな考慮をしていた様子が伝記からうかがえる。

　しかし、9/11がすべてを変えた。2001年9月11日のニューヨークとワシントンの同時多発テロはアメリカの政治をすべて「テロ対応優先」に変えさせた。その一環として、「テロの根本原因は貧困」とかなり短絡的な政治判断が下され、世界における貧困撲滅に取り組む必要がある、という認識になった。その結果、MDGsに急遽ハイライトが当てられることになった。また、2001年11月にWTOドーハ開発ラウンドがアメリカの支持のもと、いきなり発足することになった。途上国自身準備ができておらず、ドーハ開発ラウンドは最初から有意義な交渉の見通しがないままとりあえず出発することになった。前述のセデイヨに委任したMDGsの財政面に関しては、2002年3月のメキシコ・モントレーでサミット会議が開催された。この会議は、世界のODAの傾向の分水嶺になる。ブッシュが出席し、ミレニアム・チャレンジ・アカウントに3年間で100億ドル拠出を表明した[14]。その後、先進国のODAは顕著な増加傾向を示すことになった。モントレイ会議には、日本は田中真紀子外務大臣をめぐる混乱で、大臣の出席さえも実現せず、その後の国際社会におけるODA増加傾向とは逆の、減少傾向を加速さ

せることになる。

　これらの背景のもと、アナンは MDGs の実施戦略策定に関しては 2002 年 2 月にアメリカのサックス（Jeffrey Sachs）にリーダーシップをとるよう依頼した。当時ハーバード大学教授であったサックスは、同時にコロンビア大学が新設する地球研究所（The Earth Institute）所長兼教授に就任した[15]。これが MDGs さらには後の SDGs に大きな影響を与えることになった。アナンはサックスに対してミレニアム・プロジェクトの具体的な政策立案と同時に、執行戦略を練るようにとの指示を出した[16]。10 の作業部会のそれぞれに学会、NGO 指導者など 20 数名を配し、さらには国連関係機関および国連現地代表を動員し、国連としてはかなり巨大なオペレーションになった[17]。この背景には事務総長とサックスの「国連はプラットフォームの合意形成力はある程度あるが、合意の執行力は弱い」、という共通認識があったので、それを克服する努力をするのが当該プロジェクトの目的である、ということであった。この作業の結果の一部が 2005 年の国連創設 60 周年サミット総会に提出され、採択された[18]。

　サックスはコロンビア大学の地球研究所をこの作業の知的核として位置付けた[19]。この研究所にはコロンビア大学全学がかかわり、5 分野、（地球科学、環境および環境保全、環境工学、公衆衛生、経済学および公共政策）を中心として、それらが相互に関わるように研究活動を展開していくことになる。その結果、国連ミレニアム・プロジェクトは多分に環境面に配慮した内容になった。この点が後にリオのフォローアップ・プロセスと MDGs が合体する際軋轢を最小限に抑えるのに役立った。

（3）　結果と継承

　MDGs の最終報告書（2015 MDGs 報告書）は「MDGs の目的はかなりの程度達成されたが、個々の目的に関しても、また国家・地域に関しても達成度合いに差がある」というほぼ予想どおりの内容であった。報告書では、とくにサブサハラ・アフリカにおいて未達成の国および未達成事項が多いこと

が強調された。これに関して、アナンは「2008 年のイギリスのグレンイーグルスにおけるアフリカ諸国に対する G7 の力強い支援表明にもかかわらず、この約束はその後反故にされた」と落胆を示している[20]が、これはリーマンショックによる G7 諸国の財政危機が原因と言える。

　2011 年になるとポスト MDGs に関する関心が高まり始めた。国連事務局では事務総長や UNDP 総裁を中心として国連全体を動員する仕組みが模索された。同時に国連メンバー諸国でも、この件に関する興味が高まり始めた。とくに、G77 諸国においては MDGs に関して国連事務局と "専門家" たちにリードされてしまったことに対する反省が強く、「ポスト MDGs の主役は自分たちであるべき」、という意識が高まり始めた。2012 年のリオ・プラス 20 はちょうどそのような動きが出始めたタイミングで開催された。環境分野に関する焦点もさることながら、ポスト MDGs の作業における G77 の役割に大きな関心がもたれた。会議のアウトカム・ドキュメント「我々の望む将来」でも当然のようにポスト MDGs の作業に関する部分が重要な位置を占めることになった。

　当該の会議ではコロンビア代表がカギになる役割を果たした。この会議の準備会合が前年 2011 年 8 月にインドネシアで開催され、そこでは、会議の内容に関し、ポスト MDGs を経済・社会・環境からなる SDGs とし、形式は MDGs に範を取ってゴール、ターゲット、指標によって構成される、とする案を当時のコロンビア外務省環境局長カバジェロ（Paula Caballero）が提案し、MDGs と SDGs の合流の流れができた[21]。この時期コロンビアの国家としての主要課題の一つは OECD 加盟であり、近い将来 OECD が正式に加盟交渉に招待するかどうか、という状況にあった。そのため、コロンビア代表が G77 メンバーとして発言しつつ、この国家の置かれた状況を踏まえ、G77 と OECD 諸国との橋渡しを果たそうとしていたとしても不思議ではない。

　「北」側からは EU 諸国が前面に出て、メンバー国主導の SDGs ではリオの「アジェンダ 21」のような膨大な文書になりかねない、と警告した。

MDGs のように専門家主導を目指すべき、とし、日本、アメリカもそれを支持した。翌 2012 年 1 月になると合意文書作成交渉に重点が移り、ポスト MDGs を SDGs とし、そのための交渉メカニズムを合意文書の最も重要な位置づけとするということでコンセンサスが得られた[22]。議長国のブラジルが「① SDGs に関する包括的かつ透明な政府間交渉プロセスを作る。② 2012 年 9 月までに 5 つの地域間グループを通じて加盟国から指名された、公正、公平かつバランスのとれた地域代表による、30 名からなるオープン作業部会を発足させる。③ 2014 年 9 月までに SDGs を提案する報告書を作成する。」という案を提示し、これが採用されることになった。リオ・プラス 20 の成果文書に関し日本の首席交渉官南博は「リオ・プラス 20 サミットの成果文書は全部で 283 パラグラフあるが、極論してしまえば、そのうち SDGs に関する 7 パラグラフしか意味がなかった」[23] と総括している。

2 SDGs

（1） 成立

国連における開発の流れは 1961 年の「開発の 10 年」によって分銅が付き、MDGs へとつながった。他方環境に関しては 1967 年の ECOSOC におけるスウェーデンの提案に原点があり、1972 年のストックホルムにおける人間環境会議によって大きく前進した。1992 年のリオの国連サミット総会でその両者が合体しかけたが、2000 年の MDGs によって開発が中心になり、環境はリオ・プラス 10、リオ・プラス 20 と別の流れ（これをリオ・プロセスと呼ぶ）になった。その両方の流れがもう一度合流することによって 2015 年の SDG の成立に至ったのである。そこで形成された合意は、南北関係からグローバル社会への進展、経済・社会・環境の諸課題の包括性、さらに脱ウエストファリア体制の兆しを刻印したものになった。これらは歴史過程の一段階であるが、そのプロセスを振り返ってみよう。

　a　G77 プラス中国

　1960 年代半ばに、UNCTAD の地域代表制であるアジア、アフリカ、ラテン・アメリカというシステムが基盤となり、G77 は徐々に制度化した。当時中国は台湾が代表権を持っていた。1971 年に代表権が北京に移り、中国が国連における存在感を高める努力を始める際に G77 との関係が注目されるようになった。当時、国連対策上中国が一番苦労したのは人材不足ということであった。中国が G77 対策としてまず注目したのは、UNCTAD に関しては事務局全体がいわば G77 の事務局であるが、国連本体のニューヨークには G77 の事務局がない、という点であった。そこで、香港出身でハーバード大学院生の若手中国人にアプローチし、"北京枠" として国連事務局に入ってほしいと依頼した。

　1973 年の第一次オイルショックに対する対応として、国連で 1974 年の経済特別総会が開催されて以降、南北対話の中心はジュネーブからニューヨークに移った。1976-77 年は、OECD 諸国が G77 を避けるためにパリで参加国を限定した南北対話を仕掛け、OECD が北側の実質上の事務局機能を担った。その後、また中心はニューヨークに移るという経過をたどる。その時点ではくだんの中国人は国連事務局職員となり、G77 の非公式の事務局を務めるようになった。OECD 諸国もそれを黙認（原則として一部の加盟国に対するサービス提供はルール違反）するようになった。そのあたりから「G77 プラス中国」というフォーミュラが定着しはじめた。1979 年に OECD に南北交渉に関する政府間委員会が設立され、事務総長室の管轄になり、筆者が担当官となった。OECD 諸国の暗黙の了解のもと、担当官の筆者はくだんの中国人国連スタッフと連絡を取りながら多様な南北交渉準備を行い、それによって南北分断の破局を何回か防ぐことができた。それを通して、中国人スタッフの G77 事務局機能は認知され、「G77 プラス中国」はほぼ公式の存在となった。

　b　南北からグローバルへ

　国連においてはこの「G77 プラス中国」というフォーミュラが徐々に硬直

化し、1980 年代に入ると現実の課題に対応する機能をなかなか果たせなく
なり始めた。この時点での課題はまだグローバル性ということではない。当
時は、南側諸国（グローバル・サウス）の持つ課題の多様化が顕著になり始
め、一つのグループが多くの利害をまとめることは困難になってきていたと
いう現実がある一方、「G77 プラス中国」は政治的には結束する必要がある、
というもう一つの現実があったのである。その状況をどうするか、というこ
とが国際社会の大きな課題になった。OECD 事務総長の指示で筆者が知恵
を出せということになったため、1985 年に作成した内部文書で、「世界経済
の運営」のための南北対話（その対象として途上国の中で 15 カ国を特定―
そのほとんどが現在の G20 のメンバー）と「世界の社会政策目的」のため
の南北対話の 2 重構造を流動的に運営する、という案を出した。この案は、
メンバー諸国からも非公式にかなりの賛同を得ることができ、タイミングを
見て実行性を探ろうということになった。

　その後、冷戦終結に至り、1990 年代を通じて世界はグローバル化の大波
に飲み込まれていくことになる。ガバナンスの脆い国では内戦が勃発し、多
くの先進途上国や体制転換国は経済危機に見舞われた。同時に、リベラリズ
ムの風は市民社会の活動をグローバルに展開させることになった。1992 年
のリオ・サミット以降、国連の諸会合における NGO をはじめとした市民社
会組織の活躍は目を見張るものがあった。この中で「グローバル」という視
点が世界共通のものになり始めた。

　グローバルへの流れを促進した要素は多々あるが、本稿との関係でとくに
重要なのは 2 点ある。一つは 1992 年のリオ・サミットにおけるシュミット
ハイニー（Stephan Schmidheiny）の役割である。サミット事務局長のスト
ロングはサミットの意義は環境問題に関する「世界の文化革命」である、と
筆者に繰り返し述べていたが、そのためにはビジネス・コミュニテイの価値
観を大きく転換させる必要があると判断した。その目的のためにスイスの若
手実業家（スイス一の資産家でもあった）シュミットハイニーに白羽の矢が
当たった。彼は BCSD（Business Council for Sustainable Development, 後

に WBCSD、World Business Council for Sustainable Development へ発展）
を形成し、日本の経団連も全面的に協力した。その一連の作業の結果として
1992 年 1 月に *Changing Course*[24] という報告書が出版され、世界をリード
する企業経営者たちが個人で署名した。この十数年来企業のグリーン志向が
強まってきたが、その根っこにはこのシュミットハイニーの作業がある。

　もう一点は当時サミットの事務局で NGO 担当官を務め、後にエクアドル
の環境大臣や IUCN（World Conservation Union）会長などに就任したカカ
バツェ（Yolanda Kakabadse）の働きである。リオ・サミットは市民社会組
織が大きな役割を果たした最初の国連会議であったので、カカバツェは、前
例に頼れず、孤軍奮闘して、市民社会のエネルギーを数十キロ離れた場所で
開催されていたサミットにつなげることに成功した。結果、世界を大きく変
えることにつながった。国境を越えて繋がる市民社会の力が、国家をリード
する大統領・首相たちに驚きの目をもって迎えられたのを目撃し、「時代が
変わる」と実感し、ポスト冷戦の世界が展開しはじめた、という強い印象を
筆者は持ったのである。

　c　経済・社会・環境の包括性

　20 世紀は産業社会化の時代であった。政府の行政機能が拡大し、作業も
細分化されていった。その初期段階に設立された国際連盟はこのプロセスに
対応することになる。事務局幹部であったミトラニー（David Mitrany）は、
そこでの経験を定式化し、1943 年に国際協力として発展させた「機能主義
の国際機構論」を提唱した[25]。この機能主義による国際機構論とは、国家の
行政府の主要機能（財政、労働、運輸、医療・保健、教育、農業、通信な
ど）を個々に連携させ、それぞれを国際機構にすることによって、国際社会
の平和の基盤を強化することができる、という論理であった。この理論の背
景のもとで国連の専門機関が設立された。その後も新たな種々の課題が既存
の行政機構の狭間に生まれてくることになるが（環境、ジェンダーなど）、
国連は、そのたびにまず国連会議を開催し、徐々に組織が形成される、とい
う機能主義の延長線上の展開を示すことになる。かくして国連の多くの部分

は機能主義理論で覆われることになる。実際に、機能主義に基づいて多様に展開されてきたマルチラテラリズムが紛争抑止力として国連体系の平和維持機構としての重要な部分を担ってきた。

1990 年代の一連の国連会議は、機能主義が対象にする諸課題に焦点をあてることになった。それらが一定の政治的重要さを持ったがゆえに、結果として、国際社会の注意が拡散してしまうという状況が明確になってきた。2011 年に「リオ・プラス 20」の準備会合でコロンビアの代表が「経済・社会・環境」の総合としてのサステナビリティというコンセプトを提案（2002年のヨハネスブルグにおけるリオ・プラス 10 に国連大学が類似の提案をしたが、この時点ではやや時期尚早であった）した際、各国代表にはストーンと納得いくものがあったようだ。環境と貧困削減以外の、それまで国連で交渉してきた多様な課題の多くを「社会」でひと括りにし、それらが相互に関係している、という程度のコンセプトである。理論化作業は極めて未発達ではあるものの、交渉上の事実が先行しつつ、多様な課題の包括性という視点は急速に国際社会の共通認識になった。

d　脱ウエストファリア体制の兆し

前文は "We, the peoples" で始まりつつも、国連憲章の実態は主権国家間の条約である。20 世紀半ばになると、国家のありようとして "国民国家" が前提となった。国民国家が抱える課題として、国家の統合を目指すために内部に排除者を作り、外部に対しては対抗論理を含まざるを得ないということから、国民国家は常に平和を脅かす存在であると広く認識されている。にもかかわらず、国連は、1940 年代後半から 1970 年代はじめにかけて誕生する百を大きく超える新独立国をメンバーとして迎え、それらが国民国家として育つ（nation-building）ことを主要任務としてきた。そして、国連によって創り出された平和維持機構が平和を崩す可能性を拡大しつつ 75 年の歴史を紡いできた。国連がこの矛盾を抱える一方で、国民国家を乗り越える力が徐々に強まりつつある国際社会の状況も SDGs 形成のプロセスで明確になってきた。

　まず EU による加盟国の主権機能を代行する状況が国際社会で大きなイン
パクトを持つようになってきた点を特筆すべきである。1956 年のローマ条
約 113 条に基づき貿易分野では EC 委員会が交渉権能を有するようになっ
た。その後、EC から EU に発展するにつれて、開発協力などの分野で EU
の基金が拡充するにつれて、EU コミッションもしくはその時点の議長国
（半年ごとのローテーション）が EU 諸国を代表して発言するようになり、
さらには、南北交渉においても、北側全体の実質上の代表を兼ねる機会も増
加しつつある。英国の離反にもかかわらず、この EU の機能の拡大は主権国
家体系を崩し始めつつある。

　さらに、研究機関の持つ脱主権国家機能がこの半世紀ほどの間に大きな流
れになりつつある。MDGs に関して、国連事務総長、サックス、コロンビ
ア大学の連携を指摘したが、のちに述べるように SDGs 交渉において「プラ
ネタリー・バウンダリー（Planetary Boundary）」というコンセプトが重要
な役割を果たす。これはスウェーデンのロックストロム（Johan
Rockström）教授が 2009 年に提唱し、[26] その後 SDGs 交渉に反映されていっ
たものである。今後、この様な研究所、大学また研究者個人の影響力がエビ
デンスの提供、さらには新たなコンセプトの提案などを通して、国際社会に
大きな影響をあたえる状況が増えてくるものと思われる。

　2010 年代前半までは 1990 年代に始まった市民社会の躍動的な活動がまだ
重要な役割を果たしていた。リベラルな国際秩序が ISIS などの国際テロ活
動を助長するという面もあったが、同時に、グローバルな NGO 活動が
SDGs を推進する大きな力にもなっていた。2015 年はリベラルな国際秩序は
以下に述べるようなプラスとマイナスの「成果物」を生み出す一つのピーク
であった。これらの活動がグローバリズムと同時に脱ウエストファリアの方
向性をも指し示し始めていた。

　e　交渉

　以上のように、SDGs 形成の交渉は、グローバル性、経済・社会・環境の
包括性、脱ウエストファリア体制の方向性を包含しつつ展開されることと

なった。

MDGs から SDGs へ

2011 年ころからポスト MDGs へのプロセスとリオのプロセスが並行して進みはじめていた。結果としてリオのプロセスがポスト MDGs のプロセスを飲み込んで SDGs が誕生することになった。力関係としては加盟国対事務総長の競争で加盟国に軍配が上がった、とみるべきであろう。

MDGs が事務総長、そのブレイン・トラスト、OECD-DAC の連携で展開したのを受け、ポスト MDGs のプロセスがその延長線上で展開する前提で、①潘基文（バン・キムン）事務総長と UNDP 総裁中心の国連システムを動員した準備メカニズムと、②事務総長の招集したハイレベル・パネル（リベリアのエレン・ジョンソンサーリーフ大統領、インドネシアのユドヨノ大統領、英国のデイビッド・キャメロン首相を共同議長）の報告書で具体案を詰めた。他方リオ・プロセスは「G77 プラス中国」中心の政府間交渉重視で内容よりも枠組みを中心とした展開が進行した。この枠組みは 30 カ国代表で構成されるとなっていたが、オープン・エンデッドの参加が認められ、実質上オープン・エンド作業部会（Open-ended Working Group: OWG）となった。また、作業部会は「マイ・ワールド」というインターネットによる市民社会へもオープンした。この「マイ・ワールド」を通じた「地球憲章」をめぐる世界各地での草の根運動が SDGs に高度な倫理性と哲学性を与える大きな力になった。そこでの交渉の結果はポスト MDGs に組み込まれる、とリオ・プラス 20 で決議されていた。論理的にはリオ・プロセスと 2015 年とは何ら関係がない。しかし、2012 年時点では、マルチのプロセスとしては 2015 年のポスト MDGs 国連総会が重要な節目という共通認識があり、リオ・プロセスが 2015 年を重視することは不自然とは考えられなかった。

2013 年から 2014 年にかけて OWG の作業がほぼ完了すると 2015 年のポスト MDGs 国連総会はこの作業結果を追認することになった。

議長の手腕

SDGs 誕生のもう一つの重要な要素は、リオ・プラス 20 におけるブラジ

ルの議長、およびOWGのケニアおよびハンガリー（のちにアイルランドに
交代）の共同議長のマルチ外交の手腕の冴えであった[27]。リオ・プラス20
においては、リオ会議のオーナーシップをブラジルが発揮し、このプロセス
はあくまでも政府間交渉が中心であることを明確にした。かつそれを有効に
展開するために大きな要求リストを「G77プラス中国」がOECD諸国にぶ
つけるという手法は避ける、というシグナルを出した。会議全体の信用を勝
ち取ったうえで経済・社会・環境の包括性の内容を中心とした結論を30カ
国のオープン作業部会で詰め、2014年9月までに報告書を作成する、とい
う議長提案に賛同を得た。

　30カ国（実際には70カ国に膨れあがった）のOWGの共同議長は練達の
ケニアのカマウ（Macharia Kamau）大使とハンガリーのコロシ（Chaba
Kolosi）大使であった。OWGが共同議長ペースで運営されたのは、交渉の
土台となるペーパーを準備させないことに徹し、ストック・テイキングに多
くの時間をさいた点が重要である。NGO、専門家、企業家などのステーク
ホルダーにも時間をかなり与えた。それを通じて70名のOWGメンバーに
学びの時間を与え、議長はその間およその合意が可能な部分、専門家の知見
を利用しうる部分、少数の関係国に交渉を詰めさせる部分などを整理し、か
つ会議の後半になってから自らドラフト作成を積み重ねた。そのうえで
「G77プラス中国」対OECD諸国という南北対話の色彩を持つ部分をも演出
し、古典的なプレーヤーたちの満足感をも持たせるようにも配慮した。最終
的にたどり着いたものは全会一致決議によるSDGs誕生であった。共同議長
のなかでもカマウの力量がとくに重要であったとみることができよう。

フォローアップ・メカニズム

　OWGにおいては、序文、宣言、目的、実施手段、およびフォローアッ
プ・メカニズムとリビューの5つの要素から成り立つ最終文書を国連総会で
採用すると合意されていたが、最後のニューヨーク会合ではフォローアッ
プ・メカニズムおよびリビューに力点が置かれた。とくに1992年のリオの
アジェンダ21のフォローアップ・メカニズムとして、経済社会理事会の下

に設立された持続可能な開発委員会の扱いは特筆すべきである。筆者はリオ会議の最中のストロング事務局長とのやり取りを鮮明に思い出す。彼は、2週間にわたる会議の終盤、「リオ会議は自分としては地球規模の文化革命を目指したが、その目的からすると失敗であった。今回の全体のパッケージに相応しいレベルのフォローアップが必要であるが、そのためには重装備はふさわしくない。ニューヨークの外交官の"おもちゃ"を用意すれば足りる」と述べた。結果としてこの持続可能な開発委員会が創設されたが、ストロングの想定どおり、この委員会は大した機能は果たさなかった。

SDGs のフォローアップ・メカニズムとして合意されたのは「ハイレベル政治フォーラム」である。毎年のセッションは経済社会理事会の下で開催されるものの、そのうち 3 日間は閣僚レベル会合、4 年に 1 回は国連総会における 2 日間のサミット会合という仕掛けができた。2019 年に総会の下の第一回サミット会合が開催されたが、リオのフォローアップ・メカニズムに比べると政治的意味合いは大きく異なるものに成長していきそうである。

新コンセプトの役割

SDGs に関しては専門家のインプットは交渉当事者を納得させるものはほぼゼロの状態であった。しかし、ただ一つ例外があった。それは、発想としてはメドウズ（Donella and Denis Meadows）の 1972 年の「成長の限界」[28]の系譜に属するロックストロムのプラネタリー・バウンダリーというコンセプトであった。ロックストロムは気候変動、成層圏オゾン層の破壊、海洋酸性化を主な要素とし、それに加えて生物多様性の損失、化学物質汚染、淡水の消費、土地利用の変化、窒素およびリンによる汚染、エアロゾル負荷は地球的な閾値がある、と指摘した。気候変動、生物多様性、窒素・リン汚染および土地利用に関してはすでに一定の限界を越している、とも警告した。この内容が経済・社会・環境の包括性アプローチに一定の合理的な枠組みを与えると共同議長は認識した。この点を強調した共同議長案に重みが加わることになった。

他交渉との関係

「他機関、他交渉と重複するので」と主張することによって南北交渉で扱うことを避けるのは、北側諸国がよく使う手であり、それは往々に国内での関係官庁の力関係の反映でもあった。

　SDGs交渉においてはゴール13（気候変動）に関して同様のことが起こった。もともとSDGsのベースには国連各分野におけるかなり長年にわたる交渉がベースになっている。先進国、途上国双方の交渉官に気候変動に関しては独立のゴールを加えるかどうかに関して躊躇がみられたのは、それまでのパターンとは異なる背景があったからである。気候変動枠組み条約に基づき、義務を伴うCOPの交渉プロセスにハイライトが当てられ、多くの国において、SDGsとCOPとは別々の交渉官が担当していた。SDGs交渉がCOP交渉を妨げてほしくない、というのが実情のようであった[29]。それを押し切り、ゴール13の挿入に成功したのはNGO、専門家、共同議長の連携[30]が大きな力となった。結果的には2015年のマルチラテラル プロセスで9月にこのゴール13を含むSDGsが最終合意に達し、それが重要な分銅を与え、12月にパリ協定が合意されることになったので、NGO、専門家、共同議長の協力はSDGsを超えた歴史的役割を果たしたと言えそうである。

平和とSDGs

　ゴール16の「平和で包摂的な社会」をSDGsに入れるかどうかという点は、交渉プロセスで一番もめることになった。そもそも平和は安全保障理事会マターである、という原則論でこのテーマを扱うことに難色を示す代表が多かった。議長の判断として、「この課題は小グループに任せる」、という手法で解決された。英国のキャメロン首相[31]は「開発の基礎は説明責任を果たす効果的な政治体制である」、と主張、また途上国の中にも東チモールが自国の経験から、同様の主張を展開する[32]などの議論を踏まえて、最終的には、SDGs合意を優先させた中国も譲歩することによって、このゴールが挿入されることになった[33]。

　これらの作業を含め、2014年12月5日に事務総長は「事務総長報告書」でポスト2015プロセスはOWGの提案に基づき進めるようにとの提案をし、

総会はその提案を採用した[34]。

（2） 展開

a 自発性と実効性

SDGs は個々の政策に関しては極めて融通無碍な合意である。誰が何をしなくてはならない、という規定はない。個々のメンバー国のリビュー・プロセスへの報告でさえボランタリーである。この国連総会の決議がどのように展開しつつあるかを検討してみたい。

全体としては地球社会すべての個人（専門家、政治家等を含む）、すべての団体（企業、地方自治体、市民社会組織、研究機関等）、国家、国際機関等が、自身の判断でプログラムの一部でも全部でも実行することが推奨されている。そしてこれらの行動を評価しリビューを行うことに重点が置かれている。従って、行動は草の根を含め、グローバルに展開されているが、国家を通じた報告に基づき毎年ハイレベル政治フォーラムでこの評価・リビュー作業が行われる。

SDGs 全体を貫く姿勢は「革新」であり、それを追求するに際して「誰一人取り残さない」という心配りである。SDGs のコストは UNCTAD が 2014 年に年間 2.5-3 兆ドルと見積もったのを皮切りに、2017 年には *Economist* 誌が年間 2-3 兆ドル、15 年間、2018 年には Basel Institute of Commons and Economics が年間 2.5-5 兆ドルと推計している。しかし、とりあえずこれらの数字はほぼ無視しつつ、毎年のハイレベル政治フォーラムはゴール 17（パートナーシップ）に関しては毎年扱い、2016-2019 年に 1 サイクル、2020 年にはその後の 10 年のアクション、2021 年にはコロナ・パンデミックからの回復というスケジュールである。毎年のテーマは以下のとおりである。

　　・2016 年　「誰一人取り残されないようにする」
　　・2017 年　「変化する世界で貧困を根絶し、繁栄を促進する」（ゴール 1、2、3、5、9、14）

・2018 年「持続可能で回復力ある社会への変革」（ゴール 6、7、11、
　　　　　　12、15）

・2019 年「人々に力を与え、包摂性と平等を確保する」（ゴール 4,8、
　　　　　　10、13、16）
　　　　　　および 9 月には首脳会議

・2020 年「SDG 実装と 2030 アジェンダにおける COVID-19 の影
　　　　　　響」

・2021 年「持続可能、かつ強靭な COVID-19 パンデミックからの
　　　　　　回復」（ゴール 1、2、3、8、10、12、13、16）

　b　課題の包括性

　経済・社会・環境の包括性は SDGs 交渉プロセスで常に強調されてきた。
年次ハイレベル政治フォーラムにおいても、さらに 4 年に 1 度の首脳レベル
総会でも問題提起としては常に課題の包括性の重要さが強調されてきてい
る。しかし実際の議論においても結論においても、どうしても個々のゴール
あるいはターゲットの議論が中心になってしまっている。あるいは極めて一
般的な論点が出されるだけの場合もある。これが現状である。

　c　グローバル性

　交渉プロセスにおいてかなりの程度南北の視点からグローバル性の強調へ
と大きく舵が切られた。この点は最初の数年間で SDGs の重要な要素として
定着しつつあるように見える。

　d　脱ウエストファリア

　国連諸機関および EU をはじめとした地域機関また OECD が積極的に参
加しつつある。ハイレベル政治フォーラムへの各種のインプットをまとめる
作業も国連事務局のみならず、研究機関（たとえば、Basel Institute of
Commons and Economics）も行っている。国連の関係委員会（統計委員
会、科学技術イノベーション・フォーラム、UN ウィメンなど）もそれぞれ
の分野のインプットを提供している。また、多くの NGO が活発に活動して
いるが、1990 年代の活気には程遠い状況にある。新たな動きとしては企業、

大学・学校および地方自治体の活動が活発になり始めている。

3 課題

MDGs から SDGs への移行から見える傾向としては課題取り組みに対する国際社会のイノベーション能力の高さである。多くの国家や多様なステークホルダーの、文殊の知恵という要素があるのであろう。と同時に、これから改善・改革を望まれる点も明確になった。今後も課題はさらに増えてくるのであろうとも思える。SDGs の「コンセプト」と「国連にとって」のそれぞれについてこの研究から見えてきた主な課題を以下に扱う。

（1） SDGs コンセプトの課題

a 長期プログラムと危機対応

1961 年の「第一次開発の 10 年」以来長期プログラムで目的を達したのはその第一次プログラムのみである。当該プログラムでは途上国の経済成長を年 5% 押し上げることを主要目的にして、それが達成された。この成功ゆえに、その後の累次の開発の 10 年が試みられてきたと言ってもいいであろう。また、1972 年のストックホルム人間環境会議においても長期の視点を重視しつつ諸課題に取り組むという発想が正当化された。その両者の合体として 2015 年の SDGs 合意は当然のごとく長期目標を設定し、2030 年を目指した内容になった。1961 年の「第一次開発の 10 年」出発時点で途上国の経済成長を 5% に設定した背景には、先進諸国の産業革命以来の経済成長率が平均すると年 1.5-2% 程度なので、途上国がそれに追いつくためには長期に渡って年 5% 程度の経済成長が必要、という共通認識が交渉プロセスで形成された、ということが重要であった。その目的が達成された国際社会の現実としてこの 10 年間はグローバルな危機が発生しなかったという点を指摘したい。

その後の長期プログラムはほぼすべて目的未達である。その大きな原因として、およそ 7-10 年に 1 度ずつ起こってきたグローバルな危機があげられ

る。1973年の第1次オイルショックは第3世界からさらに貧困状況が悪化した70以上の途上国からなる第4世界（国連はこれを1974年の経済特別総会で、Most Seriously Affected Countries: MSAC と命名）が形成された。1979-80年の第2次オイルショックに対して主要諸国は第1次オイルショックの際経験したグローバル・インフレを避けるために緊縮財政・金融政策をとった。その結果、当然のこととして世界経済の収縮が起こり、主要ラテン・アメリカ諸国のデフォルトと多くのアフリカ諸国のODA債務危機がもたらされた。

　1989-91年の冷戦終結に伴う国際社会の地殻変動は、第1次オイルショック以来社会基盤の脆弱化が進んでいた多くの途上国での内戦を勃発させた。2001年9月のニューヨークおよびワシントンD.C.に対する同時多発テロはアメリカのアフガニスタンとイラクに対する武力攻撃を誘発した。それをきっかけに世界的に安全保障環境が緊張し、国際経済の見通しが暗転した。2008年のリーマンショックは第2次大戦後最悪の世界経済の収縮をもたらした。2020年以来のコロナ・パンデミックは疫病のみならず米中冷戦の悪化、および100年に一度と言われる経済不況をもたらし、「複合危機」の様相を強め、先の見通しが極めて不透明である。この半世紀の長期プログラムはほぼすべて目的未達であり、危機に直面するたびにプログラムを修正するのではなく、当初目的に戻って回復を図ろうという掛け声は共通しているものの、その挙句目的達成には失敗している。

　今回のコロナ・パンデミックが複合危機を世界にもたらしているということは、世界史の教訓からすると、文明の転換（欧米中心の第1次グローバル文明から欧米とアジア諸国の多様な価値観、さらにおそらくイスラム文化をもフュージョンした第2次グローバル文明へ）を視野に入れる必要がありそうである[35]。そうすると文明の転換期独特の危機の多発という状況を迎えつつあるとみることができるであろう。

　これまでも長期プログラムと危機対応という視点を欠くこともあり国連の累次のプログラムは目的未達の繰り返しで、これらの努力に対して信頼性を

薄れさせてきたが、SDGs においてもそれを繰り返すことになりかねない。2020 年 5 月に国連から出されたコロナ・パンデミック対応報告書、2020 年 12 月の国連総会の 2 日間のコロナ・パンデミック・サミットではこの課題に対する革新的かつ実現可能性の高い対応はほとんど見られなかった。2021 年のハイレベル政治フォーラムはコロナ・パンデミック対応が主テーマになっているので、文明の転換期に入り危機多発の時代（歴史的にみて 2020 年代は「危機の 10 年」と命名される可能性さえある）に SDGs をどうするのかという視点を協議することが望まれる。

　b　平和と SDGs

　ゴール 16 で平和の課題をおずおずと扱っているのは SDGs への信頼を薄めることになりかねない。好意的に見れば紛争などという国際社会にとって切っても切れない厳しい現実から目をそらすことによって、NGO/NPO や地方自治体、さらには企業の SDGs への敷居を低くする効果があるのかもしれない。さらに 1990 年代の冷戦終結に伴う特殊事情によって内戦が紛争の中心であるという時代になり、それが長く続くのであろうという認識もあったかもしれない。

　しかし、1928 年のケロッグ・ブリアン条約や国連憲章などにも関わらず国家間紛争の可能性は常に国際社会が全力で対応しておかなくてはならないのが現実である。ましてやコロナ・パンデミックが複合危機化することによって国家間紛争が何時、どういう形で起こるかわからない状況が出てきつつある現実から目をそらせるわけにはいかない。クラウゼビィッツ（Carl Clausewitz）が指摘するように「戦争は防御で始まり攻撃で終わる。」さらに「敵を阻止することだけに限定し、絶対に反撃しようとしない防御だけの戦争は、まったくナンセンスである。」[36] 戦争は最低限の防御だけをして、ことが治まる積りでいても、意図せずにまきこまれてしまう可能性が高い。それゆえに、常に最大の緊張をもって対応しておくのが国際社会における現実である。

　おそらく国連において、紛争は安全保障理事会マター、SDGs は総会マ

ター、ということなのであろう。形式的には総会が国連の最高機関であるが、実態は安全保障理事会が最高機関であり、そこに SDGs は足を踏み込まないことによって総会で成立しやすくした、ということであろう。これでは市民社会や企業や地方自治体を含め国際社会の多くの SDGs のステークホルダーがやがて「SDGs は国際社会の厳しさに耐えられない内容である」、と期待を裏切られたと思う状況が出て来る可能性が高い。紛争とその処理に関しても SDGs のなかにそれを埋め込むことによって、厳しい現実を抱えた地球社会をしっかりと視野にいれつつ企業、地方自治体、草の根運動などは活動を展開する必要性を認識することになるであろう。そうしてこそ初めて SDGs に対する信頼が長期にわたって醸成されてくるものと思われる。

　　c　課題の包括性の強化

　経済・社会・環境の包括性は SDGs がそれまでの国連の長期プログラムから大きく進化した一番重要な点である。しかし、いまのところ課題の包括性は掛け声倒れになっている。リビュー・プロセスを強化するために政治性を高めることに重点が置かれたが、それは MDGs が専門家プロセスにさらわれてしまった、という認識が「G77 プラス中国」に強かったからであろう。ある意味、経済・社会・環境を総合性ととらえ、それぞれの国が毎年特定される数分野に引っ掛けて国連総会のように自国が発したいメッセージを発する場ということになりかねない。それを称して「政治」フォーラムというのであれば、それをどのように防ぎ、包括性の重要さを生かすためにどのような工夫が必要なのであろうか。SDGs 交渉プロセスで一定の役割を果たしたロックストロムのプラネタリー・バウンダリーというコンセプトを一つのきっかけにしてもいいのかもしれない。

　他方、国内の個々の企業、NGO、地方自治体などにとってはそれぞれにとって重要な課題を追求するに際して、その課題に関係しうる他の課題のチェック・リストという意味が SDGs にはあるのであろう。課題追求の入り口論である。その前提として、SDGs の課題の包括性がしっかりとした理論的に意味のあるものとして確立されている必要があるのは当然であろう。し

かし、SDGs 誕生に見たように、SDGs の課題の包括性は理論的には確立されているとは言い難い。

今ある SDGs の包括性は進化形の第一歩に過ぎない。ハイレベル政治フォーラムにおける議論と世界における SDGs 関連の活動を見据えつつ包括性研究を深める必要があることは明確である。部分的な作業は多々ある。全体を見渡した課題の包摂性そのものを帰納法と演繹法とを混ぜつつ追求するためのメカニズムが必要である。これを国連の中と外とに作ることが必要であろう。

d　グローバル性の確保

コロナ・パンデミックは人間の交流を全世界に渡って断ち切り、経済、社会の基盤を弱体化させた。とくに大きなダメージを受けたのは多くの途上国である。70 年にわたり積み上げられてきた開発の努力によって、世界全体が南北という構造からグローバル性を基調とする地球社会に徐々に転換しつつあった。その結晶として SDGs がある。しかしコロナ・パンデミックは一方で中国のアメリカ経済を凌駕するタイミングを早めると同時に、他方において多くの途上国の開発を何十年か後退させもした。ここから新たな南北構造が現実のものになりつつある。ハイレベル政治フォーラムが南北フォーラムに退行するのは時間の問題かもしれない。

この様な現実を前にして SDGs のグローバル性を確保するためにはかなりの努力を必要とする。開発の退行を余儀なくされた多くの途上国とそれ以外の途上国、および先進国の関係はともにパンデミックの奈落から回復するために協力する、という視点を重視することが SDGs 的なアプローチであろう。そのためにはパンデミックの影響から世界全体が回復しないと問題の解決にはならないという点に焦点を当てることが重要である。ワクチンの普及はおそらく途上国において大幅に遅れるであろう。ワクチンの地球公共財化の提言は 2020 年 9 月以来 Agora for Humanity が国連事務総長へのアピール、12 月のサミット総会議長への提言などを通じて行っている[37]。その影響もあり、徐々に共通認識の方向が出てきつつある。その部分的な実現は

COVAX Facility として動き始めている。このコロナ・パンデミックに対して地球公共財の発想で対応する方向を 2021 年のハイレベル政治フォーラムで推進することから SDGs のグローバル性の確保の努力をするのも一つの方法であろう。"誰一人取り残さない" ことによって初めて問題解決になる課題を目の前にして、SDGs が試されているように思われる。

　e　脱ウエストファリアに向けて

　逆説的ではあるが、脱ウエストファリアに向けての動きを加速させるにはまずウエストファリア体制を成熟させることであろう。そのためには SDGs は適した装置であり、課題はそのことを明確に国際社会の共通認識にすることである。

　ウエストファリア体制初期には主権国家の多くは家産国家や神聖国家であったが現在は大多数の国家が国民国家（nation-state）である。国民はアンダーソン（Benedict Anderson）によると "幻想共同体" であり[38]、アイザックス（Harold Isaacs）によるとそれは言語、宗教、身体的特徴、および歴史観に共通性を見出した集団[39]である。国民国家はほとんどの場合それを達成する目標であり、現実ではない。その「国民国家」を創り上げるという目標を実現するために内部的にはマイノリティを作り出し、排除のロジックが働き、それを梃として社会の統合を図らねばならないのが現状である。アーレント（Hannah Arendt）が指摘するように、その行き着く先は全体主義国家になりかねない。[40]同時に、対外的に敵を作り、内部を固めることが多いのは国際政治学のイロハでもある。基本的にこのような性質の国民国家によって成り立つ現在の国際社会にとって "誰一人取り残さない" という旗を掲げる SDGs の意味は大きい。インクルーシブな社会とは国民国家にとって困難な目標であり、だからこそ国民国家として成熟していくための重要な努力目標である。

　今日では「国民国家」を構築するためであると同時に「誰一人取り残さない」目標を立てるとそれにふさわしい政治体制を吟味せざるを得ない、という大変困難な課題を抱えているいう現実を SDGs は突き付けていることにな

る。MDGs 目標はドナー国にとって第三の道政権がふさわしかった。イン
クルーシブな社会の追求のためにもそれに相応しい政治体制があるに違いな
い。さらには明らかにそれにふさわしくない政治体制も特定出来るであろう。
SDGs は政治制度のテーマからは逃げているが、"誰一人取り残さない" た
めの政治制度論、その先の成熟した国民国家論は SDGs にとって避けられな
い課題であろう。

　さらに、脱ウエストファリアに向けて重要なプレーヤーは国際 NGO であ
る。1990 年代に大きな影響力をもった国際 NGO も 2000 年代以降影響力を
減少させ、2010 年代後半になるとさらにその存在感は減少した。これは資
金源とリベラルな国際秩序の提供するポリテイカル・スペースがともに減少
したからである。リベラルな国際的ポリテイカル・スペースは主要国のリベ
ラル度にほぼ比例する。ここでも政治制度論が重要なテーマにならざるをえ
ない。

（2）　国連にとっての課題

a　平和と紛争

　ゴール 16 における平和の課題の扱いぶりの貧弱さを改善しないと国連そ
のものに対する信頼性の問題になり得る。それは総会における「平和のため
の結集決議」[41] の位置づけの問題であろう。この決議で安全保障関連につい
ての主要な役割は安全保障理事会にあるが、安保理が機能を果たせない場合
には総会がその機能（勧告としてではあるが）を果たすことができる、と明
確にしている。総会の潜在的権能として安全保障は十分視野に入る。SDGs
は総会の産物として機能するのであるから、今後 SDGs の進歩形をデザイン
する際、国連の信頼性強化のためにもゴール 16 の充実を重要な課題とする
べきであろう。

b　課題の包摂性の強化と研究機関との協力

　SDGs 形成プロセスでは国連事務総長のイニシアティブが政府間プロセス
に押し切られてしまった。その重要な要素として MDGs 形成に際して事務

総長任せにし過ぎたと「G77 プラス中国」が認識した点があった。現在は政治的にまとめられた経済・社会・環境を（今後は平和、危機対応および政治制度論をも含め）理論的に磨き上げ、説得力を強化する段階にある。

　多分にミトラニーの機能主義理論によって展開してきたマルチラテラリズムはこの 75 年にわたり平和の礎の構築機能を果たしてきたので、それを弱体化することなく、さらにその上に加えた平和構築理論なくして、国連にとっての課題の包摂性の意味は薄れざるを得ない。その検討の出発点は課題の包括性を支えるのは市民社会であり、そのグローバルな連携であろう、という点である。SDGs を支える地球市民社会を、ミトラニーの機能主義の上に加える理論構築することによって、国際社会の極めて弱い安全保障アーキテクシャーにもう一つの柱を加えることは平和機構としての国連の大きな貢献になるはずである。ここに SDGs の豊かな可能性がある。国連大学および外部の研究機関との連携を強化して課題の包括性の理論的基盤をとくに平和との関係に関して強化し、内容を強化して次のステージの準備をすることが重要であろう。

　c　新たなグローバル文明に向けて

　コロナ・パンデミックはおそらく新たなグローバル文明に向けて地球社会を大きく動かし始めたととる必要があるであろう。20 世紀半ばに欧米を中心とし、主権国家体制を前提とした第一次グローバル文明の重要な成果として構築された国連も、新文明の下では、今のままではおそらく博物館入りにならざるを得ないであろう。反対に言えば今こそ国連を新たな文明の形成の重要なプレーヤーとして位置づけるべき時期であり、そのためには SDGs が貴重な役割を果たしうる。SDGs のもつ課題の包括性、グローバル性と脱ウエストファリア性、その担い手としての市民社会、さらにはオンラインを通じた個々人の国連の機能への参加が現実のものになり始めている。それらを通じて多分野の統合をさらに強化することによって平和の礎を築くことが機能主義の平和論に加えた新たな平和構築論になるはずである。その先には地球市民社会を中核にしたピープルズ・アッセンブリーの形成が国連創設 100

年の課題として現実になりはじめてくるであろうし、そうすれば新たなグローバル文明の重要な担い手としての国連の姿も見え始めるのではなかろうか。

おわりに

MDGs から SDGs へのプロセスを検証することによって SDGs は「進化形そのもの」であり、したがって課題も多々ある姿がよく見えた。コロナ・パンデミックも実は SDGs にとって、さらに進化する課題を鮮明にする機会を国際社会に投げかけたことも明確になった。1961 年にケネディ大統領が提案した「国連の開発の 10 年」に始まり、2045 年の国連創設 100 年記念の課題までを見通すことになり、そのコンテキストのなかでのコロナ・パンデミックの重要な意味合いがあることも考えることになった。SDGs をコロナ・パンデミックの厳しい体験のあとにもオリジナルのままで適用しようとするにすぎないようでは、SDGs の持っている豊かな可能性を生かすことにはならない。進化形としての SDGs の次のステップを真剣に議論する必要がある、ということが結論である。

〈注〉

1　Kofi Annan with Nader Mousavizadeh, *Interventions: A Life in War and Peace* (Penguin Books, 2012), p. 221.

2　*Ibid.*, p. 216.

3　John A. Guidry, Michael D. Kennedy and Mayer N. Zald ed. *Globalizations and Social Movements* (Ann Arbor: The University of Michigan Press, 2000), p. 2.

4　Annan, *op. cit.* pp.216-217.

5　*Ibid.*, p. 219.

6　*Ibid.*, p. 221.

7　*Ibid.*, p. 223.

8　OECD, DAC Document『新開発戦略：21 世紀に向けて、開発協力を通じた

貢献』OECD, 1996 年

9　A/RES/55/2,18 September 2000.

10　Bill Clinton, *My Story* (New York: A. Knopf, 2004), p. 827.

11　*Ibid.*, pp. 921-922.

12　Annan, *op. cit.*, p. 232.

13　マーク・マゾワー著、依田卓巳訳『国際協調の先駆者たち：理想と現実の 200 年』NTT 出版、2015 年。p.179 et seq. ; Michael Howard, "The United Nation: From War Fighting to Peace Planning" in Earnest May and Angeliki E. Laiou Eds., *The Dumbarton Oaks Conversations and the United Nations1944-1994* (Dumbarton Oaks Research Library and Collection, distributed by Harvard University Press, 1998), pp. 4-5.

14　Annan, *op. cit.*, p. 233.

15　Jeffery Sachs, *The End of Poverty* (New York: The Penguin Press, 2005), pp. 223-224.

16　Annan, *op. cit.*, p. 229.

17　*Ibid.*, p.229.

18　A/RES/60/1, 11 September 2012.

19　Sachs, op. cit. p. 224.

20　Annan, op cit. p. 234.

21　南博・稲葉雅紀『SDGs—危機の時代の羅針盤』岩波書店、2020 年、36 頁。南博は SDG に関する日本の首席交渉官であった。他当事者のメモワールとして以下の 2 点がある。David Donoghue et al, *Negotiating the Sustainable Development Goals; A transformational agenda for an insecure world* (London: Routledge, 2016); Macharia Kamau et al, *Transforming Multilateral Diplomacy: The Inside Story of the Sustainable Development Goals* (London: Routledge, 2018). Donoghue は、最後の時点での北側アイルランドからの共同議長であり、Kamau は会議を通じて南側ケニアからの共同議長であった。

22　南・稲葉、同上、37 頁。

23　同上、38 頁。

24　Stephan Schmidheiny with Business Council for Sustainable Development, *Changing Course* (The MIT Press, 1992).

25　David Mitrany, *A Working Peace System* (London: Royal Institute of

International Affairs), 1943.

26　蟹江憲史『SDGs（持続可能な開発目標）』中央公論社、2020 年、42-45 頁。

27　南・稲葉、前掲書、41-3 頁。

28　D. メドウス『成長の限界』ダイヤモンド社出版社、1972 年。これはローマ・クラブの報告書と言われることもあるが、正確にはローマ・クラブへの報告書である。

29　南・稲葉、前掲書、50-52 頁。

30　同上、52 頁。

31　A/69/700, 4 Dec. 2014.

32　*Ibid.*.

33　南・稲葉、前掲書、52 頁。

34　A/69/700, 4 December 2014.

35　髙橋一生「複合化するコロナ・パンデミックと新たなグローバル文明の黎明」『SRID ジャーナル』（ウェブジャーナル）19 号、2020 年 7 月。

36　カール・フォン・クラウゼビッツ著、加藤秀治郎訳『戦争論』縮刷版、日本経済新聞社、2020 年、247-248 頁。

37　Ricardo Petrella, "Global Health: Will it become the first "res publica" of the humanity?" *Wall Street Journal, November* 30, 2020.

38　Benedict Anderson, *Imagined Communities* (London: Verso Edition,1983).

39　Harold Isaacs, *Idols of the Tribe: group identity and the political change* (Boston: The MIT Press, 1975).

40　Hannah Arendt, *The Origins of Totalitarianism* (New York: Meridian Book, 1958).

41　A/RES/377（V）, 3 Nov. 1950.

2 目標による統治は可能か？：

SDGs の実効性と課題

小 川 裕 子

はじめに

　冷戦終焉から四半世紀以上が経過した今なお、国際社会はグローバル・ガバナンスの態様をめぐり手探りを続けている。冷戦の終焉は、国際協力ムードを高め、経済分野、安全保障の分野でも、多くの国際レジームの発足を促した。国際レジームの乱立は、レジーム・コンプレックス（Regime complex）[1] と言われる状況を生み出し、その調整が必要になった。レジーム・コンプレックスは、様々な課題を生み出すにせよ、いかに統治メカニズムを現出するかが課題であったアナーキーな国際社会にとって、望ましい状況といえる。しかし 2010 年代頃から、この流れは滞り始める。世界貿易機関（WTO）や気候変動などの分野で、国際レジームが「手詰まり」を見せるようになった[2]。パワー・トランジション、グローバリゼーション、技術革新、問題の多様化・複雑化などが、国際レジームの存在意義に疑義を投げかけ、その問題解決能力の低下に拍車をかける。国家がルールを形成し、協力して問題解決にあたるという、国際レジーム型のガバナンスは、もはやグローバル・ガバナンスの王道とはいえなくなってきた[3]。

　この動きと軌を一にするように、国家を中心的な主体としない多種多様なガバナンス・システムが相次いで誕生してきた。NGOs や企業などの非国家主体が中心的役割を担う、国境を越えるガバナンスである。例えば、ソフト

ロー／プライベート・レジーム、知識共同体、トランスナショナル・アドボ
カシー・ネットワーク、トランスガバメンタル・ネットワーク、グローバル
公共政策ネットワーク、規範などである[4]。これら多種多様なガバナンス・
システムは、国際レジームの手詰まりを打開する試みとして捉えられ、検討
が続けられている。

　「目標による統治」[5]という体裁をとる持続可能な開発目標（Sustainable
Development Goals: SDGs）もまた、21世紀の国際社会に出現した多種多様
なガバナンス・システムの一つである。SDGsは、17の目標と169のター
ゲットを掲げ、すべての主体が目標実現に向け努力するよう呼びかける。し
かしながら、その実施方法については主体に任せ、主体の能力や置かれてい
る状況に合わせて実施するというにとどまる。SDGsは、「one size fits all」
ではなく、「tailor-made」で実施するため、各主体の事情を尊重し、柔軟性
に富む実施方法をとるとされる[6]。しかしこれは、プロジェクトを計画し、
各主体の業務や役割分担を考案し、行動を要請するといった、中央集権的な
統治システムとは異なり、十分な効果を引き出せない可能性がある。「目標
による統治」という構造をとるSDGsは、実効性を確保することができるの
か。それはどのような面においてか。そしてその課題とは何か。

　本稿は、「目標による統治」というガバナンス・システムであるSDGsの
特性と実効性について検討する。そこで、まず「目標による統治」という統
治システムが登場してきた背景を説明する。次に、「目標による統治」とい
う統治システムの特性について述べる。そしてSDGsの実効性について評価
し、その課題を論じる。

1　「目標による統治」出現の背景

（1）　国際レジームの限界

　第二次世界大戦後の国際社会では、貿易や金融などの争点領域ごとに国際
レジームが創設された。国際レジームには様々な定義があるが、その最大公

約数的なクラズナー（S. D. Krasner）の定義によると、国際レジームとは、「ある特定の争点領域において、アクターの期待が収斂する一連の原則、規範、ルール、意思決定手続き」[7]とされる。国際レジームは、国家（政府）、特に大国を中心的主体とし、官僚的専門知識に基づいて作られる明示的なルールであり、条約の形態をとることが多い。関税および貿易に関する一般協定（GATT）／WTO を中心とする自由貿易体制や国際通貨基金（IMF）を中心とする国際通貨制度がその典型である[8]。

　1990 年代になると、国際レジームは、経済分野のみならず、環境分野、人権分野、安全保障分野でも次々に新しい国際制度が作られたり、強化されたりするようになった。例えば、貿易分野では、1995 年、GATT が発展的に解消される形で WTO が設立された。WTO では、「モノの貿易」に加え、「サービス貿易」や「知的財産権」に関してもルールを策定し、自由化交渉の対象とした。また貿易紛争を解決する手続きの強化によって、一方的な制裁措置の発動などが抑制され、紛争が迅速に処理されるようになった[9]。環境分野では、1992 年、気候変動枠組条約（United Nations Framework Convention on Climate Change: UNFCCC）が締結され、1995 年から毎年、気候変動枠組条約締約国会議（COP）が開催されることになった。1997 年、第 3 回気候変動枠組条約締約国会議（COP3）では、先進国の拘束力のある削減目標を明確に規定した「京都議定書（Kyoto Protocol）」に合意することに成功した[10]。

　しかし 2000 年代半ば以降、国際レジームの「手詰まり」が、いくつもの争点領域で見られるようになった。WTO 協定を中核とする、最も「法制度化」が進んだ貿易分野において、国家間合意が形成されなくなるという事態が度々生じた。「ドーハ開発アジェンダ」は、「貿易を通じて途上国の開発を促進する」というテーマの下に、2002 年 1 月から交渉が開始された。しかし先進国と途上国間の意見の不一致等を背景に、交渉期限は度々延長されたり、交渉が中断されたりするなど、WTO のパフォーマンスの低下が明らかになった[11]。また地球環境分野などの国際レジームにおいては、手続き事項

等のルール設定のための合意に多くの時間を必要とし、その効果がなかなか発揮されなかったり[12]、多面性を有する課題ゆえに、単一の国際レジームでは対処ができなかったりした。そして国際経済レジームが、環境問題や人権問題に効果的に対応できず、正当性を失うようになった[13]。

　国際レジームが弱体化した背景的要因には、(1) 多極化により、国際協力の取引費用が増大したこと（交渉を通じた合意達成の難化など）、(2) パワーの分散と国際制度に固定化された不平等（たとえば、国連安保理常任理事国や世界銀行・IMF の投票権）との間のギャップ、(3) 対処を要する国際間題の難化（たとえば、関税障壁から補助金・知財・技術移転をめぐる問題へ）、(4) 国際制度の増加による国際システムの断片化、がある。そして国際レジームの機能不全が、グローバル化に伴う課題の山積みにつながり、それがポピュリズムなどの反グローバル化を招来し、その動きが国際協力の機会と余地を縮小する、というように、国際レジームを弱化させるという悪循環を生む[14]。

　国際レジームの手詰まりは、国際レジームの特質にも起因する。国際レジームは、特定の争点領域ごとに国家間で形成される問題解決のためのルールや手続きである。そのことは、その争点領域の問題発生原因が特定され、正しいとされる解決方法が見つかって初めて、国家行動を拘束する明示的なルール、すなわち国際レジームが形成されることを意味する。言い換えれば、正しいとされる問題解決方法が見つからない場合には、国際レジームが形成されず、問題解決に向けた国際協力の端緒さえも開かれない可能性が高くなる[15]。

　確かに、正しいとされる問題解決策を早急に見つけ、各国がその問題解決策をとるよう強い拘束力を持つルールを作成することができるならば、問題解決に向けた大きな進展が期待できる。しかし実際には、なぜ問題が発生したのか、何が課題となるべきなのかさえ分からない場合や、問題解決に向けた見解の対立が見られる場合が多い。各分野における様々な種類の問題解決に向けた国際協力を進展させるためには、国際レジーム論のように、問題解

決策が発見された後の国際協力の進展についてのみならず、問題解決策を見つけるまでの協力の過程や、正しいとされる問題解決策がない中での各国の独自の取り組みとその相互作用などを考慮に入れ、様々なガバナンス・システムが供給される必要があるのだ[16]。

（2）　増加するソフトロー

　国際レジームの手詰まりは、国家を中心的主体とする明示的なルールという形態に縛られない、多種多様なガバナンス・システムの登場を促すことになった。中小国、企業、NGOs、地方自治体などのガバナンスへの参画がより広範かつ実質的になったことで、各分野でプライベート・レジーム（ソフトロー）が作られるようになった。またパブリックなのかプライベートなのか峻別できないガバナンス・システムも増大した。非国家主体を主要なアクターとする国境を越えるガバナンス、すなわち「トランスナショナル・ガバナンス」（Transnational Governance: TNG）も増殖する。TNG の理念型には、知識共同体、トランスナショナル・アドボカシー・ネットワーク、トランスガバメンタル・ネットワーク、グローバル公共政策ネットワークなどがある[17]。

　非国家主体が中心的な役割を果たすガバナンス形態では、ソフトな手法が好まれる。明示的なルールを掲げるというよりもむしろ、ソフトローあるいは国際規範を用いるのである。ソフトローとは、特定の内容は指示せず、精確な義務を国家に課さない、一般原則や交渉義務のみを規定する条約である。例えば、気候変動枠組条約などがこれに相当する。また私的権威（Private Authority）[18] が提示する基準やガイドラインや規制など、法的拘束力を有さないが、国家行動に影響を与える理念やルールもソフトローに該当する。

　私的権威には、労働分野の公正労働協会（Fair Labor Association: FLA）やソーシャル・アカウンタビリティ・インターナショナル（Social Accountability International: SAI）、環境分野の森林管理協議会（Forest

Stewardship Council: FSC）、海洋管理協議会（Marine Stewardship Council: MSC）などがある。私的権威が提示した基準としてよく知られているものに、SAI が公表している SA8000（Social Accountability 8000）がある。SA8000 とは、1990 年代、途上国における多国籍企業の児童労働問題が顕在化したことを契機に、小売業界団体、アムネスティ・インターナショナル、国際繊維労働者組合などが中心となって作られた行動基準である。SAI は SA8000 の遵守を確保するための監査や認証を行う。この認証を受けた企業は、自社の評判を高め、小売業者からの発注を受けやすくなる。こうして法的拘束力をもつ条約によらず、非国家主体である SAI は、SA8000 というソフトロー（あるいはプライベート・レジーム）を通じて、企業に労働基準を遵守させるという公益を実現できるのである[19]。近年では、ソフトローとして、憲章、決議、ガイドライン、スタンダード、ランキング、指標などが扱われ、それらがアクターの行動にどのような影響を与えるのかが盛んに検討されている[20]。

　ソフトローは、条約（ハードロー）ほどの拘束力を持たないと考えられているにもかかわらず[21]、近年ソフトローが好んで用いられるのは、ハードローにないメリットがあるからだ。その第一は、ソフトロー形成のコストがハードローよりも小さいことである。交渉コストが小さく、迅速な交渉が可能になるほか、主権コストが小さくて済む。その第二は、不確実性の高いイシューや各国の特殊事情や思惑に対して柔軟に対応できることである[22]。

　しかしながら、やはりソフトローは、実効性の問題を突きつける。明確な国家義務を定めず、理想や目標を掲げるだけのソフトローは、違反行為の認定が難しい。目標達成に向けて努力していると言えば、ソフトローに違反しているとはいいがたくなる。また遵守をしているといっても、問題解決に貢献しているとは言えない場合が多い。例えば、国際労働条約は、各国の国内状況の相違を考慮して、敢えて努力目標しか掲げない。多くの国が批准しているが、スウェット・ショップ、ブラック企業などの問題は後を絶たず、各国で労働者の人権が十分守られているとは言えない[23]。

　ソフトローの実効性の確保にあたっては、これまで様々な対策が取られてきた。その一つには、ハードローと組み合わせて用いるという方法がある[24]。例えば、地球温暖化に関しては、各国に枠組条約というソフトローを批准させた後、京都議定書というハードローを批准させる。そうすることで、地球温暖化防止に協力するという規範を国家に受け入れさせるだけでなく、具体的な義務に関しても受け入れを要請し、実効性を確保することになる。またソフトロー批准の後、政治的なフォローアップが用意されることもある。例えば、国際環境法において設けられている、国家報告制度や遵守手続がこれに該当する。国家報告制度とは、国別報告書の提出義務を設定し、締約国会議を中心に審査、公表する制度である。国家報告制度は、情報公開と世論による圧力を通じて、国家に遵守を促すことを目的としている。遵守手続とは、条約を遵守できない国が条約を遵守できるよう、様々な支援を提供する手続きである[25]。

　つまり、国際レジームの機能不全に対応する形で、台頭してきた私的権威とそれが作るソフトロー（プライベート・レジーム）やネットワーク型ガバナンス・システムは、国際レジームあるいはハードローにないメリットを持ち、近年、多く作られるようになった。しかしその実効性の確保には、各種フォローアップが重要となるのである。

2　目標による統治

（1）　目標の新しさ

　国際レジームの手詰まりを打開するために、ソフトな手法を用いる多種多様なガバナンス・システムが作られてきたが、「目標」もまたその一つの形態である。WTOを中核とする国際貿易レジームが、明確なルールを設定してその遵守を促す仕組み、すなわち「ルール・ベースのガバナンス」であるとすると、共通の目標・目的・規範を掲げ、アクターにその到達への努力を促す「目標」は、「目標ベースのガバナンス」である。「目標ベースのガバナ

ンス」は、「ルール・ベースのガバナンス」とは補完的だが根本的に異なる論理に基づく、多国間主義の「手詰まり」を受けた、グローバル・ガバナンスにおける新たな試みの一つと言える[26]。

　「目標ベースのガバナンス」は、「ルール・ベースのガバナンス」とどこが違うのだろうか。「ルール・ベースのガバナンス」が、過去のデータや実績などに基づいて、ルールを作成し、問題解決にたどり着く未来の目標に近づけようという「ボトムアップ」かつ「フォアキャスティング」のアプローチに基づいている。これに対し、「目標ベースのガバナンス」は、あるべき理想像からスタートし、その理想像に近づくために現在何をすればいいかを考える「トップダウン」かつ「バックキャスティング」のアプローチに基づく、これまでのグローバル・ガバナンスにはないガバナンス・システムであるという[27]。

　「ルール・ベースのガバナンス」となる国際レジームは、各国の能力や国内事情を十分考慮に入れず、結果的に実効性を欠くことになった。これに対し、「目標ベースのガバナンス」は、各国に一様な行動を要請しない。各国の能力や事情を踏まえ、それぞれが自由裁量で目的達成を目指す。そしてそれぞれの経験を国際社会で共有し、自国の戦略にフィードバックする。試行錯誤を繰り返しながら、よりよい方法を探り、目的達成を目指すという新しいガバナンス・システムということができる。

　しかしながら、既存の国際目標のほとんどが、ガバナンス・システムと言えるまでに至らなかった。国連や開発援助委員会（DAC）をはじめとする、数々の国際機関が、世界各国が目指すべき目標を掲げてきた。古くは、1961年、国連総会が「開発の10年」の中で、発展途上国全体の経済成長率を年5％達成することを目標に定め、先進国による開発援助の増大を呼びかけたことや、1969年、世界銀行の委嘱を受けた、元カナダ首相ピアソン（Lester B. Pearson）らが中心となって作成した「ODAのGNP比0.7％目標」などがある。国際機関は目標を掲げただけで、各国の目標に向けた行動を評価し、その達成を強く促すことまではしない。それゆえ、「開発の10年」とな

る 1960 年代に、途上国全体の経済成長率年 5% は達成されることはなく、ODA の GNP 比 0.7% 目標はいまだに多くの DAC 諸国が未達成なままだ。国際目標が、国家行動を拘束する形で機能していた、すなわちガバナンスとして機能していたとは考えにくい[28]。

（2）　SDGs の先駆け：MDGs

これに対して、ミレニアム開発目標（Millennium Development Goals: MDGs）は、従来の国際目標とは異なり、ガバナンス・システムとして構想された。2000 年、世界 189 カ国の国家元首の出席の下、国連ミレニアム・サミットで採択された国連ミレニアム宣言に依拠する。この宣言は、7 つのテーマ―(1) 平和、安全および軍縮、(2) 開発及び貧困撲滅、(3) 共有の環境の保護、(4) 人権、民主主義及び良い統治、(5) 弱者の保護、(6) アフリカの特別なニーズへの対応、(7) 国連の強化―に関して、国際社会が連携・協調して取り組むことを謳っている。このミレニアム宣言と、1990 年代に開催された主要な国際会議やサミットで採択された国際開発目標を統合し、一つの共通の枠組みとしてまとめたものが、ミレニアム開発目標である[29]。

MDGs とは、2015 年までに達成すべき目標として、以下の 8 つの目標を束ねたものである。(1) 極度の貧困と飢餓の撲滅、(2) 普遍的初等教育の達成、(3) ジェンダーの平等の推進と女性の地位向上、(4) 乳幼児死亡率の削減、(5) 妊産婦の健康の改善、(6) HIV ／エイズ、マラリア及びその他の疾病の蔓延防止、(7) 環境の持続可能性の確保、(8) 開発のためのグローバル・パートナーシップの推進。そしてこれら 8 つの目標に加え、目標をより具体化した 21 のターゲット、目標達成度を測定する 60 の客観的な指標が定められている[30]。

MDGs 達成に向けた取り組みは、国連開発計画（UNDP）主導の下で展開された。2001 年 12 月、コフィ・アナン国連事務総長（Kofi Annan）は、マーク・マロック・ブラウン UNDP 総裁（Mark Malloch Brown）を、国

連システムにおけるミレニアム開発目標（MDGs）の「キャンペーン・マネ
ジャー」兼「スコア・キーパー」に任命した。これを受け、UNDP は、世
界銀行、IMF、経済協力開発機構（OECD）等と連携し、グローバル・レベ
ル及び各途上国レベルで MDGs 達成に向けた進捗状況を把握するためのモ
ニタリングを行うことになった。グローバル・レベルでは、2002 年より毎
年、国連事務総長は国連総会に対し「ミレニアム宣言の実施に向けた進捗状
況に関する年次報告書」を提出した。2005 年からは 5 年毎に「MDGs の達
成状況に関する包括的な報告書」を策定した。各途上国レベルでは、UNDP
が調整する国連国別チームの支援のもとに、「ミレニアム開発目標報告書」
が作成される [31]。このように、MDGs は、期限を設定し、具体的な目標を掲
げ、目標の到達状況を監督する仕組みを備えたという点で、既存の開発目標
とは大きく異なると言える [32]。

この画期的な目標である MDGs はいくつもの成果を上げた。全体として
は、先進国や援助機関からの支援を増加させたこと、途上国の中にも貧困撲
滅に関する政策の優先順位を上げた国が現れたこと、8 つの目標間に存在す
る様々なセクター間の連携が強化されたこと、様々なステークホルダーの参
加を促したこと、などが挙げられている [33]。

各目標との関連における MDGs の成果には、以下が指摘されている。貧
困率が半分以下に減少した（目標 1）、2000 年から小学校の児童の就学率が
著しく向上した（目標 2）、開発途上地域は初等、中等、および高等教育で
男女格差を解消した（目標 3）、予防可能な疾病による幼児死亡数が著しく
低下した（目標 4）、妊産婦の健康状態に一定の改善が見られた（目標 5）、
HIV 感染者が世界の多くの地域で減少した（目標 6）、マラリアと結核のま
ん延が止まり、減少した（目標 6）、安全な飲み水とオゾン層保護に関する
目標を達成した（目標 7）、ODA、携帯電話加入者数、インターネットの普
及における世界的な進歩が見られた（目標 8）[34]。

その一方で、MDGs が積み残した課題も指摘されている。具体的には、
(1) 根強く残る男女不平等、(2) 最貧層世帯と最富裕層世帯の間および農村

部と都市部の間には大きな格差があること、(3) 気候変動と環境悪化が今ま
での進展を切り崩し、貧困層が最大の被害者となること、(4) 紛争は依然と
して人間の開発にとって最大の脅威であること、(5) 何百万人もの貧困層が
基本サービスを利用できず、いまだに貧困と飢餓の中で暮らしていること、
などである。これに加え、信頼性の高いデータを作成し利用拡大することの
重要性も痛感された[35]。

　このような課題を生み出した主な要因には、"One size fits all" と開発の
成果主義があると言われる。"One size fits all" とは、目標自体が、各国の
能力を考慮せずに、すべての国が目指すべき目標として作成されたというも
のである。そして開発の成果主義とは、経済成長を優先課題としたために、
人権、公平性、グッド・ガバナンス、気候変動問題などが目標に含まれてい
ないというものである[36]。

　つまり、MDGs は単なる「目標」の段階を越え、達成期限を設定し、そ
の達成に向けた進捗状況をモニタリングするなど、ガバナンスの体裁を整え
始めた。その結果、MDGs は一定の成果を生むことができたが、その目標
の内容やモニタリング・システムに改善の余地があり、いくつもの課題を積
み残すことになった。MDGs の知見は、その後継目標となる SDGs に活かさ
れることになる。

（3）　SDGs

　SDGs は、2015 年に期限を迎えた MDGs の後継目標となる、2016 年から
2030 年までの国際社会が取り組むべき、経済、社会、環境の 3 つの分野に
またがる持続可能な開発目標である。SDGs は、2015 年 9 月に国連総会で
採択された「我々の世界を変革する：持続可能な開発のための 2030 アジェ
ンダ」に依拠する。

　2030 アジェンダによると、SDGs は MDGs の延長線上にあるが、MDGs
より広範な分野をカバーする。表 1 のように、SDGs は、MDGs より多い、
17 ゴールと 169 ターゲットから構成される。そしてそれらは統合され、分

割不可で、持続可能な開発の三側面（経済、社会、環境）を調和させるものであることが述べられている[37]。

表1：SDGs の目標と MDGs の目標

	SDGs の目標		MDGs の目標
1	あらゆる場所のあらゆる形態の貧困を終わらせる	1	極度の貧困と飢餓の撲滅
2	飢餓を終わらせ、食料安全保障及び栄養改善を実現し、持続可能な農業を促進する		
3	あらゆる年齢のすべての人々の健康的な生活を確保し、福祉を促進する	4 5 6	乳幼児死亡率の削減 妊産婦の健康の改善 HIV／エイズ、マラリア及びその他の疾病の蔓延防止
4	すべての人々への包摂的かつ公正な質の高い教育を提供し、生涯学習の機会を促進する	2	普遍的初等教育の達成
5	ジェンダー平等を達成し、すべての女性及び女児の能力強化を行う	3	ジェンダーの平等の推進と女性の地位向上
6	すべての人々の水と衛生の利用可能性と持続可能な管理を確保する	7	環境の持続可能性の確保
7	すべての人々の、安価かつ信頼できる持続可能な近代的エネルギーへのアクセスを確保する		
8	包摂的かつ持続可能な経済成長及びすべての人々の完全かつ生産的な雇用と働きがいのある人間らしい雇用を促進する		
9	強靱（レジリエント）なインフラ構築、包摂的かつ持続可能な産業化の促進及びイノベーションの推進を図る		
10	各国内及び各国間の不平等を是正する		
11	包摂的で安全かつ強靱（レジリエント）で持続可能な都市及び人間居住を実現する		
12	持続可能な生産消費形態を確保する		
13	気候変動及びその影響を軽減するための緊急対策を講じる		
14	持続可能な開発のために海洋・海洋資源を保全し、持続可能な形で利用する		

15	陸域生態系の保護、回復、持続可能な利用の推進、持続可能な森林の経営、砂漠化への対処、ならびに土地の劣化の阻止・回復及び生物多様性の損失を阻止する		
16	持続可能な開発のための平和で包摂的な社会を促進し、すべての人々に司法へのアクセスを提供し、あらゆるレベルにおいて効果的で説明責任のある包摂的な制度を構築する		
17	持続可能な開発のための実施手段を強化し、グローバル・パートナーシップを活性化する	8	開発のためのグローバル・パートナーシップの推進

出典）JICA「SDGs の目標：MDGs との比較」（https://www.jica.go.jp/aboutoda/sdgs/SDGs_MDGs.html、2021 年 2 月 11 日）。

　また SDGs は、マルチステークホルダーの参加と協力によって実施されることが述べられている。各国政府のみならず、市民社会、民間セクター、国連機関などの非国家主体も参画し、各種アクターがあらゆる利用可能な資源を動員し、各種アクター間のパートナーシップの下で SDGs のすべての目標とターゲットの実現を目指すという。そのうえで、統合的な国家財政の枠組みによって支えられた国家の持続可能な開発戦略が、SDGs 実施の要となることが述べられている。多様な主体が自主的に各自のやり方で取り組むことが前提とされながらも、各国政府を中心的な実施主体として想定されている点は興味深い。そして各国政府は、自国の状況に合わせて、SDGs のターゲットを自国のターゲットにしつらえ直すことが提案されている。すなわち各国政府は、グローバルなターゲットを国家計画プロセス、政策、戦略に取り入れられ、実施することが認められているのである[38]。

　そして SDGs の実効性を高めるためには、フォローアップ・レビューがカギとなる[39]。目標が掲げられているだけのガバナンス・システムは、目標までの進捗状況がモニタリングされ、評価されることでしか、実効性が確保できないからだ。SDGs の進捗状況は、2016 年 3 月の国連統計委員会で合意し、経済社会理事会（Economic and Social Council: ECOSOC）および国連総会

で採択された「グローバル指標」[40]により計測される。グローバル指標に基づき、地方、国、地域、全世界レベルでの定期的なレビューが実施されることになった[41]。各国の公的データ・ソースを基に国レベルのフォローアップ・レビューが行われ、その成果に基づいて、地域および全世界レベルでのレビューが行われる[42]。

　全世界レベルの定期的レビューは、ECOSOC 主催の下、毎年開催されるハイレベル政治フォーラム（The high-level political forum on sustainable development: HLPF）と、国連総会主催の下で、4 年に 1 度のペースで開催される HLPF で行われる。ECOSOC 主催で毎年開催される HLPF には、毎年、各国から閣僚級の代表者が参加する。国連総会主催で 4 年に 1 度の頻度で開催される HLPF は、SDGs サミットと呼ばれる本会合であり、各国の首脳レベルが参加する。そして両会合とも、その年のテーマ、各ゴール、各地域に関するレビュー、自発的国家レビュー（Voluntary National Review: VNR）などが行われる。VNR とは、各国が自主的に SDGs の取組みを発表するものであり、2016 年は 22 カ国、2017 年は 43 カ国、2018 年は 46 カ国、2019 年は 47 カ国、2020 年は 47 カ国が発表した[43]。また HLPF では、SDGs の世界レベルの進捗が確認され、各国による経験やコミットメントが発表されるとともに、セッションの成果として閣僚宣言（Ministerial Declaration）が採択される[44]。

　HLPF は、各国代表者が自国の優れた取組みを発表する「ショーケース」としての役割を果たすともに、首脳や閣僚らに会合の出席、スピーチの準備、各国との会談を通じて、SDGs の重要性について認識を深めてもらい、SDGs の政治的モメンタムを向上させる場としての役割を果たしているという[45]。

3　SDGs の実効性

（1）　グローバル指標

HLPF を頂点とするフォローアップ・レビューでは、SDGs の進捗状況を

計測する指標として、「グローバル指標」が採用されている。

　「グローバル指標」は、国連統計委員会の下に設置された、SDG 指標に関するインター・エージェンシー専門家グループ（Inter-Agency Expert Group: IAEG-SDGs）によって作られた。IAEG-SDGs は、統計の専門家から構成され、政治的なプロセスとは切り離されている。第 1 回目と第 2 回目の IAEG-SDGs 会議において、17 の目標とその下の 169 のターゲットを、定量的に測定するための 232 のグローバル指標案が策定された。2016 年 3 月の第 47 回国連統計委員会にて、それら指標案が提示され、承認がなされた[46]。

　しかしながら、合意された指標枠組は、あくまでも初期案にすぎない。当初より、継続的に改良を行うことが明示された。そしてグローバル指標の公表直後から、早くも見直しに向けた動きがあった。実際に、指標を提示したものの、途上国の多くでは、統計システムが未整備で、測定困難な指標が相当数あることが明らかになってきたのだ。そこで IAEG-SDGs の第 4 回会合では、測定可能かどうかに着目し、これら指標を 3 つの階層に分けた。

　Tier Ⅰ：概念として明確であり、確立された評価手法があり、データも定期的に収集されているもの→ 98 指標（全指標の 40%）

　Tier Ⅱ：概念として明確であり、確立された手法、国際的な基準もあるが、データが各国により定期的に収集されていない→ 50 指標（全指標の 21%）

　Tier Ⅲ：国際基準も確立した評価手法もデータもない→ 78（全体の 32%）（他の 15 の指標はまだどこの階層にも割り当てられていない。）

　そしてこの階層化案の Tier Ⅲ は見直しの対象となり、より適切な指標を考案することになるのである[47]。

　グローバル指標に基づいて各国が計測した SDGs への進捗状況は、国別報告書にまとめられ、HLPF に報告される。国連は、グローバル指標と国別報告書を基に、毎年「持続可能な開発報告書」（The Sustainable Development Goals Report: SDGR）、4 年ごとに「グローバルな持続可能な開発報告書」

（Global Sustainable Development Report: GSDR）を刊行する。

　SDGR は、毎年の進捗状況を測定するものである。SDGR では、17 の目標ごとにその到達度をまとめている。表 2 は、そのうちの一つ、目標 1（あらゆる場所で、あらゆる形態の貧困に終止符を打つ）に着目して、その到達度についての記述を抜粋したものである。

表 2：持続可能な開発目標報告書における進捗状況（GOAL 1）

刊行年	進捗状況
2016	・ 世界人口に占める極度の貧困ライン未満で暮らす人々の割合：26%（2002）→ 13%（2012） ・ 世界人口に占める 1 日 1.90 米ドル未満で暮らす人々の割合：40% 以上（2012） ・ 世界の 1 人当たり 1.90 米ドル未満で暮らす労働者とその家族の割合：28%（2000）→ 10%（2015） ・ 貧困ライン未満で暮らす労働者の割合：若年 16%、成人 9%（2015） ・ 社会扶助・社会的保護の受給者の割合：低所得国 5 人に 1 人、上位中所得国 3 人に 2 人
2017	・ 世界の極度の貧困比率：17 億人、28%（1999）→ 7.67 億人、11%（2013） ・ 1 人当たり 1 日 1 ドル 90 セント未満で、家族と暮らす世界の労働者の割合：約 10%（2016） ・ 極度の貧困生活おくる労働者の割合：成人 9%、若年 15%（2016） ・ 社会保障の受給者割合；失業者の 22%、重度障害者の 28%、子どもの 35%、妊婦の 41%、高齢退職者の 68% ・ 自然災害の経済的損失：平均 2500 〜 3000 億米ドル
2018	・ 極度の貧困率：1990 年の 3 分の 1（2013） ・ 極度の貧困状態にある人々の割合：世界人口の 11%（7.83 億人）（2013） ・ 1 人当たり 1 日 1 ドル 90 セント未満で、家族と暮らしている世界の労働者の割合：26.9%（2000）→ 9.2% に低下（2017） ・ 社会保障給付者：世界人口の 45%（2016） ・ 災害により生じた経済的被害：3,000 億ドル以上（2017）
2019	・ 災害による死亡：その 90% 以上が、低・中所得国で発生 ・ 社会保障へのアクセスがない割合：世界人口の 55% ・ 極度の貧困の中で生活：7.36 億人、そのうち 4.13 億人がサブサハラアフリカに居住（2015）

2020	・ 新たに 7,100 万人が極度の貧困へと追いやられる（2020） ・ 若年労働者が極度の貧困に陥る確率は、成人労働者の 2 倍に（2019） ・ 40 億人がいかなる形の社会保障も受けられていない（2016） ・ 自然災害により、貧困はさらに悪化 ・ 直接的な経済的損失は 236 億ドルに（2018、63 カ国）

出典：*The Sustainable Development Goals Report*, 2016, 2017, 2018, 2019、より筆者
作成。

　表 2 によると、SDGR が利用するデータの年度が古かったり、同じ目的に
もかかわらず、異なる基準を用いていたりすることがわかる。率直に言っ
て、進捗状況がわかりにくい。そもそも 193 カ国の SDGs 進捗状況を、232
の指標を用いて毎年測定し、定量的に変化を示すことは、容易ではないこと
が推測される。

　4 年ごとに刊行される GSDR は、幅広い科学的インプットと評価を基に、
より深い分析を提供し、科学と政策とのインターフェースを強化することを
目的に掲げている[48]。つまり進捗状況に基づき政策提言を行うものである。

　2019 年に SDGs サミットに先立ち、初めての GSDR が刊行された。
GSDR2019 は、過去 4 年間の世界全体の SDGs 達成に向けた取り組みを評価
する。ポジティブな点としては、(1) 各国は SDGs を国家の計画と戦略に組
み込み始め、その多くは一貫して実施するための調整の仕組みを確立したこ
と、(2) 110 の自発的国家レビュー（VNR）のうち、35 において、SDGs
を自国の予算に関連付けるか、関連付けを検討していること、などを挙げて
いる[49]。にもかかわらず、世界は SDGs の 169 の大部分のターゲットを達成
するための軌道にのっておらず、達成目標に向けた進歩は限定的なものであ
るとして警鐘を鳴らす[50]。GSDR は、世界各国の取り組みを包括的にとらえ、
大所高所から基本方針を提示するものといえよう。

（2）「SDG 指標とダッシュボード」

　国連統計委員会が作るグローバル指標とは別に、SDGs の進捗状況を表す

「SDG 指標とダッシュボード」(SDG Index and Dashboards)(以下、ダッシュボード)というものがある。ダッシュボードでは、SDGs の進捗状況が国ごとにまとめられ、簡明に表現される。このダッシュボードを作成しているのは、ドイツのベルテルスマン財団(Bertelsmann Stiftung)と、ジェフリー・サックス(Jeffrey Sachs)率いる、持続可能な開発ソリューションネットワーク(Sustainable Development Solutions Network: SDSN)である。

　ダッシュボードは、SDGs の公的なモニタリング・ツールではなく、あくまでも暫定的かつ参考的な指標として提示されている。ダッシュボードの作成に際しては、IAEG-SDGs が作成した 232 の指標は必ずしも用いられない。というのも、それら指標の多くが、先進国を含め多くの途上国において未整備だからである。MDGs の際に用いられた 60 の指標でさえ、多くの欠損値を抱え、5 年以上のタイムラグで報告されていたことを考えるなら[51]、SDGs の 232 の指標が包括的なデータとして活用されるまでには長い時間を要する。そこで暫定的な指標として、ダッシュボードが作られた。ダッシュボードは、SDGs の公的なモニタリング・ツールではないが、可能な限り公的な SDG 指標に基づき、適切かつ迅速に提供される指標であるといえる[52]。

　ダッシュボードの作成に際して用いる指標は、以下の基準を満たすよう選択されている。

　① 国際的な妥当可能性と幅広い国への適用可能性:各国間のパフォーマンスの直接比較が可能なこと。

　② 統計的妥当性:有効かつ信頼できる測度であること。

　③ 適時性:最新のものであること。また適度に迅速なスケジュールで公表されていること。

　④ データの質:国内または国際的な公的情報源や査読誌に掲載されていること。

　⑤ 対象範囲:人口が 100 万人を超える国連加盟 149 カ国のうち、少なくとも 80% のデータを入手できること。

　その結果、指標の大部分が、厳密なデータ検証プロセスを有する国際機関

（世界銀行、OECD、WHO、FAO、ILO、ユニセフなど）から得られており、その他は Gallup World Poll による調査、Oxfam や Tax Justice Network などの市民社会（Civil Society）が提供するもの、ならびに査読ジャーナルからである[53]。

　彼らの独自の指標に基づいて作成されたダッシュボードは、赤色、橙色、黄色、緑色と達成度区分を用いて、国別の目標達成度を簡明に表現するとともに、国別ランクを公表している。彼らは、このダッシュボードを通じて、SDGs 優先政策設定へ向けた、各国の国内議論を活性化することを期待しているのである[54]。

　以下の表3は、2020 年度の報告書から、SDG インデックス・ランクの上位 10 カ国と下位 10 カ国とそれらのダッシュボードの情報を抜粋したものである。

表3：SDG インデックス・ランク（2020）

国名	SDG Index ランク	SDG Index スコア	HDI ランク（2019）
スウェーデン	1	84.72	7
デンマーク	2	84.56	10
フィンランド	3	83.77	11
フランス	4	81.13	26
ドイツ	5	80.77	6
ノルウェー	6	80.76	1
オーストリア	7	80.70	18
チェコ共和国	8	80.58	27
オランダ	9	80.37	8
エストニア	10	80.06	29
ニジェール	157	50.15	189
コンゴ民主共和国	158	49.71	175
スーダン	159	49.56	170
ナイジェリア	160	49.28	161
マダガスカル	161	49.14	164
リベリア	162	47.12	175

ソマリア	163	46.21	NA
チャド	164	43.75	187
南スーダン	165	43.66	185
中央アフリカ共和国	166	38.54	188

出典）Jeffrey Sachs, et al., *Sustainable Development Report 2020: The Sustainable Development Goals and COVID-19, Includes the SDG Index and Dashboards* (Cambridge: Cambridge University Press, 2020); UNDP, *Human Development Report: the Next Frontier Human Development and the Anthropocene*, 2020より筆者作成。

　表3からは、SDGs達成状況と経済的社会的豊かさとの関連性が読みとれる。SDGインデックス・スコアが80以上の、国別ランクの上位国には、スウェーデン、デンマーク、フィンランドなどの北欧諸国が並ぶ。トップ20の大半の国がOECD諸国である。国別ランク下位国には、中央アフリカ共和国、南スーダン、チャドなどの低所得国が並ぶ。HDIランクと必ずしも一致しないものの、HDIランクの高い国がSDGインデックス・ランクでも上位になる傾向が見て取れる[55]。これは、SDGsが極度の貧困をなくすことと、基礎的なサービスやインフラへのアクセスに重きを置いているからである（SDGs 1-9）[56]。また上位国グループのスコアが80以上であるのに対し、下位国グループのスコアが50以下であり、既存の経済的社会的な格差がSDGs達成状況の格差となってしまうことがわかる。

　しかし経済的社会的に豊かな国もそうでない国も軒並み、SDGs達成に向けた努力をしている。図1は、2016年から2020年までに、各国がどれだけSDGインデックス・スコアを増減させることができたのかをヒストグラムで表したものである。図1によると、スコアを減じている国は8カ国にとどまり、スコアを20 〜 24増加させた国が3カ国、16 〜 20増加させた国が11カ国もある。2016年と2020年のデータが揃っていた146カ国のうちの半数以上が、たった4年間にスコアを10程度も増加させていることが分かる。

　ただし、そのSDGインデックス・スコアの増加幅の低減傾向には注意が

図1　SDGインデックス・スコア増減値（2016-2020）

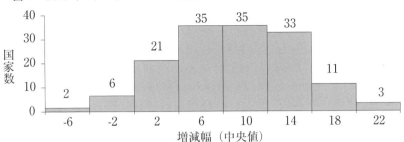

出典）Jeffrey Sachs, et al., *SDG Index and Dashboards Report*, various years, より筆者作成。

必要である。図2は、2016年の各国のSDGインデックス・スコアの値を初期値とし、その初期値と2016年から2020年までの間の増減幅との関係性を国ごとに表したものである。図2によると、全体的な傾向として、初期値が低い国ほどスコアが増加し、初期値が高い国ほどスコアが増加しないことが分かる。スコアの増減幅下位20位をまとめた表4によると、表3のインデックス・ランク上位10カ国のうち、1位、2位、3位、5位、6位、9位の6か国を始めとして、スコアの高い国が含まれている。つまり、スコアが高い国はスコアを低下させることや、あまり増やさなくなることが多いのである[57]。なぜ伸び悩みが起こるのかを解明することが、今後の検討課題である。各国の国内制度や慣習を検討し、それが政策変更を阻むメカニズムを探る必要があろう。

図2　SDGインデックス・スコア（初期値と増減幅；2016-2020）

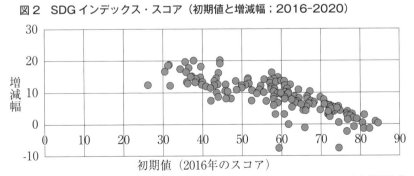

出典）Jeffrey Sachs, et al., *SDG Index and Dashboards Report*, various years, より筆者作成。

表４：SDG インデックス・スコア増減幅下位 20 位（2016-2020）

	国名	SDG インデックス・ランク（2020）	SDG インデックス・スコア（2020）	増減幅
1	パプアニューギニア	155	59.33	-7.67
2	シンガポール	93	74.61	-7.61
3	ルクセンブルク	44	76.66	-2.35
4	ノルウェー	6	82.31	-1.55
5	スイス	15	80.87	-1.52
6	カタール	103	65.83	-1.18
7	アイスランド	26	78.41	-0.89
8	ベネズエラ	118	61.82	-0.14
9	スウェーデン	1	84.53	0.19
10	ドイツ	5	80.52	0.25
11	オーストラリア	37	74.53	0.34
12	デンマーク	2	83.88	0.68
13	カナダ	21	76.85	1.34
14	オランダ	9	78.94	1.43
15	オーストリア	7	79.07	1.63
16	イギリス	13	78.14	1.65
17	イスラエル	40	72.29	2.31
18	ベルギー	11	77.43	2.53
19	アイルランド	14	76.75	2.63
20	フィンランド	3	81.00	2.77

出典）Jeffrey Sachs, et al., *Sustainable Development Report 2020: The Sustainable Development Goals and COVID-19, Includes the SDG Index and Dashboards* (Cambridge: Cambridge University Press, 2020); Jeffrey Sachs, et al., *SDG Index and Dashboards: Global Report* (New York: Bertelsmann Stiftung and Sustainable Development Solutions Network (SDSN), 2016) より筆者作成。

おわりに

　本稿は、「目標による統治」というガバナンス・システムである SDGs の特性と実効性について検討した。「目標による統治」は、国際レジーム／

ハードローとは異なる新しいタイプのガバナンス・システムであり、国際レジームの機能不全への打開策として期待される。SDGs には、既存の国際目標とは違い、進捗状況を適切に計測し、評価し、アクターにフィードバックするという一連のモニタリング・プロセスが整備され、実効性が期待された。

　国連やベルテルスマン財団などのモニタリングの結果、2030 年までにSDGs 達成は難しいとの予測がなされたものの、世界中の大半の国が SDGs 達成に向けた取り組みに着手し、取り組みを進めていることが明らかになった。

　これまでモニタリングのカギは、進捗状況を的確に測定する指標であると言われていたが、この 4 年間の進捗状況を見る限り、指標の完成度が絶対的なものではないことがわかる。グローバル指標やダッシュボードは、それぞれ課題を抱えながらも、各国は SDG インデックス・スコアを増加させている。進捗状況を大雑把に把握できるだけでも指標には効果があり、実効性を生みだしているといえる。

　つまり、「目標による統治」という構造をとる SDGs は、世界各国がSDGs 達成に向けた取り組みに着手し、励んでいる状況を見る限り、現時点では、十分ではないかもしれないが、その実効性を確保しているといえる。

　その一方で、SDG インデックス・スコアが高い国は、スコア増加率が緩慢になる傾向があることから、今後、現時点でスコアがそれほど高くない国も、将来的にスコア増加率が低減し、SDGs の実効性が増加しない可能性があることが予測できる。スコア増加を阻む、国内的要因、国際的要因を明らかにすることが肝要だ。そのことは、ダッシュボードが明らかにする各国の苦手分野の克服にもつながることが期待される。定量的分析のみならず、定性的分析の重要性が再認識されよう。

〈注〉

1　Robert O. Keohane and David G. Victor, "The Regime Complex for Climate

Change," *Perspectives on Politics*, Vol.9 No.1 (2011), pp. 7-23.

2　David Hale and David Held, et al., *Beyond Gridlock* (Polity, 2017), Chapter 1.

3　山本吉宣「国際制度の動態と国家—理論的な考察」『国際法外交雑誌』第117巻第3号（2018年11月）、537-539頁；山田高敬「国際レジーム論の系譜—統合から分散へ」西谷真規子・山田高敬編著『新時代のグローバル・ガバナンス論—制度・過程・行為主体』ミネルヴァ書房、2021年、93-94頁；内記香子・三浦聡「グローバル経済秩序と「持続可能な開発目標」」『法律時報』第91巻第10号（2019年9月）、48頁。

4　西谷真規子「ネットワーク—ネットワーク化したガバナンスの特徴と課題」西谷・山田、前掲書、134頁。

5　Norichika Kanie and Frank Biermann, eds., *Governing through Goals: Sustainable Development Goals as Governance Innovation* (Cambridge: The MIT Press, 2017).

6　井口正彦・宮澤郁穂・蟹江憲史「第1章　ミレニアム開発目標における経験と反省」蟹江憲史編著『持続可能な開発目標とは何か—2030年へ向けた変革のアジェンダ』ミネルヴァ書房、2017年、37頁。

7　Stephen D. Krasner, *International Regimes*, (Ithaca: Cornell University Press, 1983), p. 1.

8　John G. Ruggie, "Global Governance and "New Governance Theory": Lessons from Business and Human Rights," *Global Governance*, Vol.20, Issue 1, Aug 2014, pp. 5-17; Kenneth W. Abbott and Duncan Snidal, "Strengthening International Regulation Through Transnational New Governance: Overcoming the Orchestration Deficit," *Vanderbilt Journal of Transnational Law*, Vol.42, pp. 501-578; 大矢根聡「序章　グローバル・ガバナンス—国際秩序の舵取りの主体と方法」大矢根聡など編著『グローバル・ガバナンス学Ⅰ　理論・歴史・規範』法律文化社、2018年、4頁。

9　外務省「WTOドーハ・ラウンド交渉〜自由貿易体制の共通インフラ強化〜」、（https://www.mofa.go.jp/mofaj/press/pr/wakaru/topics/vol5/index.html, 2021年2月12日）。

10　環境省「気候変動の国際交渉」（http://www.env.go.jp/earth/ondanka/cop.html, 2021年2月12日）。

11　外務省、前掲。

12　蟹江憲史「SDGs によるガバナンスの本質を踏まえた指標の役割と機能」『廃棄物資源循環学会誌』第 28 巻第 6 号、2017 年（a）、413 頁。

13　山田、前掲論文、93-95 頁。

14　内記・三浦、前掲論文、48 頁。

15　レジーム論者は、当然のことながら、様々なレジームの形成過程の存在を想定している。地球環境レジームのように、科学的知識の発展にしたがって発展するレジームも存在することを述べている。Haas, Ernst B., "Why Collaborate? Issue-Linkage and International Regimes," *World Politics*, Vol.32, No. 3, (1980), pp.357-405; Haas, Ernst B., et al., *Scientists and World Order* (Berkeley: University of California Press, 1977); 山本吉宣「国際レジーム論 – 政府なき統治を求めて –」『国際法外交雑誌』第 95 巻、第 1 号（1996 年 4 月）、26 頁；小川裕子『国際開発協力の政治過程 – 国際規範の制度化とアメリカ対外援助政策の変容 –』東信堂、2011 年、7 頁。

16　小川、前掲書、7 頁。

17　西谷、前掲論文、120-121 頁および 134 頁。

18　Rodney B. Hall and Thomas J. Biersteker, eds., *The Emergence of Private Authority in Global Governance* (Cambridge: Cambridge University Press, 2002); 山田高敬「多中心的グローバル・ガバナンスにおけるオーケストレーションと政策革新―企業と人権をめぐる実験―」『年報政治学』第 68 巻第 1 号（2017 年）、110 頁。

19　山田、前掲論文、2017 年、95-96 頁。

20　内記香子「書評論文：増加する「指標」とグローバル・ガバナンス」『国際政治』第 188 号（2017 年 3 月）、118-128 頁；内記香子「国際関係の法化、ソフト・ロー、プライベート・スタンダード―ガバナンス手段の多様化」西谷・山田、前掲書、105-117 頁。

21　松井芳郎など『国際法』第 5 版、有斐閣、2013 年、14、18-20、35-38、41 頁；内記香子「遵守研究の展開―「国際法の遵守」への国際関係論からのアプローチ」『国際法外交雑誌』第 109 巻第 1 号（2010）、87-89 頁。

22　Kenneth W. Abbott and Duncan Snidal, "Hard and Soft Law in International Governance," *International Organization*, Vol.54, Issue3 (Summer 2000), pp. 421-456; 内記、前掲論文、2021 年、108-109 頁。

23　小寺彰「現代国際法学と「ソフトロー―特色と課題」」中山信弘など編『国際

社会とソフトロー』有斐閣、2008年、18-19頁；荒木尚志「労働立法における努力義務規定の機能」『COEソフトロー・ディスカッション・ペーパー・シリーズ』2004年；小川裕子「規範の法的地位と実効性」『東海大学紀要政治経済学部』第47号（2015）、4頁。

24　このような取り組みは、「司法化」（Legalization）として論じられてきた。Kenneth W. Abbott, Robert O. Keohane, Andrew Moravcsik, Anne-Marie Slaughter, and Duncan Snidal, "The Concept of Legalization," *International Organization*, Vol.54, No. 3 (2000), pp. 401-419.

25　西村智朗「国際環境条約の実施をめぐる理論と現実」『社會科學研究』第57巻第1号，2005年、43-47頁；小川、前掲論文、4頁。

26　内記・三浦、前掲論文、48-49頁；Oran R. Young, *Governing Complex Systems: Social Capital for the Anthropocene* (MIT Press, 2017), pp. 122-123；蟹江、前掲論文、2017年（a）、413頁。

27　蟹江、同上；蟹江憲史「序章　持続可能な開発のための2030アジェンダとは何か―SDGsの概要と背景」蟹江憲史編『持続可能な開発目標とは何か―2030年へ向けた変革のアジェンダ』ミネルヴァ書房、2017年（b）、15頁。

28　国連がこれまでに掲げてきた開発目標については、以下が詳しい。Stephen Browne, *Sustainable Development Goals and UN Goal-Setting* (London: Routledge, 2017).

29　外務省「ミレニアム宣言」（https://www.mofa.go.jp/mofaj/kaidan/kiroku/s_mori/arc_00/m_summit/sengen.html、2021年2月13日）。

30　外務省「MDGsの達成状況に関するモニタリング」『ODA白書』2003年（https://www.mofa.go.jp/mofaj/gaiko/oda/shiryo/hakusyo/03_hakusho/ODA2003/html/honpen/index.htm、2021年2月13日）；国際連合広報センター「MDGsの8つの目標」、（https://www.unic.or.jp/activities/economic_social_development/sustainable_development/2030agenda/global_action/mdgs/、2021年2月13日）。

31　国際連合広報センター「ファクトシート：ミレニアム開発目標」、（https://www.unic.or.jp/news_press/features_backgrounders/1178/、2021年2月13日）。

32　MDGsの新しさについては以下が詳しい。Fukuda-Parr, Sakiko, "Millennium Development Goals: Why They Matter," *Global Governance*, Vol. 10 (2004), pp.

395-402.

33　井口など、前掲論文、34頁。

34　国際連合『国連ミレニアム開発目標報告 2015―MDGs 達成に対する最終評価』、2015年。

35　国際連合『国連ミレニアム開発目標報告 2015 要約版』2015年、7-12頁。

36　井口など、前掲論文、36-37頁。

37　小野田真二「持続可能な開発目標（SDGs）と実施のためのマルチレベル・ガバナンス」『サステイナビリティ研究』第9号（2019年3月）、101-102頁。

38　外務省「我々の世界を変革する：持続可能な開発のための2030 アジェンダ」（仮訳）、Japan SDGs Action Platform、（https://www.mofa.go.jp/mofaj/gaiko/oda/sdgs/about/index.html、2021年3月1日）、パラグラフ 55, 60；小野田、前掲論文、101-102頁；蟹江、2017年（a）、413頁。

39　小野田、前掲論文、105頁；蟹江、2017年（a）、412、414-415頁。

40　グローバル指標の全文は、以下参照。総務省「持続可能な開発目標（SDGs）」、（https://www.soumu.go.jp/toukei_toukatsu/index/kokusai/02toukatsu01_04000212.html, 2021年2月14日）。

41　外務省、前掲「2030 アジェンダ」、パラグラフ 77；小野田、前掲論文、101-102頁；蟹江、2017年（a）、413頁。

42　外務省、前掲「2030 アジェンダ」、パラグラフ 74；小野田、前掲論文、106-107頁。

43　Sustainable Development Goals Knowledge Platform, "High-Level Political Forum on Sustainable Development"（https://sustainabledevelopment.un.org/hlpf, February 15, 2015）.

44　小野田、前掲論文、105-106頁；三浦宏子など「持続可能な開発目標（SDGs）における指標とモニタリング枠組み」『保健医療科学』第 66 巻第 4 号（2017年8月）、360頁。

45　小野田、前掲論文、106頁。

46　三浦など、前掲論文、359-360頁；蟹江、2017年（a）、412-413頁。

47　三浦など、前掲論文、359、360、362頁；IAEG-SDGs, *Provisional Proposed Tiers for Global SDG Indicators as of March 24, 2016*（New York: Inter-Agency Expert Group on SDG Indicators, 2016）; Jeffrey Sachs, et al., *SDG Index and Dashboards Report*（New York: Bertelsmann Stiftung and Sustainable Development Solutions

Network: SDSN, 2016), p. 11.

48 United Nations, *The Global Sustainable Development Report*, 2019, p. 3.

49 国連「未来は今：持続可能な開発を達成するための科学」(*Global Sustainable Development Report 2019 - The Future is Now: Science for Achieving Sustainable Development*)（2019 年 9 月）。

50 国連、同上。

51 M. Cassidy, *Assessing Gaps in Indicator Availability and Coverage*（New York: Sustainable Development Solutions Network, 2014）.

52 Jeffrey Sachs, et al., *SDG Index and Dashboards Report*（New York: Bertelsmann Stiftung and Sustainable Development Solutions Network (SDSN), 2016), p. 12.

53 Jeffrey Sachs, et al., *Sustainable Development Report 2020: The Sustainable Development Goals and COVID-19, Includes the SDG Index and Dashboards*（Cambridge: Cambridge University Press, 2020), pp. 66-67; 高井亨「SDGs の到達度を測る―正射影ベクトルを用いた統合指標作成の試み―」『経済論叢』京都大学経済学会、第 194 巻第 1 号、2020 年 2 月、94 頁。

54 蟹江、2017 年（a）、417 頁。

55 Sachs, et al., *op.cit.*（2016), pp. 42-43.

56 Sachs, et al., *op.cit.*（2020), p. 25.

57 *SDG Index and Dashboards Report*, 2020, p. 25.

3 SDGs と企業：
「ビジネスと人権」に関する企業の責任と役割

菅 原 絵 美

はじめに

2015 年 9 月の国連サミットにおいて、2030 年に向けた新たな世界共通の目標として「持続可能な開発目標（SDGs）」が採択されてから 5 年あまりが経った。SDGs の特徴のひとつに、「公共政策の担い手」として企業の積極的かつ主体的な役割が認められたことが挙げられる。日本社会においても、企業各社が SDGs へのコミットメントをアイコンや取り組みの発信をもって表明しているのを、日々目にするようになっている。

一方で、「SDGs ウォッシュ」[1]という言葉が登場しているように、SDGs に表面的にしか取り組んでいない企業には批判や懸念も示されてきた。企業に問われている表面的でない、中核的な取り組みのひとつに、「国連ビジネスと人権に関する指導原則」[2]（以下、指導原則）で確認された「企業の人権尊重責任」がある。これは、原材料の調達、委託製造から商品の流通や廃棄、リサイクル・再資源化までの取引関係（以下、バリューチェーン）を含む、企業の事業活動全体のなかで、労働者、消費者、地域住民などの人権を侵害しないという責任である。

このことは、日本政府による「『ビジネスと人権』に関する行動計画（2020-2015）」[3]の策定（2020 年 10 月）でも確認されている。日本政府は、2016 年 12 月に発表した SDGs 実施指針に基づく具体的施策として、「ビジ

ネスと人権に関する国別行動計画（NAP）の策定」[4]を盛り込んだ[5]。約4年を経て策定されたNAPは、内容に批判や懸念が聞かれるものの、日本政府がその策定をもって、SDGs実現の中核に「ビジネスと人権（企業の人権尊重責任）」があることを示した点で、大きな意義がある。さらに、この企業の人権尊重責任は、新型コロナウイルス感染症（以下、COVID-19）への対策のなかで、これまで以上に注目が高まっている。

　本稿では、SDGsの達成プロセスにおける企業の責任と役割について、「ビジネスと人権」の観点から考察する。グローバルな課題解決において企業がどのような存在としてとらえられてきたかを概括したのち、SDGsで期待される企業の責任や役割について確認する。そして、SDGsと「ビジネスと人権」の関わりを指導原則、とくに企業の人権尊重責任の視点から確認する。最後に、SDGsとともに、企業の人権尊重責任の実現が強く問われているCOVID-19をめぐる議論を取り上げる。

1　グローバルな課題解決における企業の位置づけ

　営利団体である企業は、本来SDGsのような環境・社会問題の解決が、究極的な目的とはならない組織である。しかしながら、次の2つのポイントから、企業はグローバルな課題解決において国際社会の関心を集めてきた。第一に、企業が国境を越えてバリューチェーンを広げていくなかで、その事業活動が本国および受入国ではもちろん、グローバルな課題にも影響を及ぼしていることである。第二に、企業の社会的責任（以下、CSR）の観点である。企業が、利益を追求するという経済的責任はもちろん、その決定や事業活動が及ぼす環境や社会に対する影響に対しても責任を負うという考え方は、1990年代に欧州で登場し、その後、アメリカへ、そして日本へと広がってきた。これらポイントを受けて、企業は国際社会においてどのような存在ととらえられてきたのかを確認していく[6]。

（1）「規制の対象」としての企業

　1960 年代に入り、先進国企業がアジアやアフリカ、ラテンアメリカなど
の発展途上国へ進出し始め、これら多国籍企業が受入国で引き起こす問題が
徐々に国連で取り上げられるようになった。当初、発展途上国では、多国籍
企業が大規模な経済力と先進的技術を有することから、自国の発展に貢献す
るものとしてその進出を奨励していた。発展途上国は植民地体制から政治的
な独立を果たしたばかりであり、貧困、対外債務、失業、食料危機といった
経済発展の不平等を背負っていた。しかし、チリのアジェンデ政権成立阻止
を狙った政治介入事件（1970 年）など、多国籍企業が国家主権を脅かす事
態を受けて、発展途上国の多国籍企業に対する不信が高まっていった。当時
の国連では、独立後の加盟により発展途上国が多数派となっていたため、企
業活動の規制に向けて国際社会が取り組んでいくことになった。「OECD 多
国籍企業行動指針」（1976 年）、「ILO 多国籍企業および社会政策に関する原
則の三者宣言」（1977 年）が採択される一方で、1975 年に多国籍企業の活動
の包括的な規制を目指した国連での多数国間取り組みである「多国籍企業に
関する国連行動綱領」が始まったが、難航する議論の末、1992 年に非公式
ながら廃案となった[7]。

　さらに、企業活動は、受入国の問題を越えて、グローバルな諸課題にも深
くかかわっている。インフォーマル経済における児童労働や人身売買、バ
リューチェーンを通じた環境汚染や武力紛争への加担などの問題は、国連を
はじめとする国際社会で関心を集めてきた。なかでも、多国籍企業を含む企
業による人権侵害は、1980 年代後半から国際的な注目を集め、国連で研究
が行われるようになった。その結果、国連人権小委員会は、2003 年に「人
権に関する多国籍企業および他の企業の責任に関する規範」を採択した。こ
の規範は、国家と同等の法的義務を企業に課すことを目指して採択されたた
め、反対する企業・国家側と、賛成する市民社会側の間に対立を招き、国連
は再び企業向けの規範の定立に挫折することになった。この膠着状態を破っ
て、2011 年に国連人権理事会において全会一致で承認されたのが指導原則

である。英国の現代奴隷法（2015 年）やフランスの企業注意義務法（2017
年）など、指導原則に沿った形で企業活動を規制する国内立法の成立が続い
ており、2021 年 2 月現在、EU で「コーポレートアカウンタビリティおよび
グッド・ガバナンスに関する指令」案の検討が進んでいる。

（2）「パートナー」としての企業

　グローバル化した世界において深刻化する諸課題に対処するため、国連
は、その機能強化の必要性から、非国家アクターとのパートナーシップを導
入してきた。国連と企業のパートナーシップの先駆けとして、その発展を
担ってきたのが国連グローバル・コンパクト（以下、UNGC）である。たと
えば、2000 年の国連ミレニアム開発目標（MDGs）は、本来は加盟国政府
の達成すべき目標であり、企業は第 8 目標である「開発のためのグローバ
ル・パートナーシップの推進」に登場するのみであった。UNGC は企業に
対し MDGs 実現のためにパートナーとなるように求め、最終的には第 8 目
標だけでなく、MDGs の 8 つの目標全体の推進に企業が参画するようになっ
た。さらに、国連総会決議「グローバル・パートナーシップに向けて」は
2000 年以降 2 年毎に更新され、国際社会の意思を表明してきたものである
が、2018 年決議[8]では、UNGC が民間セクターと戦略的にパートナーを組
む国連の能力を強化することに関して極めて重要な役割を果たしてきたこと
を確認している。

　ところで、国連と企業のパートナーシップは多岐にわたり、国際会議やサ
ミットへの参加から、国連諸機関のプロジェクトへの必要な資源や技術など
の提供、そして政府や市民社会も加えたマルチ・ステークホルダーでの事業
運営・実施や政策提言などが行われてきた。2018 年国連事務総長報告[9]によ
ると、国連と企業とのパートナーシップは 1,500 以上におよび、その過半数
が国連と企業の二者間であり、またその期間は基本的に短く、約 8 割が 5 年
以下となっている。国連の諸目標を実現するために、企業とのパートナー
シップの重要性がますます高まっているにもかかわらず、パートナーシップ

が効果的に行われているとは言い難い現状である。より効果的なパートナーシップへの鍵として、寄付から脱却した戦略的な関係の構築、イノベーションの実現、マルチ・ステークホルダーによるパートナーシップの強化、幅広いアクターの関与、小規模企業・中小企業との協力の5点を挙げる。さらに、国連では「国連とビジネスセクターとの協力に向けた原則基盤型アプローチに関するガイドライン」[10] を策定し、パートナーとなる企業が環境や社会に対して悪影響を及ぼさないよう、協力を進めるに当たっては説明責任と情報開示を果たすよう求めている。

（3）「パートナー」を越えた積極的役割への注目

　企業は CSR として、自社の活動およびバリューチェーンにおいて、気候変動や生物多様性、児童労働の撲滅、先住民族の権利保障に取り組んできた。くわえて、社会的課題の解決を目指すソーシャルビジネス、途上国の低所得層にとって有益な商品・サービスを提供する BOP ビジネス、企業と生産者または取引先が相互に利益を最大限にすることを目指す「共有価値の創造（CSV）」なども展開されてきた。

　このような企業の CSR 活動や UNGC の発展を経て、企業の積極的な役割が注目を集めるようになった。2015 年の MDGs 達成期限が近づくと、ポスト 2015 の枠組み作りに向けた議論が加速した。2012 年 6 月にブラジルで開催されたリオ + 20 会議では、国際商業会議所、持続可能な開発のための世界経済人会議（WBCSD）および UNGC が、2002 年のヨハネスブルク会議に引き続き、「持続可能な開発のためのビジネス・アクション」（BASD2012）を結成し、企業および産業グループを代表した。そして、国際レベルで公式な取り組みがあろうとなかろうと、ビジネス界は企業と社会一般の持続可能な発展を促進するために積極的に取り組んでいくこと、政府と積極的に協働するとともに、政府にむけて働きかけていくことを表明した。リオ + 20 会議の成果文書「我々が望む未来」では、ポスト 2015 の枠組み作りおよびグリーン経済の実現に向けて、企業の役割や官民パートナー

シップの重要性が示された。

国際社会の企業に対する関心を振り返ると、企業の位置づけが「規制の対象」であるとともに、グローバルな課題解決のための政府や国連機関の「パートナー」として拡大してきたことがわかる。さらに MDGs やリオ +20 会議を経て、企業に「パートナー」を越えた、より積極的な役割が期待されていくことになった。

2 SDGs の実現における企業の役割と現状

（1） SDGs 実現の担い手としての企業

2015 年国連持続可能な開発サミットでは、国連総会決議「我々の世界を変革する：持続可能な開発のための 2030 年アジェンダ」（以下、2030 年アジェンダ）において、2030 年に向けた新たな 17 の目標を持つ SDGs が採択された[11]。新アジェンダの規模と方向性として、「政府や民間セクター、市民社会、国連機関、その他の主体および動員可能なあらゆる資源を動員してすべての目標とターゲットの実施のために地球規模レベルでの集中的な取り組みを促進する」[12] と確認する。そのなかで、企業を含む民間セクターの役割として、「小規模企業から多国籍企業、協同組合、市民社会組織や慈善団体など多岐にわたる民間セクターが新アジェンダの実施における役割を有する」[13] としている。世界から貧困をなくすとともに、持続不可能な現代社会を持続可能な社会へと変化するという SDGs を達成するには、「民間企業の活動・投資・イノベーション」[14] により「持続的で、インクルーシブで、持続可能な経済成長と働きがいのある人間らしい仕事」[15] を生み出すことが不可欠なのである。つまり、MDGs において企業は国家のパートナーであったが、SDGs では一歩進んで、企業は新アジェンダを自らの活動のなかで実施していく役割を有するとされた。企業を含む民間セクターが SDGs 実現の担い手として位置づけられたのである。

一方、企業の側から SDGs に取り組んでいくメリットは何であろうか[16]。

第一に、SDGsは企業が事業を展開するうえで新たな機会を提供してくれることである。「SDGs経営」という言葉をしばしば耳にするが[17]、SDGsを企業経営に反映する際に求められるもののひとつが「アウトサイド・イン」アプローチでの目標設定である。現在までの事業活動の積み上げで目標を設定する「インサイド・アウト」では、持続可能な社会を実現するようなイノベーションは生まれない。今までの延長で考えるのではなく、SDGsといった企業外部の世界的かつ社会的なニーズを起点とした企業の経営目標の設定や経営判断が必要になってきているという。このようにSDGsは企業経営に新たなアプローチを提示するなど、企業に新たな機会を与えてくれる。そのほかにも、たとえば、SDGsに盛り込まれた再生エネルギーへの転換やICT技術のグローバルな普及などは、新たな市場を創出するものである。第二に、企業の事業活動自体が社会課題を作りだすことは許されないからである。すなわち、SDGsに取り組むことによって、環境保護、児童労働や強制労働の禁止など、自社の事業活動における問題が可視化され、経営に対するリスクを最小化することができる。そして、最後に、地球環境および社会の持続可能性なくして企業活動の持続可能性は成立しない。ゆえに企業は事業活動を続けていくために、SDGsの実現に関与せざるを得ないこともくわえておきたい。

（2）　企業の事業活動における正と負の影響への注目

　では実際に企業はどのようにSDGsを実現することが期待されているのだろうか。グローバル・リポーティング・イニシアチブ（GRI）、UNGC、WBCSDが共同開発した「SDG Compass：SDGsの企業行動指針：SDGsを企業はどう活用するか」[18]は、SDGsがMDGsと異なり、すべてのビジネスに対し、その創造力とイノベーションを活用して、持続可能な開発のための問題を解決するよう求めているとし、企業が投資、商品・サービス、そして事業活動を通じて、SDGsに取り組んでいくためにはどうすればいいのかを解説している。

　そこでは、企業がいかに、SDGs を経営戦略と整合させ、その貢献を測定して管理していくかを5つのステップで示している。第一に、SDGs の理解であり、前述のなぜ企業が SDGs に取り組むのかの内容を反映して、企業はSDGs について知り、企業活動にとって SDGs がもたらす機会と責任を理解することが重要となる。第二に、優先課題の決定である。バリューチェーンを含めた事業活動全体において持続可能な開発に対する自社の影響を、現在かまたは将来か、正かまたは負かなどに基づいて把握したうえで、SDGs 全体に対する優先課題を決定する。第三に、目標の設定である。前述の「アウトサイド・イン」のアプローチを通じて、KPI などの数値目標や意欲的な目標が設定される。設定された目標は、企業活動と関わる労働者、消費者、地域住民といったステークホルダーに対して公表される。第四に、経営への統合として、設定した持続可能な目標をすべての部門に組み込むとともに、場合によっては政府、企業、市民社会、国際機関などとパートナーシップを組み対応する。第五に、報告とコミュニケーションである。定期的な進捗状況の報告と SDGs の達成度についてのステークホルダーとのコミュニケーションを実現する。

　以上が、SDGs を企業経営に組込んでいくためのステップであるが、基礎にあるのはバリューチェーンを含めた事業活動全体において企業活動が環境や社会にどのような影響を与えているかの把握である。なぜならば、事業活動自体が社会課題を作りだしてはいけないからである[19]。企業が積極的な取り組みを展開する前提として環境保全や人権尊重などの責任を果たしていること、そして取り組みは情報開示され、地域住民や関係者が情報を得ることができることなど、担い手としての責任についても明示されている。この責任を果たさない企業に対して、本稿冒頭で紹介したような「SDGs ウォッシュ」であるとの批判が市民社会から上がっているのである。

（3）　日本における企業の SDGs の取り組みの展開

　日本国内をみると、政府が SDGs 実施指針を策定し、市民社会が SDGs の

重要性を訴えるなかで、企業の SDGs に関する認知が高まり、取り組みも広がりつつある。たとえば、日本経済団体連合会（以下、経団連）は、2017年の企業行動憲章の改定において SDGs の達成をひとつの柱として据えている。そこで、実際に企業がどれほど SDGs に取り組んでいるのかについて、経団連が 2018 年および 2020 年に実施した「企業行動憲章に関するアンケート調査結果」を確認する。このアンケート調査は、2017 年の改定のポイントを中心に、経団連の企業会員・団体会員の取り組み状況や事例を把握し、その理解の促進につなげることを目的としている。ゆえに SDGs に関する質問項目が含まれている。2018 年調査[20]では、SDGs を活用した取り組みの内容として、最も進んでいるのは「事業活動を SDGs の各目標にマッピング」であり、これを実施済みとした企業は全体の 35% であった。その後、「報告とコミュニケーション」（24%）、「達成に貢献できる優先順位を決定」（21%）と続き、「バリューチェーン全体の影響領域の特定」が最も低く 9% の回答となった。2020 年調査[21]では、「事業活動を SDGs の各目標にマッピング」が同じく最も進んでおり、65% の企業が実施済みと回答した。続いて、「優先課題の決定」（63%）および「報告とコミュニケーション」（55%）と続くが、ともに前回調査から 30 ポイント以上も伸ばしている。依然として最も進んでいないのは「バリューチェーンのマッピングと影響領域の特定」であるが、31% まで伸びている。2018 年度調査と比較すると全体的な取り組みの前進が分かり、「ここ数年で、企業行動憲章第 10 条で求めている SDGs の経営への統合が着実に進んでいる」と評されている。このように、企業各社では自社の事業が 17 の目標のどれに該当するのかを紐づけする取り組みが広く見られる。一方、バリューチェーン全体で企業活動の影響をとらえる企業実践はこれからの段階である。

3　SDGs に対する「ビジネスと人権」の視点

（1）「ビジネスと人権」とは

　2030 年アジェンダでは、企業の活動・投資・イノベーションを通じて SDGs を実現する主体的な役割を確認する[22]一方で、「ビジネスと人権」に関する指導原則をはじめ、国際労働機関（ILO）による国際労働基準、子どもの権利条約といった取り決めに従い、労働者の権利や環境、保健基準が守られることが前提であることを確認した[23]。この「ビジネスと人権」とは、2005 年の国連人権高等弁務官報告書において使用された[24]のが始まりとなり、現在では、企業のバリューチェーンを含む事業活動全体とステークホルダー（労働者、消費者、地域住民など）との関わりにおける人権課題を包括的にとらえる概念として使われている。

　国連の人権システムのなかで、多国籍企業による先住民族や地元住民への人権侵害など、企業による人権侵害が取り上げられ始めたのは 1980 年代後半であり、その国際的な関心の高まりをうけて、研究が行われるようになった。2005 年に国連事務総長特別代表に任命されたラギー（John Gerard Ruggie）による 6 年にわたる活躍の結果、2011 年に国連初の企業向けの人権規範である指導原則が国連人権理事会の全会一致のもと承認された。指導原則は法的拘束力のある文書ではないものの、「企業の人権尊重責任」が国際社会の共通認識となっていることを初めて確認した「政治的に権威のある解決策」[25]として受け入れられ、国家、国連機関のみならず、企業、市民社会などに広く普及し実行されている。指導原則は、国家の人権保護義務、企業の人権尊重責任、救済へのアクセスという 3 つ柱から成っている。救済へのアクセスには、国家による司法救済および非司法的な苦情処理メカニズム、そして企業を含む非国家アクターによる苦情処理メカニズムが含まれている。以下では、第二の柱と第三の柱にまたがる「企業の人権尊重責任」に焦点をあてて説明する。

（2）　企業の人権尊重責任とは

　指導原則において、企業の人権尊重責任という「義務」ではなく「責任」という用語が用いられたのは、現在の国際社会の共通認識として、国際人権法は企業に人権を尊重する法的義務を課していないものの、人権の尊重は企業に期待される行為基準となっていることが認められてきたからである。このことは人権理事会でも確認されている。

　では、国際社会の共通認識とされた企業の人権尊重責任とは、どのような責任なのだろうか。第一の特徴は、国際的に認められた人権（世界人権宣言、自由権規約、社会的規約、中核的労働基準である ILO 基本 8 条約）を最低限の基準としている（原則 12）ことである。第二に、この企業の責任は国家の義務とは独立しているとされ、受入国や本国による人権条約の批准の有無や国内実施の状況とは関係なく、企業は国境を越えた事業活動全体で国際人権基準を尊重する責任を負う（原則 11・23）。第三に、その責任は資本関係のある子会社や関連会社はもちろん、取引関係のある他社（調達先や製造委託先など）を含む国境を越えたバリューチェーン全体に及ぶ（原則 13・19）。さらに、第四の特徴として、企業の人権尊重責任の内容を示した点である。具体的には、全社的な人権方針を定め、人権への悪影響を防止・軽減する人権デューディリジェンスのプロセスを実現し、そして適切な場合には悪影響を是正するための救済や苦情処理の措置をとることである（原則 15-21）。バリューチェーンである取引先による人権侵害の場合は、取引先に是正するよう働きかける責任を負う（原則 22）。くわえて、救済へのアクセスは、企業やステークホルダーによる単体または協働型の苦情処理メカニズムを設置することで実現が目指されている（原則 29・30）。

（3）　SDGs と企業の人権尊重責任との関わり

　2030 年アジェンダにおいて、企業が SDGs の達成を目指すうえで主体的な役割を果たす重要な存在であることが確認された。これを受けて 2017 年の国連人権理事会決議 35/7 により、国連ビジネスと人権作業部会は、2030

年アジェンダにおける指導原則の実施について検討するよう要請された[26]。この要請を受けて、作業部会は、同年 6 月 30 日に、政府と企業に対して 10 の重点勧告を発表した[27]。

SDG の達成を目指した企業の役割を考えるなかで、人権の尊重が基礎になければならない。人権の犠牲の上に立ったビジネスや投資ではないことが要件となる。つまり、SDGs の人間（people）の部分、すなわち「あらゆる形態および側面において貧困と飢餓に終止符を打ち、すべての人間が尊厳と平等の下に、そして健康な環境の下に、その持てる潜在能力を発揮することができること」[28] を実現するために、企業はどのように貢献することが期待されているのだろうか。

この認識に立ったうえで、作業部会は企業に向けて、次の 3 点を勧告した。第一に、企業の持続可能な開発への最も強力な貢献は、そのバリューチェーン全体に人権の尊重を組み込むことである。企業の本業から離れた社会貢献活動は、それ自体は望ましいものであるが、人権尊重責任の代わりにはならない。企業は、人権尊重責任を満たして初めて、SDGs への積極的な貢献を行うスタート地点に立てるのである。

第二に、SDGs に貢献するためのビジネス戦略は、人権デューディリジェンスのための代替にはならない。指導原則のいう人権デューディリジェンスは、既存の侵害のみならず、潜在的な人権侵害も対象としている。よって、強化された人権デューディリジェンスが持続可能な開発を可能とする。たとえば、人権活動家（human rights defenders）への攻撃は、人権侵害となるだけでなく、その国の法の支配自体を弱めることになり、社会にも企業にも持続可能な開発を損なうことになる。

第三に、救済へのアクセスについてである。企業は、自身が引き起こし、助長させている人権侵害については、自社で、または取引先と協力して是正を行っていく。指導原則は企業に対し、運用レベルの苦情メカニズムを確立し、参加するよう求めている。

このように国連ビジネスと人権作業部会が示した懸念は、SDGs の取り組

みにおいてその中核である人権尊重責任が軽視されてしまうことであり、企業の SDGs への貢献という積極的な役割は、人権尊重責任を満たしたうえで初めてスタートできるものであることを再確認した。

4　COVID-19 とバリューチェーンにおける労働問題

（1）　COVID-19 と SDGs

2019 年末に中国武漢で発生した COVID-19 の世界的拡大は現在まで続いているが、コロナ後の社会の在り方の模索はすでに始まっている。「より良い社会の実現／より良い復興（Build back better）」がスローガンとして掲げられ、コロナからの復興の方向性のなかで、これまで以上に SDGs の実現が強調されるようになっている。

　私たちは、日常生活において COVID-19 の直接的な影響を受けるだけでなく、COVID-19 が引きおこした地球規模での経済危機を通じて、さらに深刻な影響を受けている。ILO の統計[29] によれば、2021 年 1 月初旬時点で、COVID-19 による就業制限が行われている国にいる労働者は、世界の労働者の 93% を占めており、2020 年の 1 年間で 1 億 1400 万もの仕事が失われた。ILO の統計からは周辺化されてきた人々（社会的弱者）への影響の深刻さもうかがえる。世界的な失業状況において、男性と比べ女性の失業率は 5.0% も高く、また若年労働者の失業率は 8.7% と高い結果となっている。このような COVID-19 による雇用への悪影響から労働者を保護しなければならないとする声明が国連レベルで度々発信されるようになり、まさに「誰一人取り残さない（Leave No One Behind）」という SDGs が試されているという認識が共有されてきた[30]。

　さらに、バリューチェーンでは、インフォーマルな雇用など、仕事の喪失に直面する労働者などの問題が凝縮されている。多くの労働者が解雇されるなかで、企業は、SDGs の中核として、バリューチェーンでの雇用に対する企業の人権尊重責任の実現が問われてきた。

（2）　COVID-19 での企業の人権尊重責任とは

　2020 年 5 月 13 日に、国連人権高等弁務官事務所は、「COVID-19 ガイダンス」を発表した。ガイダンスでは 22 のテーマが示されており、「誰一人取り残さない」もそのひとつに据えられている。なかには「ビジネスと人権」の項目もあり、企業が国家とは独立した責任を負うことを確認している。たとえ経済や健康が危機的状況であっても、国家がその義務を果たしているか、または立法措置の有無など国家が義務をどのように履行しているかにかかわらず、企業はバリューチェーンを含む事業活動において、人権を尊重する責任を追うのである。

　さらに、2020 年 10 月にはより詳しいガイダンスとして「COVID-19 の事態におけるビジネスと人権」が示された[31]。企業は、人権尊重責任として、COVID-19 に伴う経済や公衆衛生上の危機に対して、とり得るすべての手段を取ったことを確認し、情報を開示することが求められている。そのうえで、第一に、直接雇用の労働者の権利の尊重は必要であるが、それだけでは十分ではないことを確認する。企業は、事業活動に関わる日雇い労働者やギグ・エコノミーの労働者（ギグワーカー、gig worker）といった単発の仕事を請け負う労働者を含めた、バリューチェーン全体を通じて関わる労働者の権利を尊重する責任を負う。

　第二に、企業は、COVID-19 の危機においても、自社の事業活動に対して人権デューディリジェンスを実施しなければならない。危機であることが、人権デューディリジェンスを軽視する理由にはならない。危機対応として行われる対策がステークホルダーに、とくに社会的弱者である労働者などステークホルダーに与える悪影響は注視され、影響を受けるステークホルダーとの間で、実質的な協議が行われる必要がある。

　第三に、企業が人権侵害を引き起こすまたは助長する場合は、自社により、必要に応じて取引先と協力しながら、是正に積極的に取り組むことが求められる。COVID-19 において、感染対策のない環境で労働を強いられたり、違法な形で雇用契約が打ち切られたり、感染対策を求めた労働組合リーダー

が企業から報復を受けたりする事例が生じている。コロナ禍という緊急事態だからこそ、実効的な救済へのアクセスは一層重要なものとなる。

　指導原則が求める実効性の基本として、企業の事業活動のなかで侵害行為をうけたステークホルダー自身が救済や苦情のメカニズムを利用する資格や権利を有することを認識・理解できていること（entitlement）、次に認識・理解するだけでなく本人がさまざまな働きかけを通じて実際にその資格や権利を行使できること（empowerment）、さらに救済や苦情のメカニズムは当事者が状況に応じて選択できるよう多様な主体による多様な手段を設けること（救済のブーケ[32]）などがある。これにくわえて、COVID-19による障壁と衝突することがないよう、オンラインでの対応など、救済および苦情メカニズムに安全にアクセスできるような方法を考えておく必要がある。

　このように、COVID-19からの復興においてSDGsの実現が強調されるなか、バリューチェーンを含む事業活動全体のなかで労働者の権利をいかに尊重していくかという、企業の人権尊重責任の原点が繰り返し確認されてきた。

おわりに

　COVID-19からの復興において「誰一人取り残さない」ことが繰り返し確認され、このことははまさにSDGsが目指すものであるという主張が国際社会、国内社会、地域コミュニティで共有されるようになっている。このCOVID-19に起因する経済不況のなかで失業問題が深刻化することにより、企業活動における労働問題という伝統的かつ共通の課題が注目されることになった。

　このような労働問題への注目は、「ビジネスと人権」の観点からすると、ある種の原点回帰であるとともに、これまでの発展を受けた部分もある。それは自社と雇用関係にある労働者のみならず、バリューチェーン上の労働者、自社の商品・サービスと直接関係する労働者までを対象として人権侵害

がないよう、場合によっては雇用を保護することが求められる点である。これは SDGs の中核部分である企業の人権尊重責任が問われていることを意味する。

　本稿冒頭で、「SDGs ウォッシュ」といった表面的に SDGs に取り組む企業に対する懸念を紹介した。SDGs は、企業に対し、政府や国際機関のパートナーとなること以上に、自らその事業活動や商品・サービス、社会貢献を通じて目標達成に取り組む主体的な役割を求めている。これは SDGs に貢献するような企業活動への変革を期待するものであるが、その絶対的な前提は、環境や社会に悪影響を与えない企業活動を実現することにある。企業が、SDGs の実現へとつながる商品・サービスを提供するといった役割をいくら積極的に展開しても、自社の事業活動における人権デューディリジェンスを十分に行わないなど、その責任を果たさないのであれば、COVID-19 での失業状況に見られるように、社会的弱者は「取り残される」ばかりである。

　これは SDGs と「ビジネスと人権」に限らず、CSV の登場に対し、市民社会が示してきた懸念とも通じる。日本では 2014 年に市民社会が「CSR と CSV に関する原則」を策定しており、CSR は企業のあらゆる事業活動に不可欠であること、そして CSV は CSR の代替とはならないことを示した[33]。

　SDGs 実現にむけて、企業は、事業活動や社会貢献活動において主体的役割を果たそうとしてきたが、まさに今、COVID-19 からの復興として SDGs が掲げられている。COVID-19 をめぐる事態のなかで、企業は、SDGs の中核である企業の人権尊重責任として、自社のみならず、バリューチェーンにおける労働問題といかに向き合っていけるかを問われているのではないだろうか。

〈注〉

1　SDGs に真剣に取り組んでいないのに取り組んでいるフリをすること、うわべだけの SDGs を批判して用いられる用語である。オルタナ「日本で最も『SDGs ウォッシュ』なのは？」2019 年 1 月 4 日（https://www.alterna.co.jp/25760/,

2021 年 1 月 10 日）を参照。

2　UN Document, A/HRC/17/31, Annex, 21 March 2011.

3　ビジネスと人権に関する行動計画に係る関係府省庁連絡会議「『ビジネスと人権』に関する行動計画（2020-2015）」2020 年 10 月（https://www.mofa.go.jp/files/100104121.pdf, 2021 年 2 月 10 日）。

4　持続可能な開発目標（SDGs）推進本部「持続可能な開発目標（SDGs）を達成するための具体的施策（付表）」2016 年 12 月 22 日（https://www.kantei.go.jp/jp/singi/sdgs/dai2/siryou2.pdf, 2021 年 2 月 10 日）。

5　先立つ 2016 年 11 月の国連ビジネスと人権フォーラムにおいて、日本外務省は NAP の策定を国際社会に宣言している。在ジュネーブ国際機関日本政府代表部、「第 5 回国連ビジネスと人権フォーラム、ビジネスと人権に関する指導原則に係る国別行動計画セッション、志野光子大使ステートメント」2016 年 11 月 16 日（https://www.geneve-mission.emb-japan.go.jp/itpr_ja/statements_rights_20161116.html, 2021 年 2 月 21 日）。

6　本稿におけるグローバルな課題解決における企業の重層的な位置づけについては、拙稿「第 9 章 企業」庄司真理子・宮脇昇・玉井雅隆編著『新グローバル公共政策（改訂第 2 版）』晃洋書房、2021 年、106-119 頁での考察に基づく。

7　以上について、吾郷眞一「国連による多国籍企業の規制」『国際問題』第 240 号、1980 年；小寺彰「多国籍企業と行動指針：多国籍企業行動指針の背景とその機能」総合研究開発機構編『企業の多国籍化と法 I 多国籍企業の法と政策』三省堂、1986 年を参照。

8　UN Document, A/RES/73/254, 16 January 2019.

9　UN Document, A/73/326, 15 August 2018, paras.5&10.

10　United Nations Global Compact, "Guidelines on a Principle-based Approach to the Cooperation between the United Nations and the Business Sector" (2015), accessed 10 February 2021, https://www.unglobalcompact.org/library/3431.

11　SDGs 採択をめぐる国連での議論については、蟹江憲史『SDGs（持続可能な開発目標）』中公新書、2020 年；南博・稲場雅紀『SDGs：危機の時代の羅針盤』岩波新書、2020 年を参照。

12　UN Document, A/RES/70/1, para.39, 21 October 2015. 日本語訳については外務省仮訳「我々の世界を変革する：持続可能な開発のための 2030 アジェンダ」2015 年 9 月 25 日第 70 回国連総会で採択（https://www.mofa.go.jp/mofaj/

files/000101402.pdf, 2021 年 2 月 21 日）を参照。

13　*Ibid.*, para.41.

14　*Ibid.*, para.67.

15　*Ibid.*, para.9.

16　企業がなぜ SDGs に取り組むのかについては、蟹江憲史、前掲書；河口真理子『SDGs で「変わる経済」と「新たな暮らし」：2030 年を笑顔で迎えるために』生産性出版、2020 年；関正雄『SDGs 経営の時代に求められる CSR とは何か』第一法規、2019 年；田瀬和夫・SDGs パートナーズ『SDGs 思考：2030 年のその先へ 17 の目標を越えて目指す世界』インプレス、2020 年を参照。

17　一例として関正雄、前掲書。

18　GRI・UNGC・WBCSD「SDG Compass：SDGs の企業行動指針：SDGs を企業はどう活用するか」2016 年（https://sdgcompass.org/wp-content/uploads/2016/04/SDG_Compass_Japanese.pdf, 2021 年 2 月 10 日）。

19　河口、前掲書、154-157 頁。

20　日本経済団体連合会「企業行動憲章に関するアンケート調査結果」2018 年 7 月 17 日（https://www.keidanren.or.jp/policy/2018/059_kekka.pdf, 13-14 頁 , 2021 年 2 月 10 日）。

21　日本経済団体連合会「第 2 回企業行動憲章に関するアンケート調査結果：ウィズ・コロナにおける企業行動憲章の実践状況」2020 年 10 月 13 日（https://www.keidanren.or.jp/policy/2020/098_honbun.pdf, 3 頁 , 2021 年 2 月 10 日）。

22　UN Document, A/RES/70/1, para.41, 21 October 2015.

23　*Ibid.*, para.67.

24　UN Document, E/CN.4/2005/91, para.6, 15 February 2005.

25　John Gerard Ruggie, *Just Business: Multinational Corporations and Human Rights* (New York & London: W W Norton, 2013), p. xlvi. 日本語訳については、ジョン・ジェラルド・ラギー（東澤靖訳）『正しいビジネス：世界が取り組む「多国籍企業と人権」の課題』岩波書店、2014 年、35 頁を参照。

26　UN Document, A/HRC/RES/35/7, para.12, 14 July 2017.

27　OHCHR, "The business and human rights dimension of sustainable development: Embeding 'Protect, Respect and Remedy' in SDGs implementation," 30 June 2017, accessed 10 February 2021, https://www.ohchr.org/Documents/Issues/Business/Session18/InfoNoteWGBHR_SDGRecommendations.pdf.

28 UN Document, A/RES/70/1, Preamble, 21 October 2015.

29 ILO, "ILO Monitor: COVID-19 and the world of work. Seven edition: Updated estimates and analysis," 25 January 2021, accessed 10 February 2021, https://www.ilo.org/wcmsp5/groups/public/@dgreports/@dcomm/documents/briefingnote/wcms_767028.pdf.

30 OHCHR, "Every worker is essential and must be protected from COVID-19, no matter what – UN rights experts," 18 May 2020, accessed 10 February 2021, https://www.ohchr.org/EN/NewsEvents/Pages/DisplayNews.aspx?NewsID=25892&LangID=E; OHCHR, "9th Annual Forum on Business and Human Rights 'Preventing business-related human rights abuses: The key to a sustainable future for people and planet': Opening Statement by Michelle Bachelet, UN High Commissioner for Human Rights," 16 November 2020, accessed 10 February 2021, https://www.ohchr.org/EN/NewsEvents/Pages/DisplayNews.aspx?NewsID=26509&LangID=E.

31 OHCHR, "Business and Human Rights in times of COVID-19," October 2020, accessed 10 February 2021, https://www.ohchr.org/Documents/Issues/Business/BusinessAndHRCOVID-19.pdf.

32 2017年国連ビジネスと人権作業部会報告書（UN Document, A/72/162, paras.38-54, 18 July 2017）において、当事者（rights holders）を中心とした実効的な救済へのアクセスを実現するための要件のひとつとして示された。侵害の性質や被害者の希望などによりさまざまな状況が想定されるなかで、被害者が自身の状況に応じた救済手段を選択できるよう、さまざまな救済手段がひとつのパッケージ（a bouquet of remedies）として提示されるべきとする考え方である。

33 アジア・太平洋人権情報センター（ヒューライツ大阪）およびSCOネットワーク「CSRとCSVに関する原則」2014年3月13日（https://www.hurights.or.jp/japan/news/csr-csv.pdf, 2021年2月21日）。

4 SDGs と市民社会：

グローバルな政策と制度の構築の視点から

上 村 雄 彦

はじめに

　2015 年に採択された SDGs（Sustainable Development Goals、持続可能な開発目標）は、2030 年までに地球環境問題、貧困・格差問題などの地球規模課題を解決し、持続可能なグローバル社会を実現するためのビジョンであり、ロードマップである。この野心的な目標を達成するためには、個人、NGO、企業から国家、国際機関まであらゆるアクターが、ローカル、ナショナル、リージョナル、グローバルなどあらゆるレベルで各々の力を最大限に発揮するとともに、かつてないレベルでの協力・協働が必要となる。

　その際、鍵になるポイントが三つある。まず、SDGs を達成するためには巨額の資金が欠かせないという点である。その額は、途上国だけで年間およそ 400 兆円が必要と試算されている[1]。他方、先進国の政府開発援助の総額は年間 17 兆円程度であり、この資金ギャップをどう埋めるかを検討しなければならない。

　次に、地球規模課題は国境を超えて生起しているのみならず、その多くがグローバルな政治経済構造に起因しているため、そのような構造を是正するグローバルな政策や制度が求められるということである。それなしには、どれだけローカルやナショナルレベルで努力しても、SDGs は達成できないであろう。

　最後に、企業のように利潤にも、国家のように国益にも拘泥されずに、まっすぐに地球公共益を追求できる市民社会のアクターの重要性である。この市民社会セクターの積極的な活動なしには、SDGs を達成するためのグローバルな政策や制度も構築されることはない。

　これらを念頭に、本稿はまずグローバル社会における市民社会セクターの位置づけを確認し、グローバル・ガヴァナンス（地球的共治）とグローバル政府（世界政府）の重要性を浮き彫りにする。次に、SDGs 達成を阻むグローバルな政治経済構造を分析し、それを打破するのに不可欠なグローバルな政策としてグローバル・タックスを、グローバルな制度として世界政府を検討する。そのうえでグローバル・タックスの実現に向けて活動している NGO、特に国会議員と協働して活動している日本の NGO について考察する。続いて、世界政府や世界議会実現のために積極的に動いている国際 NGO について検討し、最後にこれらの NGO の課題と展望を論じる。

　以上の考察を通じて、SDGs の達成に不可欠な要素を浮かび上がらせ、市民社会が重要な役割を担っていることを明らかにしたい。

1　市民社会の位置づけとグローバル・ガヴァナンスの重要性

（1）　政府、市場、市民社会

　グローバル社会における市民社会の位置づけを浮かび上がらせるために、まず国内社会の基本構造から市民社会を考察しよう。その基本構造を大きく捉えれば、それは政府、市場、市民社会セクターから構成されていると考えることができる（三項モデル）。本論のメインテーマである市民社会について、コーヘン（Jean Cohen）は、「経済と国家から区別された社会的相互作用の領域であり、とくに（家族を含む）共同と公共によって構成されている」と定義づけている[2]。

　一国内で生起する諸問題を解決し、国民の生命、財産を守り、公共的福祉

を提供してきたのは国家（政府＝ガヴァメント）である[3]。しかし、20世紀後半に入り、一方で社会が高度化、複雑化、高齢化し、それに呼応する形で政府が肥大化・官僚化し、財政が慢性的に赤字化したこと、他方で地球環境問題をはじめとする国境を越えて生起する諸問題が顕在化、深刻化したことを背景にして、「国家（政府）は国内の諸問題を解決するには大きすぎ、グローバルな課題を解決するには小さすぎる」と喧伝されるようになった（「政府の失敗」）[4]。

　「政府の失敗」に対する一つの対応が、いわゆる「構造改革」を通じて「小さな政府」を実現し、規制緩和、民営化、高所得者と法人に対する減税を進め、市場の力を最大限に活かすことで経済成長を図り、諸問題を解決することを意図した新自由主義であった。新自由主義に基づく政策の遂行によって、いくつかの国々では財政の健全化や経済の活性化が促進されたが、多くの場合、とりわけ教育、福祉、医療予算の削減や格差の拡大を通じて、結果として貧困層に打撃を与えることとなった（「市場の失敗」）[5]。

　政府単独で問題を解決し、円滑な統治を行うことが困難であり（政府の失敗）、市場や企業に任せても問題が解決されない状況下（市場の失敗）で台頭してきたのが市民社会であり、そこに存在するNGO、NPO、協同組合、労働組合、社会運動などの市民社会のアクターであった。現在起こっていることをリアルに把握し、現場の声を汲み取ることのできる現場性と、政府や企業が持たない専門性、小さい組織とネットワークからなる柔軟性を持った市民社会アクターの多くは、これまで基本的に国家に対する対抗勢力であり、市場や企業の行き過ぎに対する「お目付け役」、社会問題の顕在化などの役割を果たしてきた[6]。

　しかし、現在の閉塞状況において、市民社会は上述の役割に加えて新たな役割を要請されるようになった。それが政府や市場との協働（パートナーシップ）である。すなわち、「政府の失敗」、「市場の失敗」を乗り越え、現状を打破するために、政府のみならず、NGO、NPO、協同組合、労働組合、大学、企業などあらゆるステークホルダー（利害関係者）が相互に持続可能

な社会の実現をめざすパートナーとして諸問題の解決に共に取り組むオープンで、透明で、参加型で、民主的な「共治（共同で統治を行うこと）」が要請されるようになったのである。このようなさまざまなステークホルダーが参加して、公共的な問題の解決を図る共治のことを、ここでは「ガヴァナンス（governance）」と呼んでおこう。これを図式化すると図1のようになる[7]。

　この三項モデルは、ナショナルレベルのみならず、ローカル、リージョナル、グローバル各々のレベルにも適用することが可能である。このモデルを日本におけるSDGsの推進に結びつけて考察すると、ローカルレベルでの協働・共治について、稲場雅紀は、岡山市の「市民協働推進モデル事業」、鳥取県智頭町の「智頭の山と暮らしの未来ビジョン」などの事例を取り上げ、いずれも地方自治体と市民社会セクターの協働によって（智頭町の場合は、そこに地場産業も加わって）、より良いまちづくりが行われていることを紹介している[8]。

図 1　国内社会の基本構造とガヴァナンス

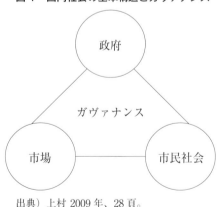

出典）上村 2009 年、28 頁。

　また、国レベルでの政府、企業、市民社会のアクターによる協働について、日本では2016年6月に、内閣総理大臣を本部長とし、全閣僚をメン

バーとするSDGs推進本部が内閣官房に設置されるとともに、各社会・経済セクターの意見を集約し、連携して実施を推進するために、SDGs推進円卓会議も創設された。同会議は、経済界、労働界、市民社会、消費者団体、国際機関、学界などから14名の委員で構成され[9]、日本におけるSDGs達成のためのガヴァナンスが作動している。

　日本の市民社会も2016年にSDGs市民社会フォーラムというNGO、NPO、市民社会のネットワークを設立した。このフォーラムは「誰一人取り残さない」というSDGsの理念に則り、貧困や性差、地域格差、教育格差といったあらゆる側面での格差を解消し、すべての人が、人間として尊厳をもって生きることのできる社会の実現をめざしている。そして、市民社会の立場から、民間企業や自治体、国際機関、政府、他国の市民社会組織と連携した、政策提言活動や課題解決のためのコンサルティングなどを行っている。このフォーラムには、135団体が加盟し、開発・環境・障害・ジェンダーなど11の分野別グループを軸に、SDGsの実現に向けた取り組みを行っている[10]。

　とりわけフォーラムは、上記のSDGs推進本部が、SDGs政策策定過程で、経済成長やイノベーションを中心に据えようとしていることに対して、SDGs推進円卓会議に3名のメンバーを送り込み、女性、高齢者、過疎地域など、社会でとり残されがちな課題を入れ込むべく、政府に働きかけを行っている[11]。

　このように日本では、SDGsの達成に向けて市民社会が連携し、政府も推進本部や円卓会議を立ち上げて、さまざまなアクターが協働できる環境を整備し、SDGsを推進している。また、多くの企業がSDGsを経営に取り入れ始め、金融でも環境、社会、よい統治を基準に投資を行うESG投資が規模を拡大させている[12]。各国でも程度の差はあれ、SDGs実現のための取組みを進めている。しかし、地球規模課題を解決し、「誰一人取り残さない」持続可能な地球社会を創造するためには、各国内での協働や共治に加えて、グローバルなレベルでのそれが欠かせない。したがって、次節ではその点につ

いて理論的な考察を行おう。

（2）　グローバル政府、グローバル市場、グローバル市民社会

　先述の三項モデルをグローバル社会に当てはめると図２のようになるだろ
う。すなわち、国内社会の政府、市場、市民社会、ガヴァナンスが、グロー
バル社会ではそれぞれグローバル政府、グローバル市場、グローバル市民社
会、グローバル・ガヴァナンスに対応するモデルである。

図２　国内社会とグローバル社会の基本構造の分析枠組

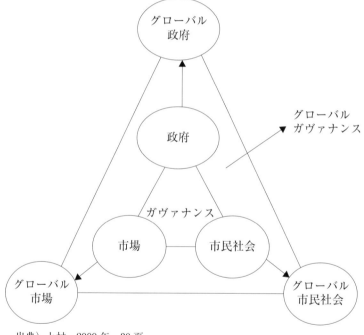

出典）上村、2009 年、30 頁。

　グローバル「社会」という限りは、グローバル市場、グローバル市民社会
の存在にくわえて、「グローバル政府」ないし「世界政府」とも呼べる権力
体が不可欠であろう。すなわち一国内において正当性と権力もって一元的な

統治を行う政府が存在するように、正当性と権力を持って一元的な統治を行う「グローバル政府」ないし「世界政府」がグローバル社会の成立には必要である。しかし、現実には世界政府は存在せず、グローバル社会を一元的に統治する正当性も権力も持たない約 300 の国際機関と 196 の主権国家がアナーキカルに存在しているだけである[13]。そして、後述するように、そのことが SDGs 達成において大きな足枷になっているのである。

　次の領域はグローバル市場である。1980 年代以降、新自由主義が世界に浸透して、各国がさまざまな規制を緩和・撤廃するのと並行して、グローバリゼーションの波が世界中を覆った結果、各国の市場は国境を越えて結びつき、多国籍企業は世界中に展開し、世界貿易、外国直接投資、国際金融市場は拡大し、グローバル市場が形成された[14]。

　そして、現在ではグーグル、アマゾン、フェイスブック、アップル、マイクロソフト（それぞれの頭文字を取って、GAFAM とも呼ばれる）といったデジタル・プラットフォーマーがグローバル市場における時価総額上位企業に名前を連ね[15]、世界中の人々のデータを寡占的に取得し、企業価値の向上とともに、グローバルなレベルで個人情報を独占化するほどまでにグローバル化が進んでいる[16]。

　続いて、グローバル市民社会について見てみよう。グローバル市民社会の定義もまた多岐に渡るが、ここではグローバルなレベルで政府も市場も排除した民衆の自発的な公的領域と定義しておく。この場合、市民社会がグローバルな広がりを持つという意味での「グローバル」市民社会と、地球市民というアイデンティティをもった「グローバル市民」社会という二つの意味での「グローバル市民社会」が混在している。その形成の背景には、旧ソビエト連邦の崩壊と冷戦の終焉、グローバリゼーションの加速化と情報通信革命がある。とくに情報通信のグローバリゼーションは、各国内の市民社会のアクターを結びつけたのみならず、国境を越えた市民社会アクター同士のトランスナショナルなネットワークの形成を可能にした[17]。

（3）　グローバル市民社会の台頭とグローバル・ガヴァナンスの限界

　ここで、グローバル市民社会の台頭を、国内社会における市民社会のそれとを対比して考えてみよう。西川潤は、グローバリゼーションの進展の結果、グローバル社会における「市場の失敗」が起こっていることを指摘している。すなわち、「グローバリゼーションは、営利動因で行動する多国籍企業によって推進されている。その結果、『市場の失敗』と言われるような、経済集中、地域や貧富の格差、破産や失業、投機経済の横行、生態系の悪化と公害等を世界大に拡げる傾向がある」と論じている[18]。

　国内であれば、この「市場の失敗」に対処するのが政府の役割である。しかしながら、グローバルレベルで惹起しているこのような問題に対して、既述のとおり「グローバル政府」は存在せず、国連を始めとする 300 の国際機関と 196 の主権国家がグローバルな諸問題に対処している（「グローバル政府の不在」）。このグローバルなレベルでの「政府なき統治」をさしあたり「グローバル・ガヴァナンス」と呼ぶこととする。現在の「グローバル・ガヴァナンス」は、各国の自国第一主義化や地球規模問題の深刻化に鑑みると、到底うまく機能しているとは評価できず、むしろ「グローバル・ガヴァナンスの機能不全」に陥っているといえるだろう。

　このように、グローバル社会においては、「グローバル市場の失敗」に加えて、「グローバル政府の不在」、そして「グローバル・ガヴァナンスの機能不全」とでも呼べる状況が支配的なのである。それゆえに、グローバルなレベルでの市民社会の重要性が高まり、グローバル市民社会が台頭したと考えられるのである[19]。

　具体的には、社会運動がグローバル化とネットワーク化、さらにはネットワークのネットワーク化（メタ・ネットワークの形成）を進め、大きな成果を上げてきたことがある。その例が、1996 年に結成され、2000 年までに開発途上国の債務帳消しを求めたジュビリー 2000 であり、1997 年に対人地雷全面禁止条約を締結させた地雷禁止国際キャンペーン（International Campaign to Ban Landmines: ICBL）であり、1999 年 11 月にシアトルで開

催された世界貿易機関（WTO）第3回閣僚会議を頓挫させた5万人の抗議集会であり、2001年1月にブラジルで開催され、現在もグローバル市民社会で中核的な役割を果たしている世界社会フォーラム（World Social Forum: WSF）である。最近では、2017年に核兵器禁止条約の採択に大きく貢献した核兵器廃絶国際キャンペーン（International Campaign to Abolish Nuclear Weapons: ICAN）も挙げられよう。このようなグローバル社会運動とそのネットワーク、ならびにこれらのネットワークのネットワーク化によって、グローバル市民社会の内実が拡充していったといえるだろう[20]。

また、国際 NGO も、1992年の国連環境開発会議（リオ・サミット）への参加を皮切りに、1995年以降現在まで続く国連気候変動枠組条約締約国会議、2000年の国連ミレニアムサミット、2002年の国連持続可能な開発に関する世界首脳会議、2015年の国連 SDGs サミットなど、一連の国連関連の会議にオブザーバー、場合によっては政府代表団の一員として参加するとともに、これらの会議と並行して NGO フォーラムを開催して、NGO の声や代替案を国連や各国政府に対置するようになった[21]。

このようなグローバル・ガヴァナンスへの積極的な参加は、ICBL や ICAN なども行っており、いまやグローバル・ガヴァナンスは NGO や市民社会アクターの参加なしには作動し得ない状況となっている。その意味で、現代はまさにあらゆるアクターが地球規模課題の解決や SDGs の実現のために協働するグローバル・ガヴァナンスの時代となったといえよう。

しかしである。それで温暖化が止まったわけでも、貧困や格差、地雷や核兵器がなくなったわけでもない。地球規模課題は依然として目の前に存在し、SDGs の達成からは程遠い状況にある。それは一体なぜなのだろうか？

2 グローバル政治経済構造を是正するためのグローバルな政策と制度の必要性

その主要な理由は、地球規模課題の解決や SDGs の実現を阻むグローバル

政治経済構造が横たわっているからであり、その構造を打破するためのグローバルな政策や制度が欠如しているからである。そのような構造にはさまざまなものがあり、かつ複雑に絡み合っているので一概に論じることはできないが、本節ではマネーゲーム経済とタックス・ヘイブン、ならびに主権国家体制を概観して、必要となる政策と制度を検討しよう。

（1）　SDGs の実現を阻むグローバル政治経済構造

　まず、マネーゲーム経済の膨張とタックス・ヘイブンが挙げられる。大金を株式、債券、通貨、デリバティブなどに投資（投機）し、利ざやで儲けるマネーゲーム経済は、2012 年の時点で、実体経済の 10 倍に達し、大金を投入できる富裕層や多国籍企業を不条理に儲けさせている[22]。さらにその儲けは、税金がほとんどかからず、しかも金融口座情報を秘匿するタックス・ヘイブン（租税回避地）に帳簿上移され、国庫に入ることなく再びマネーゲームに投入されている[23]。

　このような不条理なしくみは、当然に規制、コントロールされるべきであるが、まさにマネーゲームのプレイヤーが、そのしくみを牛耳っているがゆえに、変革は困難である。これはいわゆる「1% の、1% による、1% のためのガヴァナンス」と表現されるが[24]、このしくみの改革なしに、地球規模課題解決への光明は見えないであろう[25]。

　次に、主権国家体制の問題も指摘しなければならない。現在の国際社会は、中央政府がない中で各国家が主権を持ち、内政不干渉を原則として国際秩序を形作っている（グローバル政府の不在）。しかし、そのせいで、たとえ主要国が対人地雷全面禁止条約や核兵器禁止条約に加盟しなくても、タックス・ヘイブンが維持されようとも、主権国家体制というシステムが存在する限り、これらの国々に加盟を強要することも、タックス・ヘイブンによる主権の濫用を止めることも困難なのである[26]。ここに主権国家体制とグローバル政府不在による問題が如実に表れている。

　このようなグローバル政治経済構造のせいで、対人地雷や核兵器などは廃

絶されないし、SDGs を達成するための資金も不足するのである。既述のとおり、資金については年間およそ 400 兆円が必要であるのに対して、世界の政府開発援助の総額は、20 兆円にも満たない。他方、タックス・ヘイブンに秘匿されている資金は、約 5000 兆円と見積もられている[27]。これだけの資金を SDGs の達成に投入できれば、少なくとも資金面では SDGs の達成は可能なのである。

（2）　SDGs 達成に必要なグローバルな政策としてのグローバル・タックス

　SDGs の達成に大きく資するグローバルな政策の一つがグローバル・タックスである。グローバル・タックスとは、大きく捉えれば、地球規模で税を制度化することである。これには三本の柱がある。第一の柱は、課税のベースとなる金融・口座情報を各国の税務当局が共有することであり[28]、第二の柱は、金融取引税、地球炭素税など実際に国境を超えた革新的な税を実施することである。そして第三の柱は、課税・徴税を行い、税収を地球公共財のために公正に分配するための透明で、民主的で、説明責任を果たすことのできるガヴァナンスを創造することである[29]。

　グローバル・タックスが実現すれば、第一の柱により長期的にタックス・ヘイブンはなくなり、第二の柱である税の政策効果により、投機的金融取引や武器取引、エネルギーの大量消費など、グローバルな負の活動は抑制され、理論上、年間 300 兆円近い税収が生み出されて地球規模課題の解決のために充当されうる。さらに、第三の柱によりグローバル・ガヴァナンスの透明化や民主化、説明責任の向上が進むことが期待される[30]。最後の点のロジックは以下のとおりである。

　加盟国の拠出金に依存し、国益に拘泥されて真の意味で地球公共益を追求できない既存の国際機関に対し、グローバル・タックスを財源とする国際機関は拠出金を財源としないので、加盟国の国益に拘泥されず、純粋に地球公共益を追求できる。さらにそれは自主財源を持つことを意味するので、政治

的にも、財政的にも自立性が高まる。

　また、ケタ違いに多数で多様な納税者に説明責任を果たすためには、高い透明性と民主性が求められる。とりわけ、税収の使途決定にあたっては、政府代表だけでなく、さまざまなステークホルダーが加わって物事を民主的に決定していくマルチ・ステークホルダー・ガバナンスが不可欠となる。これにより、政府代表だけで資金の分配などを決定している従来の国際機関よりも、多様な視点やチェック機能がビルトインされ、税収の分配を含めて、より公正な意思決定が行われることとなるであろう。

　今後さまざまなグローバル・タックスが導入され、それに伴って次々と自主財源とマルチ・ステークホルダーによる意思決定を備えた国際機関が創設されることになれば、現在の強国・強者主導のグローバル・ガヴァナンスは、全体として大きく変革を迫られることになると考えられる。

　さらに、グローバル・タックスを財源とする国際機関が多数創設された場合、長期的にこれらの機関がどこかの時点で一つに収斂して「グローバル・タックス機関」とも呼べる機関が設立される潜在性がある。さらに、その機関を民主的に統制するために「グローバル議会」ないし「世界議会」とも呼べる組織が創設される可能性さえ考えられる [31]。それが実現すれば、そして適切に制度設計が行われれば、マルチ・ステークホルダーで担保していた各機関レベルでの透明性、民主性、説明責任が、まさにグローバルなレベルで担保されると考えられる。

　このように、グローバル・タックスは資金創出、グローバルな負の活動の抑制のみならず、現在の「1％のガヴァナンス」を変革する潜在性を持っていることから、その意義は限りなく大きいといえるのである [32]。

　しかしながら、その大きな意義と潜在性が、逆説的に実現に向けての壁となっている。それは二つのレベルで現れる。最初のレベルは、課税対象となる業界と所管官庁である。たとえば、金融取引税であれば課税を嫌う金融業界と、業界を所管する金融庁や財務省が導入に反対する。航空券連帯税であれば航空業界と国土交通省、地球炭素税であればエネルギー業界と経済産業

省という具合である。二つ目はより根幹的なレベルで、そもそも課税権は国家主権の最たるものなので、それを超越するようなしくみに政府自体が反対するというものだ。

　どうすればこれらの反対を乗り越えることができるのだろうか？　前者に対して、井上達夫は、「多様な税源を持つ多様な実践的世界税構想をセットにして、その全体的な負担分担帰結の公平性を示す包括的アプローチ」、つまり「税源を異にする様々な世界税が、まさに次々と実施されるべき」と主張する[33]。換言すれば、特定の業界だけに課税するのではなく、あらゆる業界にそうすることにより、「なぜうちの業界だけに課税するのか」という主張を打ち破ることができる根拠となる。

　次に、後者に対しては、諸富徹が二つの事例を挙げて、国際税制の画期的転換を論じている。一つは、OECD（Organisation for Economic Co-operation and Development、経済開発協力機構）のBEPS（Base Erosion and Profit Shifting、税源浸食と利益移転）プロジェクトが進めているデジタル課税である。これは、各国が連携して共通の国際課税ルールを作り、相互に課税情報を交換して課税する方法で、具体的には多国籍企業のグローバルな利潤を確定させ、一定の基準に基づいて各国の課税権を確定させるという定式配分アプローチである。これにより、各国は課税権力を保持したままで、国境を超えてグローバルに課税権力を拡大することが可能となる[34]。

　いま一つは、超国家組織や国際機関に対し課税権力を移譲し、主権国家の枠組みを超える新たなグローバル課税権力を創出するアプローチである。これはEU（欧州連合）がコロナ禍に対応するために7500億ユーロ（約96兆7500億円、1ユーロ＝129円で計算、以下同様）の基金を創設したが、その財源として検討されているデジタル課税や金融取引税が実施されれば、少なくともEUレベルでは実現することになる[35]。この点は、世界政府の議論とつながるので、話を先に進めよう。

（3）　SDGs 達成に必要なグローバルな制度としての世界政府

　既述の三項モデルのところで、グローバル市場、グローバル市民社会は存在するものの、グローバル政府は存在しないこと、その代わりに数百の国際機関や主権国家がアナーキカルに存在していること、そしてそのこと自体がSDGs の達成を阻んでいることに触れた。そうであるならば、グローバル政府に相当するもの—世界政府—を創設すればよいではないかということがここでの主旨である。そうすることで、グローバル・ガヴァナンスが十全に機能し、地球規模課題を解決する能力が大きく向上するだろうからである。

　世界政府と一口に言っても、さまざまな構想があり、一括りに論じるのはむずかしい。その詳細は上村（2019 年）に譲ることにして、ここでは以下のように定義づけをしておきたい。世界政府とは地球規模課題を解決し、人類の生存危機を回避することを目的とした超国家機関で、三つの柱から構成される。まず地球規模課題解決や人類の生存のための政策を議論し、法的拘束力を持った決議を行う立法府としての世界議会、次にその決議事項を実施する各国の主権を部分的に超越した行政府としての世界政府、そしてこれらを法的に保証する世界憲法、世界法、ならびに司法府としての世界司法裁判所である。

　世界政府が必要な理由は、第一に各国は地球益よりも国益を優先するからである。たとえば自国の経済や産業を優先して、十分な CO_2 削減策を取らない、軍需産業の発展のために、武器の開発・製造・輸出を続けるなどの例が挙げられる。次に、グローバルなレベルでの意思決定がますます人々の生活、ひいては生存に影響を与えるようになったにもかかわらず、その決定に人々が参加できないからである。たとえば気候危機を止めようと思えば、大多数の人々のライフスタイルや価値観の転換、協力が必要になるが、そのためには彼らがオーナーシップを持つことが必須である。そして、それは彼らが政策形成や意思決定にたとえ間接的にでも参加することができて初めて醸成されると思われる。

　それでは、なぜ世界政府は主権国家体制よりも優位性を持つのだろうか。

　まず、地球規模課題の多くは基本的に集合行為問題である。それを解決するためには、共通の問題の解決を図り、コストを公正に分担させる何らかの権威が必要だからである。次に、主権国家は外部の脅威を利用して国内における抑圧や権威体制を正当化し、専制的になりがちなのに対して、世界政府にはそのような外部の脅威が存在しないため、原理的に専制を避けうるからである。最後に、核戦争の恐怖は、主権国家が核兵器を持ち続ける限り続くからである[36]。その意味では、主権国家を越える権力を持つ超国家機関を作って主権国家の専制を斥け、集合行為問題を解決し、核兵器の廃絶を促進するのが最も合理的かつ効果的と言えるであろう。

　もちろん、世界政府は完璧ではなく、さまざまな観点から批判がなされている。詳細は上村（2019年）で論じているので、ここでは大きく、①専制や大国による支配と民主主義欠損の可能性、②外部を持たないことによる弊害、③実現性の欠如について、簡潔に説明しておこう。

　最初の点について、カント（Immanuel Kant）は、世界政府ができると、一大強国のために、諸国家が溶解するし、法律は統治範囲が拡大するにつれて威力を失うから、結果的に「魂のない専制政治」に陥ると論じている[37]。井上も、たとえ民主的な制度を作っても、邪悪な、または無能な主体が権力を握った場合、専制の可能性があるとともに、政府と市民が乖離し、政府が遠すぎて市民の声が届かないという民主主義の欠損の問題が起こるとの批判を行っている[38]。

　次に、外部を持たないとは、ポッゲ（Thomas Pogge）のいう「集権的世界国家は、外部を持たないので、圧政が起こった時に、そこから逃れられない」という批判である[39]。井上も専制時に脱出口（安全装置）がないことを問題視し、これは人間的自由の「最終手段」とも言うべき「離脱可能性」を持たせなくするということを意味すると論じ、世界政府論を批判している[40]。

　最後の点について上村（2019年）は、「国家は主権を放棄するだろうか。そして、そもそも[世界]議会を創設するという十分な動機とエネルギーが

国際社会にあるだろうか」と疑問を投げかけている（括弧は筆者が挿入）[41]。続けて、「具体的な現実に目を転じると、唯一国家主権を部分的に超えた統合を成し遂げている EU もイギリスが離脱したのみならず、一国内の統治でも異なる民族や地域間の統合に苦悩している事例は後を断たない」と論じている[42]。

　これらの批判を乗り越えるために必要な鍵は適切な制度設計と国連議員総会の創設、グローバル・タックスの実施にあると考えられる。まず世界政府論が深く考慮しなければならないのは、いかにしてローカル、ナショナル、リージョナルなアイデンティティ、権利、自治、自律を尊重、保障しつつ、全体の統合を図っていくかという困難な課題である。そうすると、連邦制の世界政府像と欧州連合も実践している補完性の原則（Subsidiarity principle）の重要性が浮かび上がる[43]。

　ここでいう連邦制とは、各国は主権の一部を世界連邦政府に移譲しつつも、基本的に各国が主権を維持することを認める政治制度である。補完性の原則とは、世界連邦政府を構成する一番下部に位置する、最も人々に近いローカルレベルの自治や権限を重視し、そこでは対処できない問題については、より上位にあるナショナルレベルが、ナショナルレベルで対処できない場合は、その上のリージョナルレベルが、それでも対処できない問題はグローバルレベルで扱うという原則である[44]。

　この連邦制と補完性の原則を作動させることで、世界政府が専制政治や大国による支配に陥ることを防ぐことができる。また、国家主権の存在を認めつつ、サブナショナルな単位の自治や権限を重視することで、世界連邦政府を構成する各国や、各国内のサブナショナルな政治単位の分離傾向を抑え、それにより、現在の国際政治秩序をラディカルに変えることなく世界政府樹立に向けての出発点とすることができるので、実現性を高めることとなる[45]。さらに、世界連邦政府に留まることを良しとしない国家があるのであれば、離脱を認めることによって、外部がないことの弊害も回避できる。

　実現の具体化については、二つのアプローチがある。一つは国連議員総会

（a United Nations Parliamentary Assembly: UNPA）の創設である。これは、世界議会の前段階にあたるもので、現状の国連総会を国会議員代表から構成されるものに改革する構想である。まず国連総会に対する諮問機関としてUNPAを発足させ、世界各国から直接選挙で世界議会議員が選出されることになった暁には、一国一票制の上院に格上げし、直接選挙で選ばれた議員から構成される下院とともに世界議会を構成するという構想で、後述する国境なき民主主義がその実現のためのキャンペーンを展開している[46]。

　もう一つは、グローバル・タックスの実施である。すでにその実施が長期的には、グローバル・タックス機関とグローバル議会（世界議会）の創設まで結びつくロジックを説明した。世界議会はグローバル・タックス機関の透明性、民主的運営、アカウンタビリティに責任を持つのみならず、一国内で議会がそうしているように、グローバル・タックスによって得られた税収の使途を議論し、決定し、実施国や実施機関、さまざまなプログラムやプロジェクトに資金を供給することになるだろう。さらに、世界議会は可決されたことを実施するために世界政府を創設する。その際、既述の議論を踏まえて、世界連邦政府とし、グローバルな課題については全権を持つ一方、それ以外のリージョナルレベル以下の課題については、補完性の原則に則って、各レベルで政策が実施される[47]。

　また、既存の国連機関を活かすべく、世界議会は国連総会をベースにするばかりではなく、世界連邦政府についても、機能主義に基づき、開発問題であれば国連開発計画（UNDP）や世界銀行など関連する国際機関を統合した「世界開発省」、環境問題であれば、国連環境計画（UNEP）や他の機関の環境問題を扱う部局を統合した「世界環境省」など、現存するインフラを最大限に活用しながら組織改革を進める。グローバル・タックス機関は、「世界財務省」に変革される。それぞれの省には世界議会が選出した大臣がトップにおり、その大臣の下に統一した組織が創られ、一貫性のある政策形成、実施が行われる。そして、それがうまく機能しない場合には、世界連邦政府の代表、ないし世界議会によって罷免される[48]。

　以上、SDGs を達成するために必要なグローバルな政策としてのグローバ
ル・タックスと、グローバルな制度としての世界政府を議論してきた。言う
までもなくこれらは、ただ論文に書けば実現するようなものではない。これ
らの実現に向けて積極的に動く行為主体とさまざまなアクターの協力がなけ
れば、ただの絵に描いた餅に終わる。

　そこで、次節では、グローバル・タックスの実現に向けて活動を展開して
いる日本の NGO であるグローバル連帯税フォーラム（Global Tax Forum:
GTF）を、次々節では、世界政府の創設をめざして活動しているドイツの
NGO である国境なき民主主義（Democracy Without Borders: DWB）を中
心に、詳細に検討していこう。

3　グローバル・タックスと NGO：グローバル連帯税 フォーラムの理念と活動

（1）　グローバル・タックスの実現をめざす NGO

　グローバル・タックスの実現に向けて活動している NGO は多数ある。中
でも、1998 年に創設されたフランスの Attac（Association pour une Taxe
sur les Transactions Financières pour l'Aide aux Citoyens: 市民を支援する
ために金融取引への課税を求めるアソシエーション）と [49]、2002 年創設の
イギリスのスタンプ・アウト・ポヴァティ（Stamp Out Poverty: SOP、貧
困を撲滅せよ）はよく知られている [50]。

　Attac は、一時はフランス国内で 180 のローカル委員会、30,000 人の会員、
1,000 団体を包摂するネットワークになり [51]、フランス上院、下院、欧州議
会に Attac 委員会が設立されるなど、大きな力を持っていた。その結果、
2001 年 11 月に、フランス下院はトービン税を導入する法案を可決したので
ある [52]。現在は規模も縮小し、全盛期の勢いは見られないが、「ヨーロッパ
富裕税 "For a Europe-wide coordinated levy on wealth"」キャンペーンな
どを展開している [53]。

Attac が、政党の党員、労働組合員、大学やメディア界からの知識人、社会運動のメンバーなど、多様なメンバーを内側に抱え、ナショナルとローカルレベルでそれぞれ独自の組織、とりわけ自律性の強いローカル委員会を持っていたのに対し、SOP はそこまで組織化されておらず、あくまでもさまざまな NGO や慈善団体の水平的なネットワークであり、そのネットワークによるロビイング、アドヴォカシー、キャンペーン活動を展開してきた。

ブラセット（James Brassett）によれば、「SOP のキャンペーンは、南北の不平等・格差問題とそのギャップを埋めうる通貨取引税の税収の創出面に焦点を置いた議論をわかりやすく整理し、それをホームページに掲載しているほか、容易な要約を記した数多くの専門的な報告書も刊行し、ビデオや報告も、グローバリゼーションの犠牲となっている貧しい人々の映像を使うなど、人々の心に訴え、惹きつける工夫がなされている」と論じている。そして、「イギリスのグローバル・タックス・キャンペーンは、金融市場に課税することをグローバル・ガヴァナンスのアジェンダに乗せた」と分析している[54]。

2010 年には、SOP が先頭に立って金融取引税の実現を訴えるロビン・フッド・タックス・キャンペーン（RHT キャンペーン：Robin Hood Tax Campaign）が開始され、通貨取引を始め、すべての金融取引に 0.05% の税を課す金融取引税を実現させ、税収を国内・国際レベルでの貧困削減と気候危機対策に充当することが提唱された[55]。現在では、コロナ危機を乗り切るために、世界的に金融取引税を実施するキャンペーンを企画している。

ここまで海外の事例を検討してきたが、次節以降はグローバル・タックスの実現をめざす日本の NGO であるグローバル連帯税フォーラム（GTF）に焦点を当てて、詳細に検討していこう。

（2）　グローバル連帯税フォーラムの目的、組織、沿革

GTF は、日本政府にグローバル・タックスの実施を働きかけることを目的に、2011 年 6 月に国際連帯税フォーラムとして創設され、2015 年 4 月に

グローバル連帯税フォーラムと改称された。その組織は、2名の代表理事、8名の理事、1名の事務局長（スタッフは0名）、8つの団体会員、18名の個人会員から構成されている[56]。

その起源は、2001年11月に創設されたトービン税研究会と、2001年12月に創設されたAttacジャパンから分化したオルタモンド（2004年9月設立）にある。トービン税研究会は、2006年9月にグローバル・タックス研究会へ発展し、オルタモンドと融合する形で、2009年4月に国際連帯税を推進する市民の会（アシスト）が設立された。これを母体に、その後他のNGOも加入して、2011年6月に国際連帯税フォーラムとなり、2015年4月にグローバル連帯税フォーラムと改称されて、現在に至っている。

（3）　グローバル連帯税フォーラムの活動と成果

GTFはその活動の柱として、①2006年にフランス政府がグローバル・タックスなど革新的開発資金を議論するために創設した「革新的開発資金に関するリーディング・グループ（LG）」との連携、②2008年に日本の国会議員が設立した「国際連帯税創設を求める議員連盟（連帯税議連）」との連携、③専門家・有識者の参加によるシンクタンク機能、④日本と世界の市民社会との連携を掲げている[57]。

具体的な活動内容としては、①情報発信（ホームページ、本の出版、報告書の作成、メディア出演など）、②シンポジウムなどイベントの開催、③連帯税議連とともに、政府、自民党税調に対して政府税制大綱に「国際連帯税」が上がるように働きかけ、④関連国際会議への参加とネットワーキング、⑤地球環境税等研究会（環境省）、LG専門家会議、国際連帯税推進協議会（国際連帯税議連）、グローバル連帯税推進協議会（国際連帯税議連）、「国際連帯税を導入する場合のあり得べき制度設計等に関する研究会」（外務省）、「持続可能な開発目標（SDGs）達成のための新たな資金調達を考える有識者会議」（外務省）、政府税制調査会（財務省、外部専門家）など各種会議に委員として参加などがある。

　残念ながら、今のところ日本政府はグローバル・タックスを導入していないので、大きな成果を上げているとは言えない。とはいえ、まず自民党税制大綱に国際連帯税の文言が入るように継続して連帯税議連と議論、相談できる体制を築き上げたこと、次に情報発信やイベントを通じて、ある程度グローバル・タックスや国際連帯税の存在をまわりに知らしめたことは成果といえよう。しかし一番の成果は、2012 年 8 月に成立、公布され、2014 年 4 月から施行された「社会保障の安定財源の確保等を図る税制の抜本的な改革を行うための消費税法の一部を改正する等の法律」の第七条七号に「国際的な取引に関する課税については、国際的な租税回避の防止、投資交流の促進等の観点から必要に応じて見直すとともに、国際連帯税について国際的な取組の進展状況を踏まえつつ、検討すること」という文言が入ったことであろう。これにより、日本政府は少なくとも国際連帯税を検討することが法律上義務づけられたからである。

（4）　グローバル連帯税フォーラムの課題と今後の展望

　他方、GTF は多くの課題を抱えている。まずは、知名度が低く、会員も資金も少ない上に、常時勤務しているスタッフも事務局長だけである。また、理事にせよ、会員にせよ、メンバーが固定化し、かつ高齢化している。さらには、国際連携も少なく、活動が停滞しており、発展が見られない。

　これらの課題をどう乗り切るのか。現在理事会で話し合われているのが、大学生と GTF を宣伝する動画を作成すること、若い女性たちに人気のある東京でファッションショーを開催している企業と連携すること、これらを通じて若い世代の関心を高め、ゆくゆくは活動に参加してもらうことなどである。これらは確かに必要な活動であるが、上記の企業はコロナ禍で活動停滞を余儀なくされ、動画も成功するかどうか不確かである。

　他方、GTF にとって好都合な状況も表れてきている。それは、現在のコロナ禍による危機的経済状況にあって、政府の新型コロナウイルス感染症対策分科会や政府税制調査会、東京税制調査会の委員が金融取引税や「世界財

政機関」の創設を提案しだしているからである[58]。GTF が会員を拡大しつつ、政府に近い専門家と連携し、連帯税議連と結びつけ、三者での協働が功を奏せば、グローバル・タックスの実現へ近づくことが可能となるかもしれない。

　さらに、ロビン・フッド・タックス・キャンペーン以降、特にトランプ政権下で鳴りを潜めていた欧米の NGO がコロナ危機を契機に、金融取引税や富裕税の実施を求める新たなキャンペーンを再開し始めたことも明るい兆しである。したがって、専門家、国会議員に加えて、欧米の NGO との連携、協働が、GTF 再生の鍵を握っているのではないだろうか。

4　世界政府と NGO：国境なき民主主義の理念と活動

（1）　世界政府の実現をめざす NGO

　世界政府実現をめざす NGO としてよく知られているのは、世界連邦運動（World Federalist Movement: WFM）である。これは、1947 年に世界連邦連合（United World Federalists: UWF）として創設され、創設時には 5 万人の会員を擁し、アインシュタイン（Albert Einstein）も支持するなど、一時は一大潮流となった[59]。

　日本でも 1948 年に世界連邦運動協会が、尾崎行雄、賀川豊彦らによって結成され、1949 年には世界連邦日本国会委員会が、当時の衆議院議長松岡駒吉、参議院議員田中耕太郎ら 104 名の超党派の両院議員によって結成され、現在に至っている。その成果として、世界連邦の創設を盛り込んだ「国連創設及びわが国の終戦・被爆六十周年に当たり更なる国際平和の構築への貢献を誓約する決議」が 2005 年に衆議院で可決されたこと、「世界連邦実現への道の探求に努め」という文言の入った「我が国の国連加盟六十周年にあたり更なる国際平和の構築への貢献を誓約する決議」が 2016 年に参議院で決議されたことがある[60]。また、後述する UNPA キャンペーンに、2020 年 10 月時点で 113 名の日本の国会議員が名を連ねたのも、これらの組織の活

動の成果である。

　世界連邦運動に関連する研究は古いものが多いが、それでもすでにいくつかは存在する[61]。そこで、本節では重要な活動をしているにもかかわらず、ほとんど研究対象となってこなかった国境なき民主主義（Democracy Without Borders: DWB）に焦点をあてて論じたい。

（2）　国境なき民主主義の目的、組織、沿革

　DWB は 2003 年に創設され、本部はドイツのベルリンにある。DWB はローカルからグローバルにおよぶあらゆるレベルでの民主主義の推進を提唱し、特にグローバルなレベルでの民主的な制度の構築に力を入れている。組織としては、事務局長 1 名、支部代表 8 名（ドイツ、スイス、スウェーデン、ケニア、インド）、アソシエイツとスタッフが 12 名、アドバイザー 16 名、200 名の会員から構成されている[62]。

　DWB は 2020 年 10 月に、今後のビジョンとして「変革の理論（Theory of Change）」を採択した（以下、DWB 2020）[63]。それはまず、民主主義、平和、正義、自由、持続可能性が保障された地球社会で、未来世代を含めすべての人々が、幸せで満ち足りた人生を追求する権利を持つ世界を希求するとしたうえで、長期的な目標として市民によって選出された世界議会とともに民主的なグローバルな制度の創設を挙げている。この理論は世界議会を、平等な世界市民、権力分立、民主的統制、法の支配、基本的人権、マイノリティの保護に基づき、正統性があり、アカウンタブルで、代表性を備えた世界組織の中核に位置づけている。

　世界議会を中核とする世界組織は、人類と地球上の全生命にとって最も重要なグローバルな問題の規制と管理において、効果的かつ普遍的な権威を持たなければならないとし、それを異なるレベルの政府に責任を分配する補完性の原則に基づいた連邦制で実現することをめざすとしている。さらにこれらの組織の射程は、下位のレベルでは対応できないグローバルな問題にのみに制限されることも明記している。

　また、この変革の理論は、世界の人々がグローバル民主主義を支えるグローバル・シティズンシップ、政府間の信頼と世界組織への権限委譲の意思を意味するグローバル・ガヴァナンス、そして、すべての国々で世界議会のための自由で公正な直接選挙の可能性を指すグローバル民主主義の三本柱からなる。2045 年に世界議会と民主的な世界政府が創設され、民主的、平和、公正、自由、持続可能な地球社会が実現することをめざして、それぞれの柱において現在から 2045 年までにやるべきことを明記している。

　とりわけ、三本柱に強いインパクトを与えうる必要なステップとして、2030 年までに上述の国連議員総会（UNPA）を創設し、2040 年までに国連憲章を改正し、地球憲章に置換されるプロセスを整え、2045 年までにすべての国々が地球憲章を交渉、採択、批准することをめざすとしている。

（3）　国境なき民主主義の活動と成果

　DWB はいかにしてこのようなビジョンを実現しようとしているのだろうか。それはまず、志を同じくする国際的なパートナーと協働するとともに、DWB の支部を増やすことを通じてである。そして、これらのパートナーとともに、UNPA、国連世界市民イニシャティブ（a UN World Citizens' Initiative）、グローバル投票プラットフォーム（Global Voting Platform）のためのキャンペーンとプログラムを走らせるとしている。

　UNPA キャンペーンは 2007 年に開始され、150 ヵ国以上の国々から元職を含めて 1730 人の国会議員のほか、国家元首、外務大臣、ノーベル賞受賞者、400 名以上の大学教授が署名している。また、多くの市民社会組織に加えて、汎アフリカ議会、欧州議会、ラテンアメリカ議会、メルコスール議会、社会主義インターナショナル、自由主義インターナショナル、緑の世界会議なども UNPA の決議を採択している[64]。2019 年には、国連世界市民イニシャティブ・キャンペーンが CIVICUS と民主主義インターナショナル（Democracy International）との協働で開始され、世界から 235 の NGO やネットワークが参加している。

UNPAについては、『政策レヴュー——国連議員総会』として[65]、国連世界市民イニシャティブに関しては、『地球市民の声——国連世界市民イニシャティブ』として[66]、DWBから出版されている。その他にも、『世界議会——21世紀のガヴァナンスと民主主義』なども刊行しており[67]、活発な活動を窺うことができる。

（4）　国境なき民主主義の課題

　明確なビジョンを持ち、NGO、国会議員、著名人、知識人たちと連携して成果を上げているDWBであるが、課題も抱えている。これについて、ブンメル（Andreas Bummel）事務局長は、筆者のインタビューに対して、以下のように答えている。

> DWBは地球規模かつ長期の制度的・政治的変革をめざしているため、政治的支持のクリティカルマスを得るには長い時間と忍耐を要する。我々が描く変革の利益はとてつもなく大きいが、それゆえにすぐに実現できるものではない。これが大きな問題だ。なぜなら、多くのドナー、活動家、諸組織はすぐに結果を求め、目の前の問題と短期的な解決を優先する。このことは、DWBが主張する長期の構造変革に対する資金的サポートが困難であることを意味する。さらに多くの政府は現状維持に固執し、民主的で超国家的な要素を含むグローバル・ガヴァナンス変革の長期的ビジョンを共有していない。したがって、DWBは会員とサポーターのボランティア的活動に依存している[68]。

　実際に、DWBの予算の変遷を見てみると、2016年に50,000ユーロ（約645万円）、2017年に40,000ユーロ、2018年に42,000ユーロ、2019年に44,000ユーロ、2020年には28,000ユーロ（約361万円）となっている[69]。これらの額は、WWF（世界自然保護基金）インターナショナルの年収7億5200万ユーロ[70]やグリーンピース・インターナショナルの年収9024万3

000 ユーロ とはまったく比較にならないほど小さい。資金がすべてではないが、先立つものがなければ十分な活動ができないのも事実であろう。

おわりに：
SDGs 実現における市民社会の課題と展望

　本稿は、SDGs を達成するためにはグローバルな政策と制度が不可欠であること、そしてその構築には市民社会セクターの役割が重要であることを論じてきた。そのうえで、日本においてグローバル・タックスの導入を求めるグローバル連帯税フォーラムと、世界議会・世界政府の実現をめざす DWB について検討してきた。その結果、これらの NGO に共通する課題として資金不足が浮かび上がった。

　どちらも地球規模での長期的な構造変革をめざす NGO であるから、資金を得ることは容易ではない。それでも地道に活動を継続し、少しずつでもその重要性をアピールし続けて会員を増やしていくことがまずは王道であろう。しかし、それではあまりにも歩みが遅すぎて、SDGs の達成期限である 2030 年には到底間に合わない。

　そこで、ここで提唱したいのは、世界各国の市民社会組織にグローバル・タックスが実施された暁には、税収の一部を市民社会組織が得るしくみを訴える戦略である。現在フランスなど 10 カ国が実施している航空券連帯税を主たる財源とする Unitaid（国際医薬品購入ファシリティ）は、その税収の一部を関連する NGO のプログラムやプロジェクトに分配しているし、実施国は税収の一部を自由に使える権限を持っている[72]。その両レベルで安定的な資金サポートができれば、資金不足に悩む多くの NGO にとってはこの上ない朗報であろうし、グローバル・タックスの実現を積極的に支持する誘因となるだろう。

　まずはこの戦略に賛同する NGO を集め、戦略を練り、その輪を広げることで、グローバル・タックス導入に向けて各国政府に圧力をかけて、実現を

図るのである。言うまでもなく、これもまったく容易なことではないが、ひ
とたびグローバル・タックスが導入され、一部の税収を市民社会組織に分配
するメカニズムをビルトインできれば、市民社会は強化され、SDGs の達成
に大きく貢献できるようになるだろう。

　この戦略の詳細については今後の課題としたいが、SDGs 達成のために、
いま求められているのは、グローバルな制度構築と市民社会の強化、そして
そのための革新的な構想と戦略なのである。

〈注〉

1　UNCTAD, *World Investment Report 2014*, Geneva: United Nations Conference
　on Trade and Development, 2014, p. xi; 上村雄彦編著『グローバル・タックスの
　構想と射程』法律文化社、2015 年、v 頁。

2　ジーン・コーヘン「市民社会概念の解釈」マイケル・ウォルツァー編著『グ
　ローバルな市民社会に向かって』（石田淳ほか訳）日本経済評論社、2001 年、
　43-46 頁。

3　途上国の、いわゆる破綻国家と呼ばれる国々は、これにあてはまらない。

4　政府の失敗とは、狭義には政府の介入により経済的な非効率や分配の不平等な
　どが発生することをいい、広義には政府が諸問題に対応できないことをいう。

5　上村雄彦『グローバル・タックスの可能性―持続可能な福祉社会のガヴァナン
　スをめざして』ミネルヴァ書房、2009 年、26-27 頁。

6　上村、前掲書、27-28 頁。

7　同上。

8　南博・稲場雅紀『SDGs―危機の時代の羅針盤』岩波書店、2020 年、81-115 頁。

9　南・稲場、前掲書、75-76 頁。

10　SDGs 市民社会フォーラム（https://www.sdgs-japan.net/sdgs-1?lang=ja, 2021
　年 1 月 9 日）。

11　同上。

12　田瀬和夫、SDG パートナーズ『SDGs 思考―2030 年のその先へ 17 の目標を超
　えて目指す世界』インプレス、2020 年；河口真理子『SDGs で変わる経済と新た
　な暮らし』生産性出版、2020 年。

13 Anthony McGrew, "Power shift: from national government to global governance?", in David Held ed. *a globalizing world?: culture, economics, politics* (London and New York: Routledge in association with The Open University, 2000), p. 138; 上村、前掲書、29-31 頁。

14 上村、前掲書、32-33 頁。

15 杉本和行「デジタル・プラットフォーム企業による市場支配と競争政策（上）」『日経 BizGate』、2019 年（https://bizgate.nikkei.co.jp/article/DGXMZO51911810 07112019000000, 2021 年 1 月 8 日）。

16 ハラリはこの傾向を案じ、将来データ独裁主義に陥る危険性を指摘している。詳細は、Yuval Noah Harari, *Homo Deus: A Brief History of Tomorrow*（London: Penguin, Random House, 2015）。

17 上村、前掲書、33-36 頁。

18 西川潤「二十一世紀の市民社会（上）〜市民社会の思想と運動から検証する〜」『軍縮問題資料』2004 年 2 月号、52 頁。

19 上村、前掲書、36-38 頁。

20 上村、前掲書、35 頁。

21 ここでは NGO と社会運動を分けて論じているが、単純に二分することは困難である。この点について、上村は NGO のパートナーシップ型アプローチと社会運動型アプローチという分類を設定して論じている（上村雄彦「NGO・社会運動—「下から」のグローバル・ガバナンスをめざして」西谷真規子・山田高敬編著『新時代のグローバル・ガバナンス論—制度・過程・行為主体』ミネルヴァ書房、2020 年、58-73 頁。

22 上村編、前掲書、2015 年、1 頁。

23 シャヴァニュー、クリスチアン、ロナン・パラン『タックス・ヘイブン—グローバル経済を動かす闇のシステム』（杉村昌昭訳）作品社、2007 年；上村雄彦『不平等をめぐる戦争—グローバル税制は可能か』集英社、2016 年；上村雄彦「グローバル・タックス—地球規模課題解決のための革新的構想」西谷真規子・山田高敬編著『新時代のグローバル・ガバナンス論—制度・過程・行為主体』ミネルヴァ書房、2020 年、240 頁。

24 上村編、前掲書、1 頁。

25 上村、前掲論文、241 頁。

26 上村雄彦編著『グローバル・タックスの理論と実践—主権国家体制の限界を超

えて』日本評論社、2019年、v-vii頁；上村、前掲論文、241頁。

27　上村雄彦「大きな変革の時代へ―グローバル・タックスと世界政府を考える」『中小商工業研究』第137号、2018年、5頁。

28　OECDは、BEPS（税源浸食と利益移転）プロジェクトを開始し、多国籍企業によるタックス・ヘイブンの利用と抑制を試みている。詳細は、望月爾「国際課税における多国間主義とグローバル・タックスの可能性」上村編、前掲書、199-227頁。

29　上村、前掲書、2016年、87頁；上村、前掲論文、2019年、241頁；上村編、前掲書、2019年、1頁。

30　上村編、前掲書、2-11頁；上村、前掲論文、241頁。

31　上村、前掲書、2009年および2016年；上村編、前掲書、2015年、172-175頁；上村、前掲論文、241-245頁。

32　上村、前掲論文、241-242頁。

33　井上達夫『世界正義論』筑摩書房、2012年、253-260頁。

34　諸富徹『グローバル・タックス―国境を超える課税権力』岩波書店、86-113頁。

35　諸富、前掲書、170-179頁。

36　Craig Campbell, "The Resurgent Idea of World Government", *Ethics & International Affairs*, Vol. 22, Issue 2, 2008, pp. 135-142; 上村、前掲書、2009年、31頁。

37　Immanuel Kant, *Perpetual Peace and Other Essays* (Indianapolis: Hackett Publishing Company, 1983), p. 259; Torbjörn Tännsjö, *Global Democracy: The Case for a World Government*, (Edinburgh: Edinburgh University Press, 2008), p. 127; 上村、前掲論文、237頁。

38　井上、前掲書、353-357頁。

39　Thomas Pogge, *World Poverty and Human Rights: Cosmopolitan Responsibilities and Reform* (Cambridge, Malden: Polity Press, 2008); 上村、前掲論文、237頁。

40　井上、前掲書、352頁。

41　上村、前掲論文、237頁。

42　同上。

43　上村、前掲論文、238頁。

44　同上。

45　同上。

46　Maja Brauer and Andreas Bummel, *Policy review: A United Nations Parliamentary Assembly* (Berlin: Democracy Without Borders, 2020).

47　上村、前掲書、2009 年、335 頁；2016 年、205 頁；上村、前掲論文、243-244 頁。

48　上村、前掲論文、244-245 頁。

49　ATTAC 編、杉村昌昭訳『反グローバリゼーション民衆運動―アタックの挑戦』つげ書房新社、2001 年；Sarah Waters, "Mobilising against Globalisation: Attac and the French Intellectuals", *West European Politics*, Vol. 27, No. 5, November 2004, pp. 854-874; Edouard Morena "Campaign or "movement of movements": Attac France and the Currency Transaction Tax (CTT)", a paper submitted to United Nations Research Institute for Social Development, 2007; 上村、前掲書、2009 年、252-262 頁。

50　James Brassett, "Global Justice/Global Democracy: A Critical Analysis of the UK Campaign for International Taxation," a paper prepared for the UNRISD Project on Social Responses to Inequalities and Policy Changes, 2007; 上村、前掲書、2009年、262-268頁。

51　Heikki Patomäki, *Democratising Globalisation: The Leverage of the Tobin Tax* (London・New York: Zed Books, 2001), p. 181; Morena, *op.cit.*, p. 33.

52　上村、前掲書、2009 年、256-257 頁。

53　Attac, accessed 27 January 2021, https://www.attac.org/en/international-campaigns-attac-network.

54　Brassett, *op.cit.*, pp. 32-36; 上村、前掲書、2009 年、264-265 頁。

55　上村雄彦「地球規模問題を解決するためには」戸田真紀子ほか編著『〈改訂版〉国際社会を学ぶ』晃洋書房、2019 年、209 頁。

56　グローバル連帯税フォーラム（http://isl-forum.jp/aboutus/, 2021 年 1 月 26 日）。

57　同上。

58　『現代ビジネス』2020 年 7 月 12 日、『日本経済新聞』2020 年 7 月 28 日。

59　Thomas Weiss, "What Happened to the Idea of World Government," *International Studies Quarterly*, No. 53, 2009, p. 260.

60　世界連邦運動協会（http://www.wfmjapan.org/, 2021 年 1 月 28 日）。

61　田中正明『世界連邦―その思想と運動』平凡社、1974 年；加藤俊作「運動としての世界連邦論」『平和研究』第 28 号、2003 年、3-19 頁。

62 DWB, accessed 28 January 2021, https://www.democracywithoutborders. org/about/、ならびに Andreas Bummel 事務局長に対するメールインタビュー (2021 年 1 月 22 日)。

63 DWB "THEORY OF CHANGE" (Berlin: Democracy Without Borders, unpublished paper, 2020).

64 A UNPA Campaign, accessed 27 January 2021, https://www.unpacampaign. org/supporters/.

65 Brauer & Bummel, *op.cit.*

66 James Organ and Ben Murphy, *A Voice for Global Citizens: a UN World Citizens' Initiative* (Berlin: Democracy Without Borders, 2019).

67 Jo Leinen and Andreas Bummel, *A World Parliament: Governance and Democracy in the 21st Century* (Berlin: Democracy Without Borders, 2018).

68 Andreas Bummel 事務局長に対するメールインタビュー (2021 年 1 月 22 日)。

69 *Ibid.*

70 WWF International, *2018 Annual Report* (Washington: World Wildlife Fund, 2018).

71 Greenpeace International, *Annual Financial Report 2019* (Amsterdam: Greenpeace International 2019).

72 上村、前掲書、2009 年；2016 年。

II

独立論文

5 保護する責任（R2P）とリビア後の展開の再検討：

紛争予防論の系譜と「第2.5の柱（Pillar Two-and-a-half）」？

西 海 洋 志

はじめに——R2P 概念をめぐる議論の錯綜

近年、世界各地で紛争・人道状況が悪化する中、保護する責任（R2P）概念に対する評価・関心が低下しているようである[1]。同概念は、端的に言えば、「国家および国際社会は、重大な人道危機から人々を保護する責任を有する」という理念を中核とする[2]。2001年の提唱以来、論争の的となり、2011年には同概念を論拠の一つとしてリビアへの軍事介入が実施された。しかし、その後、リビアは不安定化し、内戦に逆戻りしている。また、同時期に発生したシリア危機に対して国際社会は有効な対処策をとれず、難民・国内避難民は1,150万人に上るとみられている。さらに、ミャンマーやイエメンも深刻な人道状況にある。そのため、R2P概念にも批判と疑問が投げかけられており、次のような議論もある。

リビア介入における非一貫性などの問題点を認めながらも、〔…〕R2Pをなおも擁護する議論〔…〕も根強くあるが〔…〕、一連の厳し

い批判、また、その後のシリア内戦に対する対応における混迷なども
あり、R2P は事実上メルトダウンしてしまった印象が拭いきれない[3]。

　確かに上記の見立ては事実の一面を捉えているが、一方で、2009 年に潘
基文国連事務総長が『R2P の履行』と題した報告書[4]を提出して以来、国連
では R2P 概念に関する議論と実践が着実に蓄積されている。実際、『R2P の
履行』以降、事務総長は R2P を主題とする年次報告書（以下、SG 報告書）
を提出し、国連総会の公式または非公式会合（以下、R2P 会合）で議論が
継続されてきた。2017 年には R2P を総会の公式議題とすることが賛成多数
で決められ、翌年から公式議題となっている[5]。また、既に R2P に言及した
安保理決議は 92 本、人権理事会決議は 58 本採択されており、2020 年には
R2P 自体を主題とした人権理事会決議も採択されている[6]。つまり、国連内
では R2P はむしろ外交上、実務上の語彙として定着し、2011 年以降の議論
の状況は安定していると言える。

　このように、R2P 概念をめぐる議論が、一見、噛み合っていないのはな
ぜか。その原因は、「R2P ＝人道危機に対する国際的な軍事介入」という見
解が研究者の間に膾炙し、軍事介入の局面ばかりが注目され、同概念の射程
が狭く捉えられているからではないのか。本稿の目的の一つは、この問いに
答えることである。次節では、先行研究を概観しつつ問題の所在を確認し、
本稿が「R2P 概念をめぐる議論の系譜」に着目したアプローチをとること
を説明する。そして、2 節で、R2P 概念の展開を俯瞰するため、同概念を提
唱した「介入と国家主権に関する国際委員会（ICISS）」の報告書[7]から 2009
年 SG 報告書までの展開を簡潔に振り返る。そこから見えてくるのは、R2P
概念の展開において「（軍事）介入論」とは異なる「紛争予防論」の系譜が
前景化してきた事実である。

　また、この事実を前提とするならば、リビア介入後の展開を再検討する必
要がある。多くの論者がその展開を介入中心の視座から見ることで、R2P
への評価・関心を低下させていると考えられるからである。しかし、そうし

た視座に固執すれば、R2P 概念をめぐる新たな動向が看過され、その可能性もリスクも精査されないまま、研究と実務が引き裂かれてしまうだろう。反対に言えば、介入論に視野を狭めず、広い視野を確保することで、異なる側面が可視化される。そこで、3 節では、紛争予防論の視座から R2P 概念の展開を再検討する。その際、2015 年に提唱された「文民保護（POC）に関するキガリ原則」は注目に値する。同原則は、介入論を迂回し、紛争予防論を経由して武力行使を促進する試みであり、国際社会による人々の保護をより実効的にする可能性および付随するリスクがある。本稿はこの動向をR2P の「第 2.5 の柱（Pillar Two-and-a-half）」の進展と捉え、注視すべきであることを示す。

1 問題の所在と本稿のアプローチ

本稿の発端は、R2P 概念をめぐる近年の議論に錯綜が見られるのはなぜか、という問いである。とりわけリビア後に R2P への批判と幻滅が広まる一方、国連では議論と実践の蓄積が続いている。こうした議論・実践の錯綜を解消するため、先行研究の多くは、国際政治学における「規範」研究[8]の文脈に論点をずらすことで、上記の疑問に答えようとしている。つまり、R2P を一種の規範と捉え、R2P が国際社会でどの程度、受容されているのか、R2P はいかなる規範か、R2P のような国際規範はどのような影響力や機能を有するのか等の問いを論点とする。そして、これらの問いに答えることで、R2P が国連等で継続的に議論され、国際規範として広く受容されつつあるにもかかわらず、人道危機への対処が不十分であるのはなぜかを説明しようとする。

たとえば、ヘア（Aidan Hehir）は R2P を国際規範と認めつつも「虚ろな（hollow）規範」と性格づけ、影響力が小さいことを指摘する[9]。一方、ウェルシュ（Jennifer Welsh）は「規範の強靭さ（robustness）」という観点から、シリアへの国際的な対処が不十分でも、R2P の妥当性は損なわれ

ないと論ずる[10]。また、パワーズ（Maggie Powers）は、安保理と人権理事会の議論を実証的に分析した結果、リビア介入の前後で R2P の受容度や評価は低下しておらず、むしろ規範として一層「内面化」されつつあると結論している[11]。ラルフ（Jason Ralph）はプラグマティズムの視座から、R2P のような「複雑な」規範には特定の行動を促す以外の機能もあり、R2P 自体に問題があるわけではなく、その使われ方が有効か否かを問う必要があると論じている[12]。

　しかし、本稿は R2P を「規範」ではなく「概念」と捉える。その理由は、第一に、先行研究の多くが R2P を規範と見なすことで、R2P を一個の独立した、統合的な内容を有する観察対象として客体化し、その上で、他の規範との決定的相違である「武力行使」を R2P の核心と見なし、人道危機への軍事介入に関心を集中させてしまうからである。これらの先行研究は、結果的に、R2P はもはや自らの核心を維持できず、「メルトダウンした」[13] または「死んだ」[14] という批判を招いてしまっている。ところが、実際に国連で議論されている R2P 概念は、様々なアイデアや政策、既存の規範や原則等を縒り合わせたものであり、必ずしも高度な一貫性や規範的な均質さを有しているわけではない。たとえば、ジェノサイドの禁止は国際慣習法かつ強行規範であり、各国には国内におけるジェノサイドの発生を防ぐ法的義務があるが、他国への国際支援や強制的な措置の実施に法的義務・責任があるかは定かではない。また、民族浄化は言わば政治的概念であり、現時点で、国際法上の明確な位置づけはない[15]。敷衍すれば、R2P 概念は人々の保護という目的の下に、関連する多様かつ不均質な要素を寄せ集め、相互に結び付ける「網」のような概念である[16]。

　第二に、R2P を規範と見なし、その射程を狭く捉えることによって、実際に R2P 概念を展開させている「輻輳的な議論の系譜の絡まり合い」が見えにくくなり、ミスリーディングな認識や議論の錯綜をもたらしていると考えられるからである。そこで、本稿は「R2P 概念をめぐる議論の系譜」に着目し、その展開を読み解くというアプローチをとる。その際に軸となるの

は、正戦／介入論、ガバナンス論、紛争予防論という三つの系譜である。換言すれば、R2P 概念は、少なくとも上記の三つの系譜を縒り合わせた概念である。次節では、この三つの系譜を確認し、議論の基盤とする。そして、2001 年以降、いかなる共通理解が形成されてきたかを考察する。R2P 概念の 2001 年から 2009 年までの展開は先行研究で紹介されているが、この三つの系譜を意識することで異なる側面が見えてくる。そのうえで、3 節では、主に 2009 年以降、軍事介入よりも紛争予防を主軸とする議論が前景化してきたことを示す。このように、軍事介入に限定されない広い視野を確保することで、リビア介入後の展開をより的確に捉えられるのみならず、一般的に過小評価されている様々な実践・制度化の動向を可視化し、再検討を促すことにもつながるだろう。

2 R2P 概念の三つの系譜と国連における共通理解

（1） R2P 概念の三つの系譜

　前述のとおり、本稿の主張は、多くの論者が R2P 概念の射程を狭く捉え、軍事介入の局面ばかりに注目することで、ミスリーディングが生じてしまっているということである。そこで、まずは ICISS の R2P 概念がより広い射程を有していることを確認する。ICISS 報告書によれば、国家主権は責任を含意し、自国民を保護する主要な責任は国家にある。内戦等で人々が重大な危害を被り、当該国がその危害を停止または回避する意思と能力に欠ける場合、内政不干渉原則よりも国際的に保護する責任が優先される。R2P 概念には、国内紛争および他の人為的な危機に関し、その根本原因と直接原因の両方に対処する「予防する責任」、人々が重大な危害を被っている場合に適切な措置を用いて「対応する責任」、対応後の復興・再建・和解に支援を供与する「再建する責任」が含まれる。そして、軍事介入が不可避な場合には、「軍事介入のための原則」に従って実施されなければならない[17]。

　周知のとおり、R2P 概念の直接の契機は、1999 年に北大西洋条約機構が

安保理決議のないまま敢行したコソボ介入である。その結果、非人道的な行為を阻止するため、軍事力を用いて介入する「人道的介入」の是非が論争となり、ICISS が『保護する責任』と題した報告書を提出した。ICISS の一義的な目的は、その名のとおり、「(軍事)介入」と「国家主権」を調停すること、すなわち、内政不干渉と武力不行使を大前提とする国際社会において、いかなる条件下で軍事介入が正当化され得るかを論ずることであった。ICISS 報告書は、その「概要(synopsis)」が示すとおり、欧州で長らく議論されてきた正戦論の伝統に沿う「軍事介入のための原則」を提示している [18]。つまり、同報告書は「正戦／介入論」の系譜を主軸としていた。そのため、先行研究が介入に関心を集中させるのも自然である。確かに、R2P 概念が最も必要とされる状況において、人々が保護できていない現実を批判的に検討することには意義がある。本稿は、こうした先行研究の意義を否定するものではない。

　ただし、ICISS 報告書に、その他の系譜、すなわち「ガバナンス論」と「紛争予防論」の系譜も織り込まれていたことは看過すべきではない。まず、ICISS 共同議長エヴァンス(Gareth Evans)によれば、R2P 概念の最も重要な基盤は「責任としての主権」という概念であった [19]。「責任としての主権」は、後にジェノサイド防止担当国連事務総長特別顧問も務めるデン(Francis M. Deng)等が提示した概念で、1990 年代初頭から開発分野で発展してきたガバナンス論を土台としている。デン等は1996 年に出版した『責任としての主権』[20] において、国家主権が正当であるためには、政府がグッドガバナンスの責任を果たし、人々の基本的ニーズを満たさなければならず、その能力がない場合は国際社会に支援を求めるべきだと論じている。こうした議論は ICISS 報告書の「予防する責任」および「再建する責任」に反映されており、R2P 概念には「各国のガバナンスの責任と能力強化」を重視する「ガバナンス論」の系譜も内在していたと言える。

　次に、R2P 概念と紛争予防論の関連である。エヴァンスは「武力紛争の予防に関するカーネギー委員会(CCPDC)」の一員として、紛争予防論で重

要視される CCPDC 報告書[21]を作成している。そして、R2P 概念には、同報告書の提示した「予防概念の区別」と「武力行使にかかる原則」が取り入れられている。前者は、根本原因への対処を通して紛争の発生しにくい環境を作る「構造的予防（structural prevention）」（法の支配の確立や人権意識の向上等）と、直接原因に対処し、紛争の発生や拡大を防止する「実践的防止（operational prevention）」（予防外交や PKO 等）の区別である。ICISS 報告書は、この区別を「予防する責任」の基本枠組みとしている[22]。また、後者に関して、CCPDC 報告書は、武力行使は①普遍的原則に従わねばならない、②単に最終手段と見なされるべきではない、③統合的な戦略の一部でなければならないとしている。興味深いのは、①との関連で人道的介入が言及される一方、②武力は抑止の手段にもなるため、必ずしも最終手段に限定されず、③紛争予防のための武力行使として PKO、予防展開、緊急即応（"fire brigade"）展開が言及されている点である[23]。こうした非強制的な措置を含む武力の多面的な活用という考え方は、ICISS 報告書と軌を一にし、両報告書の重点は異なるが、その射程は概ね一致している。

　以上のように、ICISS の R2P 概念は本来、三つの議論の系譜を縒り合わせた輻輳的な概念であった。実際、ICISS が同概念の最も重要な要素としている「介入」「主権」「予防」は上述の「正戦／介入」「ガバナンス」「紛争予防」のことに他ならず、紛争予防論の系譜は「不可欠な部分」である[24]。また、R2P 概念の展開を考察する際にも、この輻輳性を前提とすることが不可欠である。なぜなら、いかなる視座を取るかによって、同概念の見え方も変わってくるからである。R2P 概念の直接の契機に着目すれば、正戦／介入論を軸とした展開が前景化するが、概念の基盤や概念形成の経緯に着目すれば、より広い視野からその展開を見渡すことができる。そして、利用可能なあらゆる手段を統合的かつ適切に用い、人々を保護することが R2P 概念の本旨である。強制的な軍事介入のみに注目することで、逆説的に、本来の目的から遠ざかることがないように留意しなければならない。

　次項では、この輻輳性を意識して 2001 年以降の展開を概観するが、若干、

補足をしておく。本稿は三つの系譜を分節化するが、これらの系譜は純粋概念ではなく、経験的な言説・実践を識別し、その個別および全体の展開を理解するためのラベルである。そのため、実際には三つの系譜は絡まり合い、系譜間で重なり合う領域が存在する。たとえば、「構造的予防」とガバナンス論の射程はほぼ重複する。こうした重複は不可避だが、各系譜の機軸を明確にすれば弁別も可能である[25]。そこで、本稿では、国際的かつ強制的な軍事介入を中心とする議論・実践を「正戦／介入論」、各国の主体的なガバナンス強化（構造的予防）およびそのための国際支援を中心とする議論・実践を「ガバナンス論」、各国の同意と国際的な協力に基づく「実践的防止」中心の議論・実践を「紛争予防論」の系譜に位置づける。また、本稿の言う紛争予防論とは、（人道危機に限定されない）紛争予防の文脈で議論されてきた「手段」や紛争予防に特徴的な「考え方」のうち、R2P 概念をめぐる議論・実践に継受・応用されているものを指し、紛争予防の文脈で論じられてきたすべてを包含する概念ではない[26]。

（2）　国連における共通理解

　では、上述の三つの系譜を基に振り返ると、R2P 概念の展開はどのように見えるのか。そして、国連において、いかなる共通理解が形成されてきたのか。同概念の展開上、ICISS 報告書と並ぶ重要文書である 2005 年の成果文書[27]および 2009 年の SG 報告書を中心に考察を進める。まず、成果文書とは、2005 年 9 月に開催された国連総会首脳会合（通称、世界サミット）で採択された総会決議であり、R2P 概念に関する国際的な共通理解を初めて表明した国連文書である。その内容は後述するが、成果文書が採択されるまで、同概念は基本的に正戦／介入論の文脈で理解されていた。加えて、9.11 アメリカ同時多発テロに続くアフガン政権転覆およびイラク戦争があったことも影響し、正戦／介入論を基軸とする R2P 概念への強い警戒・懐疑が途上国を中心に広く共有されていた。

　こうした背景の中、エヴァンスやアナン（Kofi Annan）国連事務総長の

後押しにより、R2P 概念が世界サミットの議題に含まれることとなった。ただし、あくまで安全保障、開発、人権、国連強化等、多岐にわたる議題の一つであった。そして、世界サミットの交渉全体の構図、すなわち「国連改革・強化を重視する先進国」と「開発を重視する途上国」の綱引きの中で[28]、後者に引っ張られ、ガバナンス論を軸とする R2P 概念が成果文書に書き込まれた。つまり、交渉の大きな文脈として、正戦／介入論からガバナンス論（開発論）へ重心の移動を促す力学が働いたのである。実際、成果文書の 138、139 段落では「各国の責任」と「各国が責任を果たすための国際支援」が強調される一方、ICISS が提案した軍事介入の原則や関連する提案（安保理における拒否権の抑制）、また、介入実施を前提とする「（介入後の）再建する責任」は成果文書には盛り込まれなかった。そのため、ICISS の一人は成果文書の R2P を「気の抜けた R2P（R2P lite）」と評し、落胆を示した[29]。

　以上の概略は、R2P 概念の展開に関する一般的なナラティブと概ね重なっている。ベラミー（Alex J. Bellamy）等も論じているように、一般的には、成果文書の採択によって R2P 概念の重心が「対応」から「予防」に移行したと説明される[30]。ただし、ここで重要な点は、予防にも構造的予防（ガバナンス論）と実践的防止（紛争予防論）の区別があり、成果文書には紛争予防論の系譜が意識的に織り込まれている事実である。たとえば、成果文書 138 段落は「国連の早期警報能力の確立を支援しなければならない」と明記し、140 段落は「ジェノサイド防止担当国連事務総長特別顧問の任務を支援する」と記している。早期警報は実践的防止の最も重要な要素の一つで、ジェノサイド防止担当特別顧問は早期警報を主要な任務の一つとしている。エヴァンスも世界サミット直後、「国連と紛争予防」と題した講演で、「ほとんど気づかれていないが、138 段落の一文が挿入されたのは大きな成果だった、なぜなら早期警報の確立は事務局の能力強化に等しく、長年抵抗にあってきたからだ」と指摘している[31]。

　このように、三つの系譜を意識することで、一般的なナラティブが見えに

くくしている紛争予防論の系譜が前景化してくる。世界サミット後から2009 年の間、各国の関心が低下する一方、R2P 概念に関する議論・実践は、実質的には国連事務局と紛争予防論を中心に展開してきた[32]。たとえば、2006 年から 2009 年に採択された安保理決議のうち、R2P に言及しているのは 4 本のみだが、そのうち 2 本は具体的な紛争の予防・解決に関する決議、他の 2 本は POC を主題とする会合で採択された決議で、いずれも紛争予防論の系譜に位置づけられる[33]。また、2007 年に国連事務総長に就任した潘基文は R2P の発展を促すため、成果文書を基礎とした共通理解の発展や国連の制度整備（とくに早期警報）を任務とする事務総長特別顧問を新たに任命した。さらに、潘基文や同特別顧問ラック（Edward C. Luck）等が R2P の初の実践かつ成功例と見なす 2008 年のケニア危機への対処は、典型的な予防外交（紛争予防）である[34]。

　以上から三つの系譜の絡まり合いを看取できるが、紛争予防論が明確に位置づけられ、主流化してくるのは 2009 年以降である。次節でその展開を検討するため、SG 報告書で提示された R2P の基本構造を確認しておこう。成果文書に明記された R2P は全 3 段落だけの簡素な内容だったが、SG 報告書は全 72 段落および早期警報に関する付属文書からなり、R2P の共通理解が一段と整理・発展された。ここで重要なのは、R2P を「三つの柱」からなる概念に再定式化した点である。三つの柱とは「国家の保護責任」（第一の柱）、「国際的な支援と能力構築」（第二の柱）、「適時かつ断固とした対応」（第三の柱）であり、第一の柱はガバナンス論、第二の柱は紛争予防論、第三の柱は正戦／介入論と概ね重なる。ただし、第三の柱は多様な手段を含み、軍事介入に限定されない。そのため、非強制的な措置は、第二および第三の両柱にまたがる場合がある。また、国家の責任能力を高めるための国際支援も、第一および第二の両柱にまたがる実践と捉えられる。

　この三つの柱は、2009 年以降の議論の蓄積を通じ、国連における共通理解として定着してきた。ここで注目すべきは、まず、三つの柱によってR2P が三つの系譜を包含する概念として再確認されたこと、次に、三つの

柱の間に優劣や実施順序はなく、すべての柱の措置が常に実践または用意されているべきであること[35]、最後に、その一方で、国連事務局は第二の柱を強調し、紛争予防論を中心に R2P の進展を促している点である。最後の点に関し、たとえば、2008 年の潘基文の講演では、既に「三つの柱」という構想を基に、第二の柱が強調され、ケニア危機への対処も言及されている[36]。また、2009 年 SG 報告書の付属文書を基に、2010 年は早期警報に焦点を当てた SG 報告書が提出されている。約言すれば、R2P 概念は複数の系譜が絡まり合って展開しており、それが国際的な共通理解および議論・実践の基盤となっている。さらに、その展開と現状を的確に捉えるには、これまで看過されてきた紛争予防論を軸とする視座が必要になるということである[37]。

3　リビア後の展開の再検討——R2P の「第 2.5 の柱」？

（1）　紛争予防論から見るリビア後の展開

　前節で確認した展開と共通理解に基づけば、2011 年のリビア介入が例外的な措置であることは論を俟たない。そして、最も論争を呼ぶ「強制的な介入」に注目が集まるのは当然であろう。ただし、正戦／介入論の視座から軍事介入のみを注視するのは、R2P 概念の「直接の契機」に過度な重みを与えた一種の先入見の所産であろう。この点を意識しなければ、例外的な実践を R2P の不変の核心と見なし、より通例的な幅広い実践・制度化を見落とすおそれがある。周知のとおり、論争を呼ぶのは主に第三の柱で、第一・第二の柱については大きな対立はない。ならば、R2P 概念の展開を俯瞰する際、後者にかかる実践・制度化への一層の着目が必要ではないのか。さらに、以下で考察するように、実は第二の柱に着目することで、「紛争予防論を経由した武力行使の促進」という注目すべき動向が見えてくる。

　まず、紛争予防の視座からリビア後の展開を再検討しよう。前述のとおり、2009 年前後から、国連事務局を中心として紛争予防論の主流化を促す

動きがあった。2010 年には早期警報を主題とした議論が行われ、2010 年末にジェノサイド防止担当特別顧問と R2P 担当特別顧問の共同オフィス（以下、OPG-R2P）の設置およびスタッフの増員が認められた。つまり、早期警報を含む、国連事務局の紛争予防機能の強化が図られたのである。実際、OPG-R2P は 2011 年に「早期警報のための分析枠組み」を策定し、その後も紛争予防中心の活動を行っている。たとえば、OPG-R2P のウェブサイトには、OPG-R2P が作成した、その他の主要な文書として「ヘイトスピーチに関する戦略と行動計画」等が紹介されている。

　こうした動きと並行して、ニューヨーク市立大学の R2P グローバルセンターや R2P 支持国が中心となり、2010 年に R2P フォーカルポイント・イニシアティブ（FPI）が発足した。これは各国が政府内に R2P 担当官（focal point）を配置し、担当官同士のネットワークを構築する取り組みである。担当官は R2P 実施のための分析や国際協力を促進するとともに、人道危機時に早期警報機能を果たすことが期待されている[38]。現在、61 カ国および欧州連合（EU）と米州機構（OAS）が参加しており、OPG-R2P とも協力関係にある。FPI は、定期的な会合での意見交換や R2P の実践・制度化の促進、日常的な情報交換・共有、人道危機時の協力等によって R2P を実践する制度化の好例である。同様の制度化に、「ジェノサイドおよび大量虐殺予防のためのアウシュヴィッツ研究所」とブラジル等が 2012 年に発足させた中南米大量虐殺予防ネットワーク（La Red）もある。

　さらに、早期警報・紛争予防に着目する場合、La Red のような地域的な取り組みに一層の注目が必要である。たとえば、EU は、2011 年に R2P に言及しつつ早期警報・紛争予防の強化を求める「結論」を採択し[39]、翌年から紛争早期警報システムの試運転、2017 年から正式な運用を開始した。また、OPG-R2P の協力の下、2018 年に「R2P・大量虐殺予防ツールキット」を作成している[40]。OAS は、2020 年に FPI 年次会合を R2P グローバルセンターと共催し、さらに OAS 独自の R2P 特別顧問を任命している。アフリカの大湖地域国際会議も、OPG-R2P の協力の下、2010 年にジェノサイドや差別等

の予防・処罰に関する地域委員会を設立し、加盟国の情勢評価、情報収集、注意喚起、政策提言等を行っている。早期警報システムの導入が比較的早かった西アフリカ諸国経済共同体は、2008 年の「紛争予防枠組み」で R2P 概念を取り入れ、紛争予防と国際協力の強化を主張している[41]。このように、R2P と紛争予防に関するネットワークは 2010 年以降も拡大している。

　また、冒頭で触れた、国連における議論状況も再検討すると、総会の R2P 会合は 2009 年以降、毎年開催され、初回の 2009 年で発言者数が最も多く、2010 年には落ち込んだが、以後は増加傾向にある[42]。また、最も論争を呼ぶ「第三の柱」が SG 報告書と R2P 会合の主題となったのは 2012 年のみだが、その際も「第三の柱」を「第一・第二の柱」に引き付けて理解することが主張された[43]。そもそも第三の柱は、国連憲章第 6 章から第 8 章にわたる多様な措置を含み、多様な主体（人権理事会、地域機構、NGO 等）との協力を要する。さらに、SG 報告書は、武力行使を含む強制措置について、強制措置は抑止の手段として有効であり、国際的な集団行動の用意を示すことで、各国の R2P 履行を促すことができると主張している[44]。このように、強制措置を統合的な戦略の一部と捉え、抑止の手段として用いるという考え方は、CCPDC が示した紛争予防論の考え方と軌を一にする。

　安保理における R2P の扱いも、紛争予防論が基調となっている。R2P に言及した決議の採択数は、2012 年を除き、2011 ～ 2018 年には、概ね増加傾向または 10 本強で安定している。直近の 2019、2020 年は採択数が減っているが、いずれにせよ、ほとんどの決議が個別の紛争・平和活動に関する決議や紛争予防関連の主題（POC 等）を扱った決議で、明示的に言及されているのは R2P の第一または第二の柱である。他方、シリアに関しては、2011 ～ 2018 年の間、拒否権の行使によって 13 本の決議草案が否決されている。第三の柱に注目するならば、これは R2P の否定と見えるかもしれない。ただし、シリアについても、既に 6 本の決議が採択されており、いずれもシリア当局に保護する責任があると再確認する内容である。こうした安保理の動向と連動し、人権理事会では R2P に言及した決議の数が増加している[45]。

人権理事会決議で言及されるのは、主に各国の責任（第一の柱）だが、既に採択された58本の決議うち29本がシリアに関する決議となっている。

（2）「第2.5の柱」の進展？——POCに関するキガリ原則

　前述のとおり、R2P概念の展開を通観すると、リビア前後から紛争予防論の系譜が前景化してきたと考えられる。では、こうした経緯と現状は、今後の展開にいかなる示唆を有するのか。一つは、現在の方向性が維持され、紛争予防論（第二の柱）を基軸とする早期警報等の実践・制度化が進展していくという展望である。反対に、現状では、正戦／介入論（第三の柱）を基軸とする軍事介入の原則に大きな発展は見込めないだろう。ただし、再び紛争予防論の系譜に着目すると、もう一つの展望が見えてくる。それは、2015年以降の「POCに関するキガリ原則」[46]（以下、キガリ原則）の進展である。キガリ原則の進展とは、言わば、軍事介入への批判を迂回しつつ、武力行使の可能性を押し広げる動きであり、R2P概念の展開上、紛争予防論の系譜から新たな局面が開かれ得ることを示唆している。

　キガリ原則について考察する前に、POCとR2Pの異同を概略すると[47]、POCは国際人道法に基づく概念であり、基本的に武力紛争下の文民（civilians）、すなわち戦闘員と区別される個人の保護を目的とする。冷戦後、PKOの見直しが求められる中、1999年に初めてPKO部隊にPOCを目的とする武力行使が許可された[48]。他方、R2Pは、紛争下か否か、戦闘員か文民かを問わず、重大な人道危機からの人々の保護を目的とする。また、POCは受入国の同意に基づくPKOによって実施されるのに対し、R2Pは強制的な介入の可能性を含む。このように、両概念は適用範囲や対象、実施手段に相違があるため、注意深く混同が避けられてきたが、事実上、重複も多く、相互に関連しながら発展してきた[49]。実際、PKOによるPOC任務の実施は、R2Pの第二の柱に含まれると考えられている[50]。

　では、キガリ原則とは何か。1999年以降、PKOのPOC任務は増加し続けてきたが、同時にPOC任務が十分果たされていないという批判も増えて

いる。2013 年には展開中の 15 の PKO のうち 9 つの PKO（人数で考えれば、PKO 要員の 95％以上）に POC 任務が付与されていた。ところが、2010 ～ 2013 年の間、任務地で文民への攻撃が 500 回以上あったにもかかわらず、事実上、PKO 部隊が文民保護のために武力を用いることはなかった[51]。こうした状況を背景に、POC 目的の武力行使を促進するため、ルワンダの主導で策定されたのがキガリ原則である。ルワンダは 2014 年 9 月に米国等と PKO サミットを共催した。そのフォローアップとして、翌年 5 月、首都キガリで POC に関する国際会議を開催し、18 の原則からなるキガリ原則が提唱された。

　キガリ原則は POC 強化の多角的な提言となっているが、本稿の観点からは、とりわけ以下の原則 3、4、7、8 が興味深い。

　　原則 3　必要に応じて、また任務と整合する形で、文民を保護するため武力を行使する「準備する［ママ］」こと。そうした行動には、抑止のために武力を示すこと、武装勢力と文民との間に我々の部隊を介在させること、文民を害する明確な敵対的意図を有する武装勢力に対し直接の軍事行動をとることが含まれる。

　　原則 4　文民を保護する我々の責任（our responsibility to protect civilians）を任務にしたがって果たすことを妨げる、派遣部隊等への通知や他の制限を設けないこと。

　　原則 7　緊急の場合に文民を保護するため武力を行使する権限を部隊司令官に付与し、本国政府との協議の必要をなくすことによって、文民保護における不当な遅延を避けること。

　　原則 8　文民を保護する責任の履行につき、受入国政府が対応しないか前向きの姿勢を示さない場合には（in the absence of an effective host government response or demonstrated willingness to carry out its responsibilities to protect civilians）、交戦規則にしたがいつつ、文民を保護する行動をためらわずにとること[52]。

なぜなら、POC と R2P を掛け合わせることで、PKO 部隊の積極的な武力行使を促す内容となっているからである。まず、原則 3 では、武力を「抑止」のために用いることも含め、幅広い措置の活用が想定されており、まさに紛争予防論に沿う方針である。その上で、原則 4、7、8 では、「責任としての主権」の第一義的な主体である受入国政府が保護する責任を果たさない場合、PKO 部隊が自らの判断で、受入国の意向を顧みず、武力を行使できるように権限を拡大することが推奨されている。そして、これらの原則の基盤となっているのは、R2P 概念に依拠した「文民を保護する我々の責任」という理念である。

　重要なのは、紛争予防論の系譜から R2P の展開を再検討しなければ、キガリ原則は注目されず、議論の現状および今後の方向性も可視化されないという点である。ルワンダは R2P を最も積極的に支持する国の一つで、上記の国際会議でもカガメ大統領等が R2P に言及しながら同原則の推進を訴えている。そして、同年 9 月の PKO サミットでは「POC は国際社会が共有する責任であり、キガリ原則に留意する」ことが確認された[53]。その後、2016 年以降の R2P 会合および 2017 年以降の SG 報告書では同原則が必ず言及されている。さらに、同原則は、展開中の PKO 部隊が、場合によっては、受入国の意に反する武力行使を行い得るという点で、R2P の第二の柱を超える武力行使を実質的に容認しているとも捉えられる。このように、第三の柱を迂回しながら、紛争予防論の系譜上で武力行使の可能性を押し広げる動きは、R2P の「第二の柱以上、第三の柱未満」の措置、言わば「第 2.5 の柱」の進展と捉えられる。敷衍すれば、キガリ原則は第二・第三の柱の重なる領域において、より積極的な実践を促す触媒として機能するように企図されているのである。

　もちろん、今後の展開は、キガリ原則の浸透度や、実際に要員・物資等のリソースを提供する加盟国の意思に左右される。同原則は公式の署名手続きや拘束力を持たず、実施は自発的なコミットメントに委ねられている。しか

し、自発的なコミットメントであるがゆえに、あえて支持を表明している
国々には同原則を推進するインセンティブがあるとも考えられよう。同原則
の実効性について論ずることは本稿の目的・限界を超えるが、事実として、
2019 年までに 50 カ国が支持を表明し[54]、EU とアフリカ連合も支持を呼び
かけている。支持国の数で言えば、まだ全世界の 4 分の 1 程度だが、人数で
数えれば、62％以上の PKO 要員が同原則を支持する国から派遣されている。
R2P への警戒も根強いアジアでは支持が低調であるが、仮に PKO 要員派遣
上位国のインド、パキスタン、インドネシア、中国が加われば、80％以上の
PKO 要員が同原則の支持国から派遣される計算となる。

　さらに、以上の展望からすると、2011 年に R2P 実践例として注目されな
がら、その後、あまり言及されないコートジボワールへの関心が再浮上して
こよう。同国では、2010 年末の大統領選挙後、候補者間の武力抗争が発生
し、安保理決議の下、展開中の PKO 部隊が POC 目的の武力行使を実施し
た。それ以降、国内情勢は比較的安定している[55]。同時期のリビア介入が批
判の的になった一方で、コートジボワールでの POC はそれほど強い批判は
浴びていない[56]。実際、2011 年以降も類似の平和活動がマリや中央アフリ
カで実施され、R2P に言及した安保理決議が採択されている。キガリ原則
の提唱は、こうした実践の延長線上にあり、紛争予防論の前景化と第二の柱
の措置の強化、すなわち R2P の「第 2.5 の柱」の進展という展望・方向性を
示唆している。もちろん、その進展には、武力行使にかかる責任の所在が不
明確になる可能性がある等の付随的な問題やリスクもあるため、こうした点
に関しては、今後、事例研究等を通じ、より詳細に研究していく必要がある
だろう。

おわりに

　本稿では、R2P 概念をめぐる議論・実践の展開と現状を把捉するため、同
概念の基盤となっている三つの系譜に着目し、「紛争予防論」の系譜を中心

とする視座から同概念の展開を再検討してきた。なぜなら、現在のR2P概念に関する議論の錯綜は、同概念の「正戦／介入論」の系譜または軍事介入の局面ばかりが注目され、同概念の射程が狭く捉えられている点に、主たる原因があると考えられるからである。そこで、まず、R2P概念を初めて提示したICISS報告書に「正戦／介入論」「ガバナンス論」「紛争予防論」という三つの議論の系譜が織り込まれていたこと、つまり、R2P概念は本来、この三つの系譜を縒り合わせた輻輳的な概念であることを確認した。

　本稿で考察したのは、この輻輳性を前提とすることがR2P概念の展開と現状を捉える上で不可欠だということである。なぜなら、視座の取り方によって、同概念の見え方も変わってくるからである。たとえば、同概念の展開を正戦／介入論の視座のみから理解しようとするならば、それは同概念の「直接の契機」とICISS報告書を過大視する一種の先入見と言えよう。先入見を持つこと自体に是非はないが、自身の先入見を意識しなければ、R2P概念に関わるより幅広い実践・制度化の展開を見逃すおそれがある。その点を確認するため、2節の後半では、2005年の成果文書と2009年SG報告書を中心にR2P概念の展開を再検討した。そして、成果文書には紛争予防論の系譜が埋め込まれ、世界サミットから2009年の間、各国の関心が低下する一方で、R2P概念に関する議論・実践は国連事務局と紛争予防論を中心に展開してきたことを示した。

　以上から導出される結論および示唆として、三点を指摘しておきたい。まず、紛争予防論の視座を意識しなければ、R2P概念の展開と現状を見通すのは難しいという点である。3節の前半で論じたとおり、同概念の展開は、2011年のリビア介入の前後を通じ、むしろ紛争予防論を機軸とする取り組みによって推進されてきた。周知のとおり、R2P概念で最も論争となるのは強制的な介入であり、2009年SG報告書の提出後、R2Pの第三の柱が主要な論争点となっている。しかし、第一および第二の柱に関しては、大きな対立はない。さらに、グテーレス（António Guterres）国連事務総長が就任し、紛争予防論を主流化する傾向は強まっている。彼は、以前より予防の重

要性を訴えており、R2P に関してもその姿勢を貫いている。たとえば、2017年 SG 報告書の主題は「予防のための説明責任」、2018 年は「早期警報から早期行動」、2019 年は「予防のための教訓」である。また、R2P が総会の公式議題となった 2018 年には、多くの国が紛争予防の重要性を明言し、2019年には、紛争予防の主要課題である「女性と子どもの保護」と R2P の連関が指摘された[57]。こうした傾向は今後も続くと予想され、紛争予防論に注目する必要性が一層、高まると考えられる。

　次に、本稿の第二の結論および示唆として、紛争予防論の系譜を意識することで、「紛争予防論を経由した武力行使の促進」という興味深い動向が見えてくる。この動向の触媒となり得るのが、ルワンダの提唱したキガリ原則である。同原則は PKO 部隊による武力行使の促進を目的とし、R2P と POCを掛け合わせた内容となっている。本稿の視座からすれば、同原則は軍事介入（第三の柱）への批判を迂回しつつ、紛争予防論の系譜上で武力行使の可能性を押し広げるものであり、その進展は R2P の「第 2.5 の柱」（第二の柱以上、第三の柱未満の措置）の進展と捉えられる。今後、同原則がどの程度、浸透していくかは予断できず、同原則に付随するリスクもあるが、R2Pに関する研究および実務において重要な論点となってくるだろう。その場合、同原則の前例と見なし得るが、必ずしも事例研究が多くないコートジボワールや、その他の類似の実践例により注目する必要もあろう。

　最後に、今後の研究の前提として、研究と実務の連関を意識し、広い視野から R2P 概念の展開を把捉し直すことが不可欠であろう。3 節で概略したように、2011 年以降の展開を紛争予防論の視座から見ると、多様な主体の非公式かつ自発的なコミットメントを基礎とする実践およびネットワーク化が、今後さらに発展し、重要性を増してくると推測される。FPI やキガリ原則はその好例だが、R2P 概念の展開に限らず、国際政治一般において同様の動きが予想される。この非公式・自発的な実践とネットワーク化がどれ程の実効性を持ち、人々の保護に資するのかは、さらなる研究を要する。また、その一方で、非公式・自発的であるがゆえに、結果責任と説明責任が曖

昧になる等の問題も生じ得る。仮に R2P 概念を狭く捉え、「第 2.5 の柱」の進展を看過し、武力行使にかかる責任の所在が不明確になれば、同概念への評価・関心は一層低下し、その理念自体がメルトダウンしていくおそれもあろう。

〈注〉

1　本稿は、2005 年の成果文書に記された国際的な共通理解を「R2P」と表記する。ただし、R2P 概念の理解の仕方は様々であり得る。以下で論ずるとおり、同概念の展開を考察する際の重要文書である「介入と国家主権に関する国際委員会」報告書（2001 年）、成果文書、潘基文国連事務総長報告書（2009 年）は、三者三様の理解を提示している。そのため、これらの多様な理解を包含する場合は「R2P 概念」と表記する。

2　現在の共通理解では、R2P の適用はジェノサイド、戦争犯罪、民族浄化、人道に対する罪という四つの事態に限定されており、本稿で「重大な人道危機」という場合、これらの事態を指す。

3　土佐弘之「R2P のメルトダウン—UNSC1973 前後の『責任のあり方』をめぐる政治」『国際協力論集』第 24 巻第 2 号（2017 年）、122 頁。

4　UN Document, A/63/677, 12 January 2009.

5　UN Document, GA/11946, 15 September 2017.

6　Global Centre for the Responsibility to Protect（GCR2P）, "R2P References in United Nations Security Council Resolutions and Presidential Statements," 8 April 2021; GCR2P, "R2P References in United Nations Human Rights Council Resolutions," 12 April 2021.

7　International Commission on Intervention and State Sovereignty（ICISS）, *The Responsibility to Protect*（Ottawa: International Development Research Centre, 2001）; ICISS, *The Responsibility to Protect: Research, Bibliography, Background*（Ottawa: International Development Research Centre, 2001）.

8　規範研究を R2P に適用し、体系的に論じた書籍として、政所大輔『保護する責任—変容する主権と人道の国際規範』勁草書房、2020 年参照。

9　Aidan Hehir, *Hollow Norms and the Responsibility to Protect*（Cham: Palgrave Macmillan, 2018）.

10 Jennifer M. Welsh, "Norm Robustness and the Responsibility to Protect," *Journal of Global Security Studies*, vol. 4, issue 1 (2019), pp.53-72.

11 Maggie Powers, "Responsibility to Protect: Dead, Dying, or Thriving?" *The International Journal of Human Rights*, vol. 19, issue 8 (2015), pp.1257-1278.

12 Jason Ralph, "What Should Be Done? Pragmatic Constructivist Ethics and the Responsibility to Protect," *International Organization*, vol. 72, issue 1 (2018), pp.173-203.

13 土佐、前掲論文。

14 David Chandler, "The R2P Is Dead, Long Live the R2P: The Successful Separation of Military Intervention from the Responsibility to Protect," *International Peacekeeping*, vol. 22, issue 1 (2015), pp.1-5.

15 R2P と国際法の関係については、たとえば、Ruben Reike and Alex J. Bellamy, "The Responsibility to Protect and International Law," *Global Responsibility to Protect*, vol. 2, issue 3 (2010), pp.267-286. また、民族浄化は、法的な定義はないが、戦争犯罪および人道に対する罪に準ずる犯罪と解されている。

16 なお、SG 報告書で R2P が言及される際も、「norm」ではなく「concept」が使われている。たとえば、UN Document, A/63/677 para.10, 12 January 2009; UN Document, A/64/864 para.14, 14 July 2010.

17 中内政貴・高澤洋志・中村長史・大庭弘継編『資料で読み解く「保護する責任」―関連文書の抄訳と解説』大阪大学出版会、2017 年、18-19 頁。

18 ICISS, *The Responsibility to Protect*, pp.xi-xiii.

19 Gareth Evans, *The Responsibility to Protect: Ending Mass Atrocity Crimes Once and For All* (Washington, D. C.: Brookings Institution Press, 2008), p.37.

20 Francis M. Deng, et. al., *Sovereignty as Responsibility: Conflict Management in Africa* (Washington, D. C.: The Brookings Institution, 1996).

21 Carnegie Commission on Preventing Deadly Conflict (CCPDC), *Preventing Deadly Conflict: Final Report* (Washington, D. C.: Carnegie Corporation of New York, 1997).

22 ICISS, *The Responsibility to Protect*, pp.22-27.

23 CCPDC, *op, cit.*, pp.59-67.

24 ICISS, *The Responsibility to Protect: Research, Bibliography, Background,*

pp.3-4.

25　さらに言えば、むしろ重なり合う領域があるからこそ、多様な主体間で議論が継続し、時期によって議論の焦点が系譜間を移動し、R2P概念を展開させ続ける力学が働くのであろう。

26　一般的にR2Pと紛争予防は別物と捉えられているが、両者の関係を再検討することは有意義である。たとえば、Ruben Reike, "Conflict Prevention and R2P," in *The Oxford Handbook of The Responsibility to Protect*, eds. Alex J. Bellamy and Tim Dunne（Oxford: Oxford University Press, 2016）, pp.581-603 等を参照。

27　UN Document, A/RES/60/1, 24 October 2005.

28　世界サミットにおける交渉の構図については、北岡伸一『国連の政治力学—日本はどこにいるのか』中公新書、2007 年参照。

29　Thomas G. Weiss, *Humanitarian Intervention: Ideas in Action*, 2nd edition（Cambridge: Polity, 2012）, p.127.

30　Alex J. Bellamy and Tim Dunne, "R2P in Theory and Practice," in *The Oxford Handbook of The Responsibility to Protect*, eds. Alex J. Bellamy and Tim Dunne（Oxford: Oxford University Press, 2016）, p.8.

31　Gareth Evans, "The United Nations and Conflict Prevention"（Dag Hammarskjold Centenary Seminar, Paris, 17 October 2005）, accessed 27 October 2020, http://gevans.org/speeches/speech216.html.

32　世界サミット後の紛争予防論の前景化については、西海洋志「保護する責任（R2P）概念の展開の再検討—2005 年世界サミットの成果とは何だったのか」『聖学院大学論叢』第 32 巻第 2 号（2020 年）、17-32 頁も参照。

33　R2Pに言及した決議は、註 6 参照。なお、具体的な紛争の予防・解決に関する決議は、国家のR2Pを強調し、そのための国際支援も促しているため、ガバナンス論も織り込まれていると言える。

34　Edward C. Luck, "From Promise to Practice: Implementing the Responsibility to Protect," in *The Responsibility to Protect: The Promise of Stopping Mass Atrocities in Our Time*, eds. Jared Genser and Irwin Cotler（New York: Oxford University Press, 2012）, p.98. なお、今日における「予防外交」の基本的な考え方は、ブトロス＝ガリ（Boutros Boutros-Ghali）が『平和への課題』で示しており、予防外交とは「当事者間の抗争（disputes）の発生」および「抗争の紛争（conflicts）への発展」を未然に防ぎ、紛争が発生した場合には、その拡大を防

止する行動である（UN Document, A/47/277-S/24111 para.20, 17 June 1992)。つまり、予防外交の中心となるのは紛争への短期的な対処であり、信頼醸成措置、事実調査、早期警報、予防展開、非武装地帯の設置が含まれる。

35　UN Document, A/63/677, para.12.

36　UN Document, SG/SM/11701, 15 July 2008.

37　なお、ガバナンス論の系譜についても議論は不十分である。確かに、R2P概念の基盤は「責任としての主権」にあり、「国家の責任」の重要性が主張されることは多い。しかし、R2P概念の理念に適うのはいかなる（国内）ガバナンスなのか、その内実が論じられることは少ない。この点は、本稿の限界を超えるため、稿を改めて考察したい。

38　GCR2P, "National R2P Focal Point Recommendations," accessed 27 October 2020, https://www.globalr2p.org/wp-content/uploads/2020/01/recommendations_r2p-focal-points.pdf.

39　EU Document, 11820/11, 20 June 2011.

40　UN Document, A/HRC/41/24 para.26, 24 June 2019.

41　ECOWAS Document, MSC/REG.1/01/08 para.41, 16 January 2008.

42　政所、前掲書、142頁。

43　UN Document, A/66/874-S/2012/578 paras.14-17, 25 July 2012.

44　*Ibid.*, paras.32, 56.

45　R2Pに言及した人権理事会決議は、註6参照。

46　"The Kigali Principles on the Protection of Civilians," accessed 27 October 2020, http://civilianprotection.rw/wp-content/uploads/2015/09/REPORT_PoC_conference_Long-version.pdf.

47　POCとR2Pの概念的な異同については、Hugh Breakey, et. al., *Enhancing Protection Capacity: A Policy Guide to the Responsibility to Protect and the Protection of Civilians in Armed Conflicts* (Institute for Ethics, Governance and Law, 2012) が詳しい。

48　UN Document, S/RES/1270 (1999), 22 October 1999.

49　Emily Paddon Rhoads and Jennifer Welsh, "Close cousins in protection: the evolution of two norms," *International Affairs,* vol. 95, issue 3 (2019), pp.597-617.

50　たとえば、2009年SG報告書（UN Document, A/63/677, para.40)、2014年

SG 報告書（UN Document, A/68/974-S/2014/449 para.67, 11 July 2014）等を参照。

51 UN Document, A/68/787 paras.5, 18-22, 7 March 2014.

52 日本語訳は、楢林建司「文民保護に関するキガリ諸原則（2015 年 5 月）」『愛媛大学法文学部論集 社会科学編』45 巻（2018 年）、1-5 頁を参照。キガリ原則の概要は、註 46 参照。

53 "Leaders' Summit on Peacekeeping Declaration," 28 September 2015, accessed 27 October 2020, https://www.mofa.go.jp/files/000101742.pdf.

54 GCR2P, "Member State Endorsements: The Kigali Principles on the Protection of Civilians," accessed 27 October 2020, https://www.globalr2p.org/wp-content/uploads/2018/07/Kigali-Signatories-List-13-April-2020.pdf.

55 佐藤章「コートジボワールは安定したのか─ワタラ政権下の軍事的状況の総括と展望」『アフリカレポート』No.53（2015 年）、44-56 頁。

56 確かに、コートジボワールに関しても当初は「政権転覆が行われた」という批判があったが、そうした批判も程なく収束した。コートジボワールに関しては、佐藤章「コートジボワール紛争にみる『保護する責任』の課題」『アフリカレポート』No.51（2013 年）、1-15 頁等を参照。

57 2018 年 6 月 25 日、7 月 2 日 の 議 事 録（UN Document, A/72/PV.99; A/72/PV.100; A/72/PV.105）および 2019 年 6 月 27、28 日の議事録（UN Document, A/73/PV.93; A/73/PV.94; A/73/PV.95; A/73/PV.96）参照。

6　国連平和活動とローカルな平和

小 林 綾 子

はじめに

　本稿は、国連の平和活動に関する議論において、ここ数年注目される「ローカルな平和（local peace）」について、概念分析と実施上の課題を考察するものである。第一に、ローカルな平和における「ローカル」の定義をまとめ、第二に、ローカルな平和を達成する際の政策あるいは活動上の課題について、事例を用いて論じる。

　前半では、「ローカル」という概念を整理しながら、国連によるローカルな平和支援が意味するところを、従来議論されてきた平和あるいは平和支援と区別する。「ローカル」性は各アクターとの関係の中で決まる、という捉え方をする先行研究は、3つの異なる「ローカル」を提示してきた。1つ目は、上からの平和に対する下からの平和、あるいは国家建設を中心とするような国レベルの平和に対する、州や県、コミュニティ・レベルでの平和である。2つ目は、外に対する内、つまり国際的な介入・支援に対しての、現地での平和という視点である。3つ目は、上からのあるいは外からの平和を除外した、現地の人々の間での平和である。アクター（外と内）と平和のレベル（上からと下から）という2つの軸で、これらの平和を分類した。リベラル平和構築論にけん引されてきた国レベルの平和支援を行う国連平和活動が焦点としてきた平和は、外からのかつ上からの平和であった。国連平和活動

の政策上、過去数年にわたり注目されてきた国連平和活動によるローカルな平和支援は、外からのかつ下からの平和に分けられ、従来の研究では明確に検討されてこなかった。本稿が示す視座で考察を行うことで、さまざまな「ローカルな平和」の追求および達成に向けた議論が可能となる。

　後半では、2つの事例を用いて、ローカルな平和と国連平和活動が抱える複雑な課題を論じる。1つ目の事例は、2020年6月に国連安全保障理事会（安保理）が新規ミッションを設置した、スーダンにおけるローカルな平和の課題である。この事例は、国レベルの平和から取り残された経緯を持つローカルな平和の課題でありながら、現在は、また国レベルの平和交渉に盛り込まれるという特殊性がある。2つ目の事例は、2021年7月に独立から10年を迎える南スーダンにおけるローカルな平和の課題である。内戦を経て、和平合意により、南スーダンは、国レベルでは自決権を行使し、スーダンから分離独立を果たした。しかし、地方に目を向けると、南スーダンのコミュニティ紛争では、紛争当事者間の和平合意が中心である国レベルの紛争対応とは異なり、人々の間の平和またはその欠如が重要になる。2つの事例が示す、異なる「ローカルな平和」に対しては、国連平和活動にも異なる対応が求められる。

　本稿が与える示唆は、紛争影響国において追求される平和には多面性、多様性があるということである。往々にして最も目立つ、最も達成しやすいと考えられる平和の実現のために、見えにくいローカルな平和の実現は後回しにされている可能性がある。「誰一人取り残さない」をスローガンに、持続可能な開発目標や持続的平和を目指す国連にとっても、特定の人々が平和達成の機会を奪われていることは看過できない課題である。ローカルな平和論にも、平和の多面性・多様性に目を向ける、さらなる研究が必要である。

1　「ローカル」とは何を意味するのか

「国連平和活動とローカルな平和」という議論において、まず明らかにし

なければならないのは、「国連平和活動」と「ローカルな平和」が意味するところである。

　本稿における国連平和活動とは、国連の平和維持活動（Peacekeeping Operations: PKO）および特別政治ミッション（Special Political Missions: SPM）を指す。ただし、これから定義する「ローカルな平和」を論じるうえでは、国連の狭義の平和活動にあたる PKO や SPM の代表的任務のみならず、異なるレベルでの和平交渉支援、平和に関連する人道・開発分野での協力も含めた多岐にわたる支援（平和支援）を考える必要がある。

　より議論すべきは「ローカルな平和」である。「ローカル」とは何を意味するのかについて、先行研究をもとに次のとおり整理する。まず、最も基本的には、地理に注目する定義がある。次に、アクターの相対的な関係に注目した 3 つの視点がある。先行研究を整理すると、上からの平和と下からの平和があることに加え、国際社会と現地という外と内の関係、さらには、現地の人と人との間での平和を指している。以下、これらを順に説明する。

　政策文書や統計分析に基づく研究は、地理的なローカル性を定義に盛り込む。地理的なローカル性とは、国レベルに対して、サブナショナルなレベルである州や県、コミュニティを指す場合や、あるいは首都に対しての地方を指す場合がある[1]。統計手法を用いた多数事例分析により、サブナショナルなレベルで平和維持部隊が展開している地域では、対反乱軍との間で文民保護が成功する、紛争期間がより短いといった、平和活動の効果を測定する研究がある[2]。

　これに対し、質的な研究では、アクターに目を向け、アクター間関係の中で「ローカル」が決まるという前提を重視する傾向がある。特定のアクターのローカル性を判断する際には、ローカルでないアクターとの相対化が必要になる。学術雑誌 *Third World Quarterly* の「平和構築におけるローカルへの転回：リベラルな平和への挑戦」特集号[3]は、2 つの重要な指摘を行った。第一に、何がローカルかは特定の時間および領域内の関係の中で決まる。第二に、各アクターは他者の立場を決めるだけでなく、自己の立場も位

置付けている、ということである。本稿では、地理的なローカル性だけでは
わからない、「関係の中で決まるローカル[4]」に注目し、議論を進める。以
下、関連する先行研究を３つに分けて整理する。

　「ローカル」を相対的に捉えるという見方で最初に議論されたのは、上か
らの平和と下からの平和という上下の関係である。下からの平和が訴えられ
るようになったのは、国連平和活動がトップダウンで行ってきた平和構築支
援の教訓に基づく。学術的には、民主的平和論にけん引されるリベラル平和
構築論が展開され、活動上も、国連平和活動は国家の統治機能整備を中心と
した紛争後の国家の（再）構築を主眼としてきた。リベラル平和構築論それ
自体もさまざまな批判と検証により発展してきた[5]。しかし、これらのアプ
ローチでは、国家中心的な見方を柱としてきたために、地方におけるミクロ
な紛争への視座は不十分であった。国レベルの紛争を抑えれば、平和な社会
がつくれるか、というとそうではない場合があり、コミュニティ紛争が国レ
ベルにまで拡大する例が指摘された。国レベルに注目し、コミュニティ紛争
への対処に十分注意しなかった結果、国連平和活動は、紛争の再発防止に失
敗してきた、と批判された[6]。処方箋として、平和構築は上からと下からの
両方からアプローチをする必要があるとして、ハイブリッドな平和、ポス
ト・リベラルな平和、という概念が提唱されるようになった[7]。これらの一
連の研究が、ローカルな平和を垂直関係の中に見出す、上からの平和と下か
らの平和の議論である。

　第二に、外と内の関係で「ローカル」を捉える見方がある。平和にかかわ
る活動のみならず、国際人道・開発援助分野でも、援助の「現地化
(localization)」が話題となっている。これは、対象国の外からの関与と同国
内のアクターの関係を捉える概念である。国際社会中心に非対称に行われて
きた平和や開発の取り組みを転換し、いかに現地を中心に据えるか、現地が
国際標準に合わせるのかその逆か、抵抗があるのか、といった問題喚起もあ
る[8]。「ローカル」は、外部から介入する国際アクターの目線で、「国際ある
いはグローバル」対「ローカル」という構図で語られがちであるが、現地の

人々が決めるローカルもある[9]。国際社会からの視点に偏ると、国際的な会議に現地の政府関係者が参加していることや、現地組織が国際事業に関与していることだけで、「ローカル」性や現地主導性が判断されうる[10]。この問題を回避するうえで、現地の人々の見方を確かめることは重要な視点である。

　議論を進めるうえで注意すべきは、これまでは上下関係と外内関係がまとめて語られる傾向があった点である。上と外は一致しないことがある。国際社会と現地の人々の意見は一致しているが、当該国政府の中枢にいる一握りの政治指導者の意見は一致していない場合がある。このような政治指導者に、国際社会と現地の人々が協力をして変革を迫ることはトップダウンとはいえないが、ボトムアップともいえない[11]。国際平和活動あるいは国際援助分野で「ローカル」に注目する議論は、「上から下へ」と「外から内へ」を混同せずに議論する必要がある。

　第三に、上下関係や外内関係に存在するローカルでないアクター（例：国連平和活動ミッション）を除外し、ローカルそのもの、つまり、特定の地域での人々の間の平和を考えるべきであるという主張がある[12]。現地の人々目線に立ち、「ローカルな平和」を実現するという意味で、紛争影響下の人々自身が平和と感じることを指標化して測定する「毎日の平和（everyday peace）」の研究と実践が進みつつある[13]。これらの研究は、ミクロな視点を中心とし、国際標準から離れ、いかに現地の人が中心となって平和が醸成されうるかを主眼とする。

　ここまで、質的な研究に共通する、相対的関係の中で決まる「ローカル」に注目しながら、「ローカルな平和」が議論される際に想定されてきた関係性を3パターンに分類した。これを参考に、国連平和活動がローカルな平和に取り組むということをどのように理解できるか、整理してみたい。国連平和活動による平和支援か、現地アクターによる平和づくりかという1つ目の軸と、国家の平和かローカルな平和かという2つ目の軸を用いると、4つに分類できる（図1）。まず、国連平和活動がこれまで行ってきた国レベルの

平和支援は、外からかつ上からの平和である。最も注目されてきた国連平和活動による国レベルの平和が、外からかつ上からの平和を合わせたアプローチであったため、上下関係と外内関係は曖昧あるいは混同されがちであった。次に、現地の政治指導者中心の国づくりを上からの平和とすると、外内関係と切り離すことができる。さらに、現地のアクターによるローカルな平和は、下からの平和である。現地の人々の間で、特定のコミュニティの平和あるいは毎日の平和が追求される場合がここに分類される。そして、残るのが、外からの平和かつ下からの平和であり、国連平和活動によるローカルな平和支援という分野は、ここにあてはまる。

図1　平和のレベルとアクターにより異なる平和に向けた活動の分類

アクター ＼ 平和のレベル	国家の平和	ローカルな平和
国連平和活動	外からの平和、上からの平和 国際平和活動による国レベルの平和支援	外からの平和、下からの平和 国連平和活動によるローカルな平和支援
現地アクター	上からの平和 政治指導者による国レベルの平和づくり	下からの平和 現地の人々によるローカルな平和づくり

　国連平和活動によるローカルな平和支援の議論を進めるために、同活動が現地で実際に抱えている課題を考察する。各種政策文書は、現地調査などをもとに、サブナショナルなレベルでの現実の課題を整理する。より学術的には、上下、外内、域内、3つの関係性それぞれでのローカルな平和の課題を理解したうえで議論する必要がある。先行研究は、上からあるいは外から分析すること、あるいは上からの平和、外からの平和の分析への批判に偏っていた。これに対し、本稿は、ローカルなアクターに注目しながら、この3つの相対的関係性を解きほぐすことを特徴とする。ローカルなアクターが、上と、外と、あるいはローカルな中で、異なるアクターと関係性を構築しようとする場合もあれば、対立をする場合もあることを論じる。そのうえで、国

連平和活動によるローカルな平和支援に求められる視点を提起する。

2　スーダン内戦と国連平和活動

　第2節以下では、2019年に30年間にわたる長期政権が崩壊したスーダン
と、2021年に独立から10周年を迎えるもいまだ不安定な南スーダンという、
岐路に立つ2国の特定地域を事例に、ローカルな平和の課題を論じる。2つ
の事例におけるローカルな平和に共通するのは、国レベルで不完全にしか和
平合意が履行されない中で「置き去りにされた平和」である点である。しか
し、上下、内外、域内関係から整理し直すと、様相が異なる「ローカルな」
課題であることがわかる。前提知識として、本節ではスーダン内戦と国連平
和活動の概要をまとめる。そのうえで、第3節でスーダン、第4節で南スー
ダンにおける、ローカルな平和の課題に議論を移す。

　分離独立前の南スーダンを含むスーダン共和国では、長い間武力紛争が続
くのみならず、紛争が複数形で存在した。2000年代半ばからは、複数の国
際平和活動が一国内に同時に展開するという特殊な状況が続いてきた。ま
ず、この点について簡単に説明する。

　最初の内戦は、第一次スーダン内戦である。1956年1月1日の独立と同
時に北部の中央政府と南部の反乱軍との間で始まり、1972年のアジスアベ
バ和平合意締結で終了した。その後、1983年より2005年の包括和平合意
(Comprehensive Peace Agreement: CPA) 締結まで、同じく南北間で、第
二次スーダン内戦が戦われた。スーダン内戦は、北部スーダンに位置する中
央政府（軍）対南部スーダンの反乱軍の間の戦いと単純化されがちである。
確かに、第一次内戦も第二次内戦も、主要な紛争当事者はスーダン政府と南
部の反乱勢力であった。とはいえ、実際には、紛争が複数展開していた。
2003年には、西部のダルフール（Darfur）紛争が「世界最悪の人道危機」
と呼ばれ国際的な注目を集めた。領域が南北スーダンいずれに属するか争わ
れるアビエ（Abyei）地域を含め、コミュニティ紛争も各地で発生した。

　2005 年に締結された CPA の成果として、南部スーダンでは、スーダンと
の統一を維持するか、分離独立するかを問う住民投票が 2011 年 1 月に行わ
れた。その結果、分離独立が選択され、同年 7 月 9 日に南スーダン共和国が
誕生した。一方、北部スーダンでは、西部でダルフール紛争が継続してい
た。ダルフールのみならず、南コルドファン州および青ナイル州（South
Kordofan and Blue Nile、2 地域）では、武力衝突が始まった。

　分離独立した南スーダンでも、2013 年 12 月より南スーダン内戦が始まっ
た。2015 年および 2018 年に締結された衝突解決合意により、南スーダンは、
不安定な中で、政府機能の確立や州知事の任命など、国の立て直しに取り組
んでいる。2013 年 12 月からの内戦では、大統領対副大統領の対立が注目さ
れた。ただし、地方でのコミュニティ紛争もある。コミュニティ紛争は、独
立前から独立後にも繰り返され、地方の不安定化を招いている。

　複数の武力紛争が展開する中で、2020 年 11 月現在までに、スーダンには
6 つの国際平和活動が設置された。①国連スーダン先遣ミッション（United
Nations Advance Mission in Sudan: UNAMIS、2004-2005 年）、②国連スー
ダン・ミッション（United Nations Mission in Sudan: UNMIS、2005-2011
年）、③アフリカ連合スーダン・ミッション（African Union Mission in
Sudan: AMIS、2004-2007 年）、④国連・AU 合同ミッション（UN-AU
Hybrid Mission in Darfur: UNAMID、2007 年から 2020 年）、⑤国連アビエ
暫定治安部隊（United Nations Interim Security Force: UNISFA、2011 年
から現在）、そして、⑥国連統合移行支援ミッション（United Nations
Integrated Transition Assistance Mission in Sudan: UNITAMS、2020 年 6
月から現在）がある。これらに加えて、南スーダン独立と同時に、同国に設
置された国連南スーダン・ミッション（United Nations Mission in South
Sudan: UNMISS、2011 年から現在）がある。

　複数の平和活動が同時に存在するという展開が、2000 年代半ばから 15 年
間続いてきたことも特徴である。① UNAMIS および② UNMIS は、2002 年
を皮切りに締結された複数の合意文書からなる CPA（最終的な締結は 2005

年）の履行を支援するために設置された。主眼は、国レベルでの平和の達成にあった。③AMISおよび後継の④UNAMIDはダルフールに、⑤UNISFAは係争地アビエに展開する地域限定のPKOである。以上の５つのミッションが、展開し、または撤退する中で、PKOの展開が許されなかった紛争地がある。既述の「２地域」である。第３節では、スーダンにおけるローカルな平和の１つの事例として、２地域問題を議論する。第４節では、UNMISSが展開する南スーダン・ジョングレイ州におけるコミュニティ紛争を取り上げる。この紛争は、南スーダン独立以前から存在したものであるが、ローカルな平和は達成されずにいる。

3　事例研究（1）：スーダンにおける２地域問題

スーダンで「２地域（The Two Areas）」とは、南スーダンがスーダンから分離独立したことにより、新しくスーダンの南部となった、南コルドファン州と青ナイル州を指す。２地域は、特殊な事情を抱えている。第二次スーダン内戦時代に、２地域で戦った人々は、地理的には北部スーダン出身でありながら、南部の反乱軍であるスーダン人民解放運動・軍（Sudan People's Liberation Movement/Army: SPLM/A）として戦ったのである。SPLM/Aは、スーダンの地方は中央に搾取され続けてきたことから、「中央対周辺」という対立構図を描いた。２地域も同じく「周辺」であり続けため、この地域の人々はSPLM/Aに共鳴した。２地域の人々は、南部スーダン人同様に、自決を求めて戦った。内戦の結果、CPAでは、２地域の人々が住民協議の実施を通じて、地方自治を確立することが認められた。CPA第５章「南コルドファンおよび青ナイル州における紛争の解決」の前文は、２地域における問題解決を、同様に周辺化されてきた地方にも適用可能な「国全体の問題解決のモデル[14]」と位置づけている。

表現上の聞こえはいいが、CPAは、南部スーダンやアビエでは住民投票を認めたにもかかわらず、なぜこの２地域には住民投票ではなく住民協議を

導入したのだろうか。2 地域の問題が、国レベルの平和からローカルな平和の課題に「格下げ」された経緯がここにある。SPLM/A は、南北スーダン間での和平交渉において、2 地域についても、自決権の行使として住民投票の実施を求めた。ところが、SPLM/A がこの要求を取り下げれば、スーダン政府がアビエ地域での住民投票の実施に合意する、という交換条件を出され、これを飲んだとされる[15]。2 地域の自決権は、南部スーダンとアビエでの自決権が確保される代わりに犠牲になった。住民協議が、何を行うもので、結果として何が達成されるのかは曖昧であり、住民協議は不十分にしか実施されなかった。米国では、2007 年の時点で、CPA で 2 地域に認められた自治が実現されなければ、「これらの地域で戦争が再発する可能性は非常に高い」ことが指摘されていた[16]。現場では、2011 年に武力衝突が発生した。

　武力衝突のきっかけは、5 月に南コルドファン州で行われた州知事および州議会選挙で SPLM 北部支部（SPLM-North: SPLM-N）が負け、かつ反乱軍勢力が南部に追放される措置が実行されたためである。既述のとおり、この反乱勢力は、SPLM の一部であっても北部出身者であり、南部は彼らの居場所ではない。SPLM-N が選挙に勝利すれば、遅れていた住民協議を進める契機となる、という期待も崩れた。また、スーダン政府は対応を強め、6 月 1 日以降は強制的に、2 地域の SPLM-N 要員から武器を奪い始めた[17]。政治的・軍事的緊張が、2 地域での武力衝突につながった。

　スーダン政府は対外的にも 2 地域問題に強硬な姿勢を貫いた。5 月 27 日、スーダン政府は国連事務総長に対し、南スーダン独立と同時に UNMIS は展開終了をする旨の決定を通知した[18]。安保理は、スーダン政府の決定を尊重し、UNMIS の撤退を明記した。ただ、2 地域については、新たな治安措置に関する国連の支援について、AU や関係当事者と協議するよう事務総長に求めた[19]。UNMIS を延長したい安保理と、撤退を望むスーダン政府の間での妥協の産物とも読める。スーダン政府は、2 地域に国連平和活動が継続して展開することは認めなかった。その結果、2 地域は、紛争が発生しながら

も国連平和活動が展開しない地域となった。

　以上の経緯を踏まえつつ、2 地域のローカルな平和を、上下、外内、域内でまとめれば次のようになる。上下の観点では、2 地域の人々は、内戦中、南部スーダンと同じ「周辺」の 1 つであり、同等に「上」で議論される問題とすべく反乱勢力に加わり戦った。ダルフールやアビエといった「周辺」も併せてみると、CPA では、南部スーダン人の自決権行使としての住民投票、アビエの住民投票、そして 2 地域での住民協議が含まれた。ダルフールはCPA には含まれなかった。そう整理すれば、CPA 締結時点では、2 地域は国レベルの平和の課題に含まれていたといえる。しかし、CPA の履行期間終了までに達成されたのは南スーダンの住民投票および独立だけであり、2 地域では住民協議の実施も不十分で成果は望めなかった。

　次に、外と内の関係である。国連や国際 NGO に批判的な当時のスーダン政府とは対照的に、SPLM-N は、国際的な支援を積極的に求めた[20]。外内関係を壊すように、スーダン政府は、国際的な仲介のもとで SPLM-N を対話の相手として認めることも拒んだ。UNMIS が展開できなくなった 2 地域に人道支援だけでも提供されるよう、国連・AU・アラブ連盟（3 者）は、スーダン政府と SPLM-N が人道アクセス促進ための合意を結ぶよう働きかけた。結果は、3 者とスーダン政府が、3 者と SPLM-N が、人道支援を提供するための覚書を別々に取り交わすというものであった[21]。政府にとっては、SPLM-N と同じ紙の上に署名をすることは、SPLM-N を正当な紛争当事者と認め、SPLM-N と国際アクターとの関係を強化することに他ならず、受け入れられなかった。

　2011 年後半からは、SPLM-N は、ダルフールの反乱軍と結託し、スーダン革命戦線（Sudan Revolutionary Front: SRF）という反乱軍同盟組織を結成し、AU の仲介のもと「2 つのトラック、1 つのプロセス」という方法をとるようになった。ダルフール問題と 2 地域問題を絡め、国レベルの平和の課題に「格上げ」すべく、スーダン政府に共闘態勢で臨んだのである。2019年のバシール（Omar al-Bashir）政権崩壊後は、暫定移行政府が前向きに包

括和平達成に向けて取り組む姿勢を見せている。スーダン政府と反乱勢力が交渉し、2020年9月には、2地域にも自決を認める約束がなされた。ただし、スーダン政府は首都での民政移管、経済危機や自然災害対応に追われており、平和にかかわる合意が履行される道筋が立つのはこれからである。

　域内においては、スーダン政府は、第二次スーダン内戦当時、遊牧民ミッサリーヤ族を民兵として SPLM-N と戦わせていた経緯がある。2011年以降、ミッサリーヤ族は SPLM-N と戦っていないとされる。それどころか、政府に反旗を翻し、SPLM-N に参加した者もいる[22]。

　2地域の平和は、上下関係において最も深刻であり、国レベルの平和から格下げされた平和の課題と表現できる。次節で南スーダンの事例研究を行ったあと、第5節において、2地域の和平をめぐる今日の課題を論じる。最新情勢から課題のみ先に述べるならば、2地域問題は、国レベルの和平プロセスの話題に格上げされたが、このことが反対に2地域の平和の達成の障害となる可能性がある。

4　事例研究（2）：南スーダンにおけるジョングレイ州問題

　南スーダンにおけるジョングレイ州問題とは、同国が抱えるコミュニティ紛争の一例である。ジョングレイ州の面積は約12万 km^2（国土面積約64万 km^2）である[23]。過去に国連平和活動が展開した地域と比較してみよう。コソボが1万 km^2（1999年）、東ティモールが1.5万 km^2（2002年）である。つまり、ジョングレイ「州」の「ローカルな平和」といっても、対応すべき広さはコソボや東ティモールの10倍前後ある。UNMISS が展開する地理範囲がいかに広大かを意識する必要がある。なお、UNMISS の最初の設立決議で認められた軍事要員数は最大7,000人であった。1999年の設立時点で、コソボで北大西洋条約機構（North Atlantic Treaty Organization: NATO）が派遣するコソボ軍（Kosovo Force: KFOR）が3,500人、コソボ東ティ

モールの国連東ティモール支援ミッション（United Nations Mission of Support to East Timor: UNMISET、2002-2005）の軍事要員は最大5,000人であった。比較すれば、少ない要員で広い地域に任務を負うことがわかる。

ジョングレイ州での紛争を議論する前に、南スーダンの国レベルの平和の課題をまとめる。2011年1月にCPAで合意された重要事項として、南部スーダン住民投票が実施され、有権者の98%以上が分離独立を選択した。7月9日の独立と同時に、新国家の国づくり支援を任務とするUNMISSが設置された。

南北スーダン内戦展開中、南スーダンでは「内戦の中の内戦」と呼ばれるほど激しい南部内での争いがあり、その対立は尾を引いていた。2013年12月には、大統領派と副大統領派で、「内戦の中の内戦」から続く因縁の対立が再燃し、南スーダン内戦が始まった。UNMISSの主要任務も国家建設支援から文民保護に変化した。2015年8月には、政府間開発機構（Intergovernmental Authority on Development: IGAD）などの仲介により南スーダン衝突解決合意[24]が締結され、恒久的停戦や国民統一暫定政府の設置などが合意されるも、翌年には再び衝突が発生した。2018年9月には、再活性化された衝突解決合意[25]が締結され、2020年2月に新国民統一暫定政府設立に至った。このように、南スーダンのトップレベルでは、スーダンからの分離独立直後から権力争いが繰り返され、国際社会の仲介によってよりを戻す、ということが、独立からすでに2回発生している。独立前から繰り返されてきた紛争のサイクルといって過言ではない。

時をさかのぼること1992年、かつて南部の統治責任者であったアリエル（Abel Alier）は、南スーダンの闘争の結果、合意が締結されても、多くは履行されないと述べた[26]。独立後の南スーダンで2013年に内戦が発生し、その後衝突解決合意が締結されてもまた紛争が再発したように、より悪いケースでは、紛争に戻る。南スーダン人研究者は、政治指導者はもとより、国際社会にも責任がある、と次のように非難する[27]。平和活動に関与する国際社会は、紛争当事者が和平合意を結び、合意を履行することにより平和が

実現できる、という和平プロセスを前提としている。しかし、和平合意には
履行を強制する力がない。スーダンや南スーダンが顕著な例であるが、紛争
当事者が和平合意に署名をしても、その後、履行しないことがある。それで
もなお、国際社会は、和平合意の締結を和平プロセスのスタートラインと考
えている。和平合意事項が未履行のままであったり、遅々として進まないと
いう現実を何度も目のあたりにしてきたにもかかわらず、国際社会は、紛争
当事者間の和平合意締結を目指す。その結果、中央では、和平合意に名を連
ねることで権力を得たい政治指導者がますます自己利益の追求に走る。和平
合意は履行されず、現地レベルでは衝突が止まらず、政治闘争と無関係な人
が犠牲になってきた。

　ジョングレイ州におけるコミュニティ紛争は、スーダンの 2 地域とは異な
るタイプのローカルな課題である。南スーダン独立決定後の平和に向けた前
向きな雰囲気の中で、緊張を高めたのは、ジョングレイ州におけるロウ・ヌ
エル族とムルレ族の間の衝突であった。2011 年 7 月の南スーダン独立から 1
カ月ほどの 8 月に、この衝突で少なくとも 600 人が死亡したと報じられ
た[28]。12 月から年明け 1 月にかけても衝突が起こった。UNMISS は対応不
十分と国内外から非難を受け、2012 年 6 月にはジョングレイ州コミュニティ
紛争に関する詳細な報告書を出すなど対応に追われた[29]。

　この紛争を上下、外内、域内からまとめるならば、域内での平和の課題が
中心であるといえる。上述の衝突で、ロウ・ヌエル族側で戦ったとして注目
される白軍（White Army、ヌエル族主体、1991 年発足）と呼ばれる若者集
団がいる。白軍は、ジョングレイ州での紛争を国レベルの平和の課題に格上
げしようと目論むような政治目的を持っていない。複数の先行研究によれ
ば、彼らの戦闘理由は、コミュニティの自衛や、過去の戦いの報復である。
あるいは、生計を立てるため、良い結婚相手をもらうための納め物としての
牛の取り合いが紛争と化しているのである[30]。この点で、北部の SPLM-N
とは追求していることが異なる。そもそも、暴力を行使する首謀者は、政府
軍でもなければ組織だった反乱軍でもない。そのため、いったい誰が主導し

ているのかも分かりにくい。同じヌエル族を中心とし、2013年12月に大統
領派に反旗を翻した副大統領率いるSPLM反対派（SPLM-in-Opposition:
SPLM-IO）や、前身のエリート集団は、白軍を取り込もうとした。その際、
中央の政治的理由ではなく、白軍の戦う理由に合わせることで動員を図るこ
とを余儀なくされた[31]。なぜなら、白軍には、中央の政治争いは戦闘理由と
して響かないからである。このような難しさもあり、エリート率いる軍事勢
力であっても、白軍をコントロールすることはできなかったとされる。むし
ろ現地の長老の方が影響力を持っていた。現第一副大統領であるマシャール
（Riek Machar）は、ヌエル族で最も影響力があるが、長老などに影響力を
及ぼすことで、間接的に白軍にも影響力を及ぼした[32]。2013年12月からの
内戦では、首都で多くのヌエル族が殺されたことから、白軍の中には、戦闘
理由として、首都での内戦を理由とする者も出てきた[33]。それでも、中央政
府を転覆して自分たちが新しい政府を立ち上げる、といった政治的目的を掲
げるわけではない。支配領域を拡大するつもりもなく、攻撃後すぐに自分た
ちの村に帰っていく。

　ジョングレイ州のローカルな平和の課題を研究する論考は、こうしたロー
カルな平和の問題も和平プロセスに含めなければ、持続的平和は達成できな
い、という政策的な示唆を提示する。ただ、政治的な目的がないローカルな
紛争を中央で行われる平和の課題と一緒にすべきかどうかは議論の余地があ
る。以下では、国連平和維持活動局・フィールド支援局（2017年当時）が
出した「ローカルな紛争における国連平和維持活動の役割[34]」などを参考
に、国連平和活動における文民の役割に目を向け、多様な「ローカルな平
和」と関係させて論じる。

5　国連平和活動とローカルな平和

　第1節で整理した先行研究の動向に加え、国連の平和政策でも、ローカル
な平和支援に注目する傾向が強まってきた。2015年に出された国連平和活

動に関するハイレベル・パネル独立報告[35] は、平和活動が「現場中心、人々中心」であるべきことを指摘した。リベラル平和構築では、国家建設を中心として紛争から平和への道筋や盛り込まれるべきメニュー、達成されるべき指標が最初から決まっていた。これに対し、新しく提示された「持続的平和（sustaining peace）」では、現実の文脈に即して平和活動もその過程で軌道修正をするとされる[36]。同報告をきっかけとして、シンクタンクや国連平和活動局が、ローカルな紛争への対応の必要性について考察するようになった（本稿注１参照）。この中で、ローカルな平和に貢献しうる存在として、国連平和活動の文民機能に注目する議論がある[37]。

　国連平和活動は、ローカルな平和のために何もしてこなかったわけではない。首都に司令部があるだけでなく、地方には現地事務所が設置され、国連ミッションの州調整官／現地事務所長（State Coordinator/Head of Field Office）をトップとする現地事務所関係者が、各地方で目の前のいざこざや対立の解消支援にあたる。日本人国連職員である平原弘子 UNMISS 州調整官は、「ローカル・レベルの平和構築を最優先に」と担当州内のアクターに働きかける[38]。パユモ（Kenneth Payumo）ジョングレイ州州調整官は、2014 年当時、国連コンパウンド内での文民保護に奔走した。本稿注１の各種レポートは、現地事務所で勤務する民生担当官（Civil Affairs Officer）の役割に注目する。民生担当官は、地方での早期警戒や能力構築にも寄与してきた。指摘されたのは、国連によるローカルな対応が、あくまで「国連による国家レベルの平和に対する支援」の補完的、アドホックな役割と理解されがちであったことである。現在、国連本部では、こうしたローカルな平和のための民政課題にかかわる活動の効果が検証されている[39]。ただし、これまで黒子として活動してきたこれらのローカルな平和のための活動に光があたることの負の影響はないか、これまでどおり日陰の活動であるからこそ政治化しない可能性もあるのではないかという点も併せて指摘したい。また、最近の事務総長報告によれば、ジョングレイ州を含む複数の州で、コミュニティ紛争が引き続き発生して、治安情勢は悪化しており、課題は多い[40]。

　翻って、スーダンにおける2地域問題は、問題の性質が異なる。過去には国レベルの平和から置き去りにされた経緯を有しながら、現在は国レベルの平和の課題として扱われており、政治的に機微な議題である。UNITAMS設立決議では、大きく4つの任務が明記された。(i) 民政移管支援、(ii) 和平プロセス支援、(iii) 平和構築・文民保護・法の支配支援、(iv) 経済開発支援である[41]。うち、(ii) と (iii) で2地域が明記された。しかし、UNITAMS の予算案によれば、首都に7割近くの要員が集中し、2地域への展開は1割に満たない[42]。同予算案において、2地域での「ローカルな平和構築（local peacebuilding）」という文言とともに、2地域における平和づくりは国連関係機関と協力をして解決にあたっていくことが明記された[43]。

　国際介入のもとで、2地域（およびダルフール問題）をどう扱っていくかは注意が必要である。現段階では、2地域およびダルフール問題の解決なしには、首都での民政移管も進まないという前提で、南スーダン政府の介入によってスーダン政府と反乱軍の間で交渉が重ねられている。2011年から2014年にかけて UNMISS の特別代表を務めたジョンソン（Hilde Johnson）は、和平交渉によくある傾向として、回顧録で次のように指摘した。その傾向とは、和平プロセスで多くの反乱勢力に目を向けすぎると、「特に国際介入がハイレベルで行われる場合、平和の価値がはね上がり、合意に至ることが難しくなる。世界有数の都市で交渉を行うと、お金の話が多くなり、指導者たちが自己利益のために終わりなき交渉を続けるだけになる[44]。」実際に、2019年以降の移行暫定政権と反乱勢力の交渉過程で、SPLM-N を含む反乱勢力の分裂が起こり、分派の一部は合意に参加するが、一部は参加しないという問題が起こっている[45]。2020年10月3日には、2019年からスーダン政府とスーダンの反乱勢力が交渉を重ねてきたジュバ合意が署名された[46]。この合意は改訂を続けられていることに加え、かかわる反乱勢力が南部2地域および西部ダルフールだけでなく、北部、東部、中央部から多くの勢力を含むようになっている。これは、スーダンが本当にすべての反乱勢力と合意に至る前兆なのか、ジョンソンが指摘する「終わりなき交渉」傾向であるの

か、注意が必要である。また、民政移管を進めるために、達成される和平が形骸化した和平となることも避けられるべきである。

　南スーダンでも同様に、大統領と副大統領以外で権力を狙う元幹部たちが海外から声をあげる。例えば、SPLM の事務局長を務めていたアマム（Pagan Amum）らは、現在権力の外にあり、イタリア・ローマから、南スーダン政府と和平交渉を行っているが、市民の利益のために戦っているとは考えられない。関係者の中での内部分裂も発生している。南スーダン人研究者が指摘したように（注 27 参照）、合意はされても履行されずに指導者が自己利益のためだけに要求を高めるということが続く可能性がある。ここには、国際社会の責任もあるのではないだろうか。2 地域については、反乱勢力が政権転覆や分離独立を狙っているわけではない。表向きは自治の拡充を追求しているが、一握りの政治指導者が、過去に「置き去りにされた」経験から国レベルの平和に「格上げ」することで政治的利益を獲得することを目論み、その結果として 2 地域の人々が取り残される可能性がある。一方では国際社会とスーダン政府が反乱軍指導者による自己利益の追求を防止し、他方では国連平和活動や国連援助機関が、2020 年 10 月の予算案に書かれたとおり、ローカルな平和支援を確実に行う必要がある。こうした方法を通じて平和が実現されれば、CPA で表現された「国全体の問題解決のモデル」となり得る。現状は、国レベルの民政移管と結び付けて、2 地域やダルフールの和平プロセスが進められようとしている。2 地域の自治拡充に代表される和平の達成を、首都での民政移管の前提としてしまうことが、2 地域の指導者の政治権力争いと化さないよう注意が必要である。往々にして最も目立つ平和の実現のために、ローカルな平和の実現は後回しにされている可能性がある。「誰一人取り残さない」をスローガンに、持続可能な開発目標や持続的平和を目指す国連にとっても、特定の人々が平和達成の機会を奪われていることは看過できない課題である。

　スーダン市民は、UNITAMS に高い期待を抱いている[47]。一方、UNITAMS は安保理決議で設置されてから 5 カ月がたっても、トップであ

る事務総長特別代表が決まらないなど、市民を不安にさせる要素も抱えている。軍事部門を持たない SPM である比較的小規模な UNITAMS が、首都の民政移管支援を行いながら、ダルフールや2地域の和平実現も支援していくのは、ハードルが高い。市民の期待に応えるために、UNITAMS には、持続的平和が目指す、状況に即した平和支援による具体的な成果が求められる。現在、国連平和活動は、より少ない予算でかつてないほど高い要求がされ、関係者にとっては頭が痛い状況が続いているとされる。国連にとっても、こうした限界の中では、これまで外部から行ってきた関与のあり方を転換させる必要がある。あるいは、「ローカルな平和」支援という控えめな貢献に移行せざるを得ないのかもしれない。

　2地域とジョングレイ州に特有なローカルな平和を論じるだけで、包括的にローカルな平和を捉えられるわけではない。今後もさらに異なる「ローカルな平和」を、多様なアクターとの関係の中で考えていく必要がある。

おわりに

　本稿では、国連平和活動が取り組む平和の関心がローカルな平和へと移ってきたことに焦点をあて、概念と課題を論じた。最初に、「ローカル」は関係の中で決まるという立場に立つ先行研究を参照し、3つの異なる「ローカルな平和」という概念をまとめた。上からの平和に対する下からの平和、国際的な外部からの関与に対する現地の平和、そして特定の地域内での人と人の平和であった。そのうえで、国際平和活動によるローカルな平和支援は、これまで議論されてきた、外からかつ上からの国連平和活動や、上からのあるいは下からの現地主導の平和づくりとも異なる、外からのかつ下からの平和支援であると整理した。

　後半では、スーダンおよび南スーダンの事例を用い、分析を行った。限定地域での平和でも、国レベルの平和から格下げされた平和と、国レベルの論理とは異なる現地アクターの論理が支配するローカルな平和の課題があるこ

とを明らかにした。国連平和活動にとっては、ローカルな平和支援は新しい任務ではなく、これまでも行ってきたものである。それでも、国際的な注目の高まりの中で、あるいは持続的平和が掲げられる中で、ローカルな平和支援の再考が求められている。課題として指摘できるのは、第一に、国連平和活動で地方に展開する州調整官や民生担当官の役割が、国レベルの平和の補完的役割とされるべきではなく、戦略的なローカルな平和への対応役として認識されるべきことである。第二に、国際関与により平和の課題を政治化することをできる限り抑制し、ローカルな課題を一握りの権力者の利益追求に利用されることを防ぐことである。問題を騒ぎ立てて政治化するのではなく、平和を達成したあかつきには問題解決のモデルとして称える方に焦点があてられるべきである。

　本稿が提示したのは、国連平和活動が対応すべきローカルな課題は、多様であり、多面的であるということである。これまで議論されてきた「国レベルの平和」に対する「ローカルな平和」について、一括りにされがちであった「ローカル」という概念は、複数あることや、異なる平和の課題があることを提示した。本稿でローカルな平和のタイプをすべて議論できたわけではない。ローカルな平和の多面性としてほかにどのようなタイプがあり得るのか、さらに進んで様々な「ローカル」な平和の課題にどのような対応が求められるのか、という問いを今後の研究課題として、本稿を締めくくる。

＊本研究は JSPS 科研費（20K13432）の助成を受けたものである。

〈注〉

1　Tom O'Bryan, Sara Rendtorff-Smith, and Marco Donati eds., "The Role of United Nations Peacekeeping Operations in Addressing Local Conflicts" (New York: United Nations Departments of Peacekeeping Operations and Field Support, 2017); Sarah Brockmeier and Philipp Rotmann, "Civil Affairs and Local Conflict Management in Peace Operations: Practical Challenges and

Tools for the Field" (Berlin: Global Public Policy Institute, 2016); Aditi Gorur and Medeline Vellturo, "Local Conflict, Local Peacekeeping" (Washington D.C.: Stimson Center, 2017); Diana Felix da Costa and John Karlsrud, "'Bending the Rules': The Space between HQ Policy and Local Action in UN Civilian Peacekeeping," *Journal of International Peacekeeping*, Vol.17: Issue 3-4 (2013), pp.293-312.

2 Andrea Ruggeri, Han Dorussen, and Theodora-Ismene Gizelis, "Winning the Peace Locally: UN Peacekeeping and Local Conflict," *International Organization*, Vol.71: Issue 1 (2017), pp.163-185; Hanne Fjelde, Lisa Hultman, and Desirée Nilsson, "Protection Through Presence: UN Peacekeeping and the Costs of Targeting Civilian," *International Organization*, Vol. 73: Issue 1 (2019), pp.103-131.

3 Caroline Hughes, Joakim Öjendal and Isabell Schierenbeck, "The Struggle Versus the Song – the Local Turn in Peacebuilding: An Introduction," *Third World Quarterly*, Vol. 36: Issue 5 (2015), pp.817-824.

4 日本でも、「グローバル関係学」を提唱する最新の研究において、関係の中で決まるグローバルとローカルという視座が提供されている。酒井啓子編『グローバル関係学1：グローバル関係学とは何か』岩波書店、2020 年。五十嵐誠一・酒井啓子編『グローバル関係学7：ローカルと世界を結ぶ』岩波書店、2020 年。

5 Roland Paris, *At War's End：Building Peace After Civil Conflict* (Cambridge: Cambridge University Press, 2004); Roland Paris and Timothy D. Sisk *eds. The Dilemmas of Statebuilding: Confronting the contradictions of postwar peace operations* (London and New York: Routledge, 2008); Edward Newman, Roland Paris, and Oliver P. Richmond *eds. New Perspectives on Liberal Peacebuilding* (Tokyo: UNU Press, 2009); 水田愼一『紛争後平和構築と民主主義』国際書院、2012 年。

6 Séverine Autesserre, *The Trouble with the Congo: Local Violence and the Failure of International Peacebuilding*, (New York: Cambridge University Press), 2010.

7 Roger Mac Ginty, *International Peacebuilding and Local Resistance: Hybrid Forms of Peace*, Basingstoke: Palgrave Macmillan, 2011; Oliver P. Richmond, *A Post-Liberal Peace* (Oxon, OX: Routledge, 2011).

8　Lisbeth Zimmermann, *Global Norms with a Local Face: Rule-of-Law Promotion and Norm Translation* (Cambridge: Cambridge University Press, 2017).

9　Isabel Schierenbeck "Beyond the Local Turn Divide: Lessons Learnt, Relearnt and Unlearnt," *Third World Quarterly*, Vol. 36: Issue 5 (2015), p.1027.

10　篠田英朗『平和構築入門—その思想と方法を問いなおす』ちくま新書、2013年。

11　上杉勇司「国家建設と平和構築をつなぐ『ハイブリッド論』」藤重博美、上杉勇司、古澤嘉朗編『ハイブリッドな国家建設：自由主義と現地重視の狭間で』ナカニシヤ出版、2019年、86頁。

12　栗本英世「『上からの平和』と『下からの平和』—スーダン内戦と平和構築」佐藤章編『アフリカの「個人支配」再考』調査研究報告書、アジア経済研究所、2006年、78頁。Ifat Maoz, "Peace Building in Violent Conflict: Israeli-Palestinian Post-Oslo People-to-People Activities," *International Journal of Politics, Culture and Society*, Vol.17, No.3 (2004), pp.563–574.

13　Roger Mac Ginty and Pamina Firchow, "Top-down and Bottom-up Narratives of Peace and Conflict," Politics, Vol.36: Issue 3 (2016), pp.308–323; Pamina Firchow, *Reclaiming Everyday Peace: Local Voices in Measurement and Evaluation After War* (Cambridge: Cambridge University Press, 2018).

14　Chapter V: The Resolution of the Conflict in Southern Kordofan and Blue Nile States, signed at Naivasha, Kenya, May 26, 2004, in the Comprehensive Peace Agreement between the Government of the Republic of the Sudan and the Sudan People's Liberation Movement/Sudan People's Liberation Army (CPA), p.73.

15　International Crisis Group (ICG), "Sudan's Spreading Conflict (I): War in South Kordofan," Africa Report No. 198, February 14, 2013, accessed August 12, 2020, https://www.crisisgroup.org/africa/horn-africa/sudan/sudan-s-spreading-conflict-i-war-south-kordofan.

16　U.S. House of Representatives, Committee on Foreign Affairs, U.S. Congress, "South Sudan: The Comprehensive Peace Agreement on Life Support," Hearing and Briefing, Serial No. 110–2, January 24, 2007, p.34.

17　Claudio Gramizzi and Jérôme Tubiana, "New War, Old Enemies: Conflict

Dynamics in South Kordofan," Geneva: Small Arms Survey, Graduate Institute of International Development Studies, 2013, accessed August 12, 2020, http://www.smallarmssurveysudan.org/fileadmin/docs/working-papers/HSBA-WP29-S.Kordofan.pdf. 表現上、政治部門を SPLM-N、軍事関係者を SPLA-N と分ける場合があるが、本稿では SPLM-N で統一した。

18　UN Document, S/2011/333, May 31, 2011.

19　UN Document, S/RES/1997 (2011) para. 6, July 11, 2011.

20　Irina Morsel and Ashley Jackson, "Talking to the Other Side: Humanitarian Negotiations in South Kordofan and Blue Nile, Sudan," London: Humanitarian Policy Group (HPG) Working Paper, July 2013.

21　Memorandum of Understanding between the Sudan People's Liberation Movement/North and the African Union/League of Arab States/United Nations Tripartite on Humanitarian Assistance to War Affected Civilians in Blue Nile and South Kordofan States," Addis Ababa, August 4, 2012; Memorandum of Understanding between the Government of Sudan and Tripartite partners of the Assessment and Delivery of Humanitarian Assistance to War-Affected Civilians in South Kordofan and Blue Nile States, August 5, 2012.

22　ICG, op. cit.

23　National Bureau of Statistics, the Republic of South Sudan, "Statistical Yearbook for Southern Sudan 2010," accessed August 12, 2020, https://www.ssnbss.org/sites/default/files/2016-08/statistical_year_book_for_southern_sudan_2010.pdf.

24　Agreement on the Resolution of the Conflict in the Republic of South Sudan, Addis Ababa, Ethiopia, August 17, 2015, accessed November 15, 2020, https://unmiss.unmissions.org/sites/default/files/final_proposed_compromise_agreement_for_south_sudan_conflict.pdf.

25　Revitalized Agreement on the Resolution of the Conflict in the Republic of South Sudan (R-ARCSS), September 12, 2018, accessed November 15, 2020, https://www.peaceagreements.org/wview/2112/Revitalised%20Agreement%20on%20the%20Resolution%20of%20the%20Conflict%20in%20the%20Republic%20of%20South%20Sudan%20 (R-ARCSS).

26　Abel Alier, *South Sudan: Too Many Agreements Dishonored* (Lebanon: Ithaca Press, 1992).

27　Jok Madut Jok, "South Sudan's elusive peace: Between local drivers of violence and the actions of external actors," in *South Sudan: Post-Independence Dilemmas*, ed. Amir Idris (Oxfordshire, OX: Routledge, 2020), pp.74-91; Abraham Awolich, "The Boiling Frustration in South Sudan," Weekly Review, Juba: The Sudd Institute, June 7, 2020.

28　*BBC*, "South Sudan attacks 'leave 600 dead,'" August 23, 2011.

29　UNMISS, "Incidents of Inter-Communal Violence in Jonglei State," June 2012, accessed October 20, 2020, https://unmiss.unmissions.org/sites/default/files/june_2012_jonglei_report.pdf.

30　John Young, "Popular Struggles and Elite Co-optation: The Nuer White Army in South Sudan's Civil War," Geneva: Small Arms Survey, *Graduate Institute of International and Development Studies*, 2016.

31　Edward Thomas, *South Sudan: A Slow Liberation* (London: Zed Books, 2015), p. 229.

32　Young, *op. cit.*

33　*Ibid.*

34　O'Bryan, Rendtorff-Smith, and Donati, *op. cit.*

35　UN Document, A/70/95-S/2015/446, June 17, 2015.

36　Cedric de Coning, "Adaptive Peacebuilding," *International Affairs*, Vol. 94: Issue 2 (2018), pp. 301-317.

37　Brockmeier and Rotmann, *op. cit.* da Costa and Karlsrud, *op. cit.*

38　国連広報センター「TICAD7 リレーエッセー "国連・アフリカ・日本をつなぐ情熱" 第 11 回平原弘子さん～平和への思い—ベンティウ・PKO の現場から」(http://blog.unic.or.jp/entry/2019/05/21/093713, 2020 年 8 月 12 日)。

39　国連事務局平和活動局職員へのメールでの聴き取り、2020 年 8 月 18 日。

40　UN Document, "Situation in South Sudan: Report of the Secretary-General," S/2020/890, para. 19, September 8, 2020.

41　UN Document, S/RES/2524 (2020), June 3, 2020.

42　UN Document, A/75/6 (Sect. 3)/Add.7, October 23, 2020.

43　*Ibid.*, para. 16.

44　Hilde F. Johnson, *South Sudan: The Untold Story from Independence to Civil War* [New Edition], (London: I.B. TAURIS, 2018), p. 141.

45　小林綾子「スーダン／最近の政治変化」東京外国語大学アジア・アフリカ言語文化研究所拠点政治変動研究会『中東イスラームの政治変動データベース』2020年10月4日、(https://dbmedm06.aa-ken.jp/archives/477, 2020年11月12日)。

46　The Juba Agreement for Peace in Sudan, translated from Arabic to English by International IDEA, Version 5, October 23, 2020, accessed November 15, 2020, http://constitutionnet.org/sites/default/files/2020-10/Juba%20Peace%20Agreement%20-%20Summary%20and%20Analysis%20%285%29%20%28clean%29.pdf.

47　在スーダン政策アナリストへのメールでの聴き取り、2020年11月4日。

III

政策レビュー

7 国連における人間の安全保障の現在<ruby>（いま）</ruby>

星　野　俊　也

　国連にはいくつもの顔があるが、加盟国政府の代表たちが集まり交渉や決定を行う、いわば国家中心の国連政治のプロセスのなかで「人間中心」の議論を深めていくには自ずと限界がある。それでも、国連開発計画（UNDP）の『人間開発報告』において「人間の安全保障」の理念が提唱されて四半世紀余りが経ち、2030 年に向けて「誰一人取り残さない」を合言葉に「持続可能な開発目標（SDGs)」の推進が合意された現在<ruby>（いま）</ruby>、この理念の今日的な意味合いを探り、いかにそれを効果的に現場の政策に落としこめるかを考えること。それが、今回で二度目となった国連日本政府代表部勤務にあたって自分なりに意識したテーマだった。広く経済案件を担当する大使・次席常駐代表の役回りで、SDGs も人間の安全保障も直接の所掌に含まれていたことから、この問いには本業として取り組むことができた。

　もっとも、2017 年 8 月から 2020 年 7 月末までの 3 年間の代表部在勤の最後の時期には新型コロナウイルス感染症のパンデミックに襲われ、国連本部の所在するニューヨーク自体の感染状況が世界で最も深刻となったなか、グローバルな観点から加盟国間では多岐にわたる議論を活発に行った。我々としては「世界の人々の命・生活・尊厳、すなわち人間の安全保障に対する危機」（菅首相の 2020 年 9 月の国連総会一般討論演説）という認識で対応した。日本は、コロナ以前からユニバーサル・ヘルス・カバレッジ（UHC）でフレンズ・グループを主導するなど健康保健分野では力を入れてきており、今後、「誰一人の健康も取り残さない」との目標を掲げ、より包括的な

取組をけん引していくことが期待される。

　振り返ると、この３年は、多くの国で自国第一主義が唱えられ、また、幅広い政策分野をめぐって米中、米ロといった大国間関係の緊張が高まった時期だった。気候変動や新型コロナなどグローバルで取り組むべき事案から世界各地の紛争やテロ、あるいは格差の急速な拡大など、国際社会が一致団結して取り組むべき課題が山積する一方、大国間の反目と分裂（これをグテーレス国連事務総長はあえて名指しすることはせずとも地政学的な「大断裂（great fracture）」と呼び、深刻な懸念を表明した）により、人々の運命に目が向けられる以前に、まず国家間で協調できるマージンが削がれていく傾向が強くなっていったのである。当然、安全保障理事会の議論が宙に浮くことも多かった。

　私はこれを「反多国間主義（anti-multilateralism）」の動きととらえているが、それは概ね３つの形態がある。一つは、アメリカのトランプ政権がパリ協定や人権理事会、世界保健機関（WHO）などマルチの枠組みに不満があると自らの立場を堅持し、外に出てしまう動きに見られる「反動離脱」型。英国の欧州連合（EU）離脱もその一例だが、いずれも国内的には多数派の支持基盤の上での行動となっている。もう一つは、その逆で、中国の習近平政権の進める「演変誘導」型とでも言うべきアプローチで、表向きは多国間主義を擁護するが、その内実はマルチの枠組みの中に地歩を固め、自国に有利な方向へと誘導できるよう内側から変えていこうとするしたたかな動きである。これは権威主義的な体制だからこそできる力とリソースの投入の所産だろう。ちなみに、三つ目は今始まったものではないが、「独善抵抗」型で、多国間の枠組みのなかで批判を受け、孤立しても離脱まではせず、無視や反発といった抵抗姿勢を貫く国々の行動様式である。

　いずれにしても、救える命があるとき、国際社会として人々を救う手立てをいかに見出すか。国連を通じた国際協力は、国連憲章第７章に基づく安保理決議による授権がない限りは、当事国政府の同意が前提となる。人間の安全保障のための政策も、2012年の国連総会決議66/290で、加盟国政府がそ

の国の人々が当面している生存、生計、尊厳にかかわる課題に対処する活動を「補助（assist）」するためのアプローチと定義することでようやく合意ができた経緯がある。したがって、ここにジェノサイドや民族浄化、人道に対する罪、戦争犯罪という「保護する責任（R2P）」の対象とされる事態への対応は含めないとする共通理解があり、その区別ができたことは政治的に意味がある。ただし、一部の大国を含め、いまでもこの両理念の混同を助長するような主張をする国があることは周知のとおりだろう。もっぱらそれはそうした国々が"国内問題"とする機微な情勢に国際社会の目が向くことへのけん制の裏返しであることが多い。逆に言えば、それほどにまで「人々」に着目する視点は力を得てきていると考えられる。

　さて、人間の安全保障は、苦境から脱しようとする人々の保護だけでなく、能力強化のメニューを加えることでその人々の潜在力を生かした自立を促し、また、そのための支援を担う国連機関には相互に連携し、包括的で現地の文脈に即した活動をすることが想定されている。この方法論は、グテーレス事務総長のイニシアティブで 2019 年からスタートした新しい国連開発システムの下、国レベルでの国連活動の現地統括として配置された新世代の常駐調整官（Resident Coordinator: RC）たちが果たすべき役割を先取りしている。

　国連難民高等弁務官の経験を持ち、フィールドでの国連機関の機動的な活動の重要性を肌で知るグテーレス事務総長は、自らが率先して改革を断行できる（と考えた）国連事務局の平和と安全、開発システム、マネジメントの 3 分野で大胆な組織再編を提案した。その多くは権限を本部からフィールドに移し、その現場での活動も効率性を重視する意欲的な構想で、方向としては十分に支持しうるものだった。しかし、懸念したように、国連事務局の組織文化を大きく変えることや、背後にある大国の意向、さらには国連システムを構成する多くの基金・計画・機関の行動様式を変えることは容易ではなく、さらに、加盟国の観点からは、改革の結果、効率改善益よりも先にかなり大幅な要員増と予算増の要望が前提の議論になっていったことから口を挟

まずにはいられなかった。

　国連機関を知れば知るほど、その唯一無二の役割は認めつつも、行動変容の必要や費用対効果の問題が見えてくる。結果的に増員となったポストには邦人職員起用の働きかけを行うなど、本人らの要望も踏まえながら積極的に行った。しかし、全体として改革の行方は気になるところである。そして、こうしてスタートした矢先のコロナ禍で、現地の国連活動はさらなる工夫を求められたに違いない。今後、改革効果のレビューが行われる際には、限られたリソースが真にエッセンシャルな活動に効果的に配分される「ニューノーマル」に移行していくことを願いたい。

　ところで、エンジニア出身のグテーレス事務総長がことあるごとにデジタル協力など科学技術イノベーションに関わる議論を強調していたことには共感を覚えた。折しも、経済社会理事会の傘下で開催された、SDGsと科学技術イノベーションとの関係を討議する第3回 STI フォーラム（2018年）で私がメキシコの次席大使と共に共同議長となり、全体の議論をリードする機会を得た。成果として、日本が主導をし、SDGsの更なる進展に向けたSTIの活用を可視化する工程表（STI ロードマップ）を策定する提案を大きく前に進めることができたことが挙げられる。ベンチャーを含め、革新的な技術を持つ日本の企業がブースを出してくれたり、イノベーターと投資家をつなげるマッチングセッションを作れたりと、多くのご支援が得らえたことには関係各方面に感謝している。

　新時代の人間の安全保障を議論するにあたっては、こうしたSTIが人間の生存、生計、尊厳に及ぼしうる正と負のインパクトについてしっかりと分析していく必要がある。そして、STIの開発や運用そのものが人間の営みであることを考え合わせるなら、これまではもっぱら安全保障の客体（保護や能力強化を受ける対象）としてとらえられてきた側面だけでなく、人間の行動がいかに世界の安全保障環境に影響を及ぼしうるのかという側面を改めて直視することも今後の新機軸といえるかもしれない。

　教皇ヨハネ・パウロ2世の言葉をお借りすれば、戦争は神ならぬ「人間の

仕業」である。武力侵攻やテロ行為も含め、人間が最も過激でキネティック
な手段で人々を取り巻く安全を脅かす存在になっているが、これは古典的な
意図的・作為的な行動の帰結である。だが私がここで指摘するのは、人々の
日常に潜む重要な選択で、我々の無関心や不作為でさえが、いかに地球環境
や人類の将来に大きな影響を及ぼしているかである。大量生産、大量消費、
大量廃棄と地球温暖化は無縁ではなく、新型コロナの感染拡大も我々の行動
に起因する。現在が「人新世」という地質時代であり、人間の経済活動が地
球環境や生態系に決定的な変化を起こしているとの指摘もあるが、2030 年
を待つことなく、新型コロナを人類への警鐘ととらえ、SDGs を指針に自ら
の行動変容を進めることも大きな意味で人間の安全保障のための重要なス
テップと言える。

　新型コロナの影響で 2020 年の東京オリンピック・パラリンピックは延長
を余儀なくされたが、その前年に日本が開催国としてまとめ上げたオリン
ピック休戦に関する国連総会決議は 186 もの共同提案国を得てコンセンサス
採択を実現できた。決議採択（12 月 9 日）にあわせ東京からの弾丸出張で
ニューヨーク入りした森喜朗会長は総会議場での演説で、東京大会のテーマ
がスポーツを通じた平和、特に世界の人々の共生や地球との共生、SDGs に
よる持続可能性の実現であることを強調するとともに、人間の安全保障にも
言及したことは強く印象に残っている。

　議場を見渡しながら森会長は、首相時代から数えて 5 回目となったこの演
説でも「常に『人間の安全保障』を胸に、世界の平和と繁栄を祈りつつ壇上
に立つ気持ちに変わりはありません」と語り、「特に今日は、10 月に他界さ
れた緒方貞子元国連難民高等弁務官が私の背中を押してくれているようで
す」と、この概念の理論化と実践をけん引した緒方氏の功績に触れ、「遺志
を継ぎ、世界の平和と繁栄に取り組み続けることは、私たち共通の誓いでも
あります」と述べられた。その言葉を私は心に刻み込んだ。

　歴史を振り返ると新しい世界の秩序は大戦争という言語に絶する惨害を経
て生まれることが常であった。いまの国連もそうして成立した。だが、人間

の安全保障に対する未曽有の危機である新型コロナのパンデミックは人類に
とって十分すぎるほどに言語に絶する惨害であり、警鐘とさえ考えられる。
そして、国連創設から75年が経ち、パンデックで世界がリセットされたい
ま、コロナ以前のノーマルに戻るのではなく、今度こそは日本も主要な秩序
形成者となり、共生と持続可能性と人間の安全保障を規範とする新しい時代
を切り開くべき時である。

　帰朝後となったが、昨年9月、国連人間の安全保障基金の諮問委員会にイ
ンプットをする講演を求められたとき、私は人間の安全保障の政策とは、単
独で実施されるものというよりは、人々と共にあり、そうした人々を救おう
とする政府とも共にあり、そして、人々を救うための様々な既存の政策（そ
れは、開発協力、人道支援、平和構築、気候アクション、防災、軍縮、
UHC、ジェンダーなど、政策の切り口をどこにするにしても）とも常に共
にある、"コンパニオンとしての政策手段（companion tool）"であることが
ふさわしいと論じた。新型コロナはグローバルな挑戦だが、その発現の仕方
はコミュニティごとに異なっている。人間の安全保障が「文脈（context）」
を重視するのはそのためである。その具体的な文脈で苦しむ人々が最も必要
な保護と能力強化のメニューは何なのか、人間の安全保障のレンズがそれを
見極め、さまざまな角度からの支援の取組のなかでそこに生きる人々の生
存・生計・尊厳への手当が見落とされることなく、むしろしっかりとカバー
されるように導く役割があることを強調した。

　国連での議論にはすべてが政治化される現実があるが、それでも人間の安
全保障という理念が神学論争の種で終わらず、実務の政策の現場で実際の
人々の命や暮らしや尊厳が確保される結果（これを私は「人間の安全保障ア
ウトカム」と呼んでいる）がもたらされるよう、引き続き橋渡しをしてきた
いと考えている。

Ⅳ

書　評

8 David M. Crane, Leila N. Sadat and Michael P. Scharf, *The Founders:*

Four Pioneering Individuals Who Launched the First Modern-Era International Criminal Tribunals

(Cambridge University Press, 2018, xviii+165pp)

越 智 萌

　本書は、4つの国際的な刑事裁判所・法廷の各初代主席検察官自身による4つの自叙伝と、実務家および研究者による国際刑事司法の文脈と歴史、実践上の課題に関する補足で構成されている。コフィ・アナン元国連事務総長による序文では、「この本で語られる経験は、人類にとっての正義に対する長いが価値のある旅（journey）の最初のステップとなるだろう」と述べている。

　第1部「すべてを文脈の中に位置づける」は、元国際的刑事裁判所・法廷の検察官による自叙伝が位置付けられる文脈について検討する。これら裁判所・法廷の設置にかかる交渉に関わった国連のコレル（Hans Corell）による「イントロダクション」では、個人的体験談に触れながら、各機関の設置に伴った政治的問題を論じている。次にサダト（Leila N. Sadat）による第1章「国際刑事司法：政治から法への旅」では、国の高官らをターゲットとするという点で国際刑事司法の高度な政治性を突破して法的な処理を行おうとする試みにおいて、検察官がどのような役割を果たしたかについて論じている。シャーフ（Michael P. Scharf）は、第2章「試金石：ロバート・H・ジャクソンとニュルンベルク法廷」で、国際軍事法廷の設置背景とインパク

トについて説明する。特に、国際軍事法廷のアメリカ側の検察官に選出された ジャクソン（Robert H. Jackson）に焦点を当て、異なる法体系の混合として設置されたことによる数々の障壁と、それらがいかにして解決されていったかを描いている。シャバス（William Schabas）は、次の第 3 章「バルカン捜査」において、旧ユーゴスラヴィア国際刑事法廷（ICTY）の検察局の前身となった専門家委員会がどのようにして設立され、いかに国連主導の刑事捜査という初の試みが行われたかについてについて紹介する。

　第 2 部「創設者たち」では、諸々の国際的刑事裁判所・法廷の初代主席検察官が自身の体験談を語る。ゴールドストーン（Richard J. Goldstone）による第 4 章「ユーゴスラビアおよびルワンダ国際刑事法廷」では、アパルトヘイト下での南アフリカにおいて裁判官として、その後、最高裁判所の裁判官に任命された彼が、ICTY の主席検察官となった経緯を語る。着任後は、金銭面に関わる様々な技術的な問題や予算を継続させるためにいわゆる「スモール・フィッシュ」から訴追を開始せざるを得なかった事情等を乗り越え、勤勉な職員らと共にこの組織と関連規則や慣行を形成していった。また、ルワンダ国際刑事法廷（ICTR）が設置され、ゴールドストーンは兼任の主席検察官として任命されたが、ルワンダがこの体制に反対している中、何度もキガリを訪問し、政府からの支援と人間関係の構築を図ることで、初期体制を構築していった経緯を説明する。また、初期の事件選定の難しさや、主席検察官としての独立性の確保といった重要な問題が、国連事務総長といった関連人物との交流を通じて解決されていった様子が描かれている。

　第 5 章「シエラレオネ特別裁判所」では、初代主席検察官となった元米国連邦政府上級管理職のクレイン（David M. Crane）が、突然の選任から、戦後の荒廃したシエラレオネにおける検察局の立上げ、真実委員会との調整の問題といった様々な苦境を乗り越えた経験を語る。最初の捜査の鍵となった紛争中の日記の提供と交換に反政府組織幹部に免除を約束したエピソードや、チャールズ・テイラーが証人の家を襲撃させたが間一髪で証人を救ったエピソードなど、波乱に満ちた初動が描かれる。その一方で、継続的に行わ

れた金曜夜のピザパーティや、学校へのアウトリーチ活動を通じた現地の子供たちのとのふれあいといった、人との絆の構築が重視されたことが示される。また、章を通じて、1時間のうちに主要容疑者を一斉逮捕することに成功した「オペレーション・ジャスティス」がいかに計画され実施されたかが要所に差し込まれ、複数の武装組織の残党が闊歩する陰惨な内戦後の国における刑事捜査の試みが描かれている。

　第6章「国際刑事裁判所」は、初代主席検察官オカンポ（Luis Moreno Ocampo）による。オカンポは検察官としてアルゼンチンの「汚い戦争」に責任を有する者らに対する軍事政権裁判（junta trial）を担当したが、この経験は国際刑事裁判所（ICC）での主席検察官としての仕事のための訓練であったのだと述べる。警察や国家機関を用いずに被害者から証拠を集めた経験や、メディアや外部からの圧力への対処といった経験は、独自の警察機関を持たず、様々なアクターからの批判に必然的に曝されるICCの検察官にとって、有益であった。その時の様々なエピソードは、被害者の声に重きを置いた捜査や、「最も責任ある者」を優先するというICCでも用いられた捜査戦略がいかに重要であったかを物語る。また、ICC検察局立上げの際には、初動戦略は経験あるビジネスマンの友人との対話を通じて設定されたことが、実際の会話の議事録を通じて紹介されている。最後は、ICCの補完性原則を前面に出した「ゼロ・ケース」戦略とネットワーキングを重視したICCの初動戦略の形成と実践、そしてその後のICCの活動が要約されている。

　プティ（Robert Petit）による第7章「カンボジア特別裁判部」では、まず、共同捜査判事の制度や限られた財政といったこの機関の設計が指し示す絶望的にも見えた運命にもかかわらず、熱心な研究者らにより30年前のクメール・ルージュにおける残虐行為の証拠資料が将来の訴追のために周到に準備されていた対比が描かれる。プティは偶然隣人となったカンボジアからの元難民からの話を聞き、被害者への正義を実現することを目指して現地に到着するが、カンボジア人の共同検察官として着任したのは有力者の娘で、

被告人の数を制限しようとする彼女との協働が描かれる。被疑者の選定プロセスは、拷問によって得られた証拠の問題や政治的しがらみの問題などに阻まれたが、最終的には膨大な証拠資料に裏付けされた起訴状として結実した。

　第3部「結論」は、シェファー（David J. Scheffer）による「結びの諸見解」のみで構成される。まず、初代主席検察官には女性がいないが、実際にはその後は多くの女性が主席検察官として選任されていることや、初代主席検察官も多くの優秀な女性検察官と共に仕事を行ったことについて触れている。次に、国際的刑事裁判所・法廷の成果について、訴追数や有罪数、判例や経費などに基づいて論じた上で、初代主席検察官の選任プロセスにおける政治的妥協を振り返る。

　国際組織研究の視点から、本書から得られる貴重な知見として、以下の2点をあげたい。第一に、主席検察官の選任をめぐる数々のドラマから垣間見える国際機関の人事における政治的事情と妥協が個人に与える影響である。すべての初代主席検察官の選任の連絡は一本の突然の電話連絡（国連事務総長や、ICC締約国会議議長からの直接電話、プティの場合のみEメール）によってなされた。例えばICTYでは、最初の候補者はすべて国連安全保障理事会のいずれかの常任理事国による反対に遭った。そこで裁判部の長であったカッセーゼ（Antonio Cassese）は当時の国連事務総長のブトロス＝ガリと相談し、マンデラにより推薦された南アフリカ人であればいずれの常任理事国にも反対されないであろうということで、検察の経験のないゴールドストーンが選任されたのであった。ICTY主席検察官の最有力候補と思われた専門家委員メンバーのバシウニ（Cherif M. Bassiouni）は、イスラム教徒であることを理由に被害者側とみなされて排除された。オカンポは、ICTYの主席検察官として一度選任されていたが、国内の腐敗事件の捜査にかかわっていたことから当時のアルゼンチン政府に敵とみなされたことで自国の推薦を得られなかった事情があったことも述べられている。

　第二に、国際的刑事裁判所・法廷の主席検察官に求められる資質は、検察

官としての経験よりも組織運営能力であることである。ゴールドストーンや
クレインにより試みられた初期の人脈形成の諸々のエピソードは、国際的刑
事裁判所・法廷が多くのステークホルダーの協力を要し、それらは人的つな
がりによって確保されていったことを示唆する。また、初代検察官らのう
ち、国内検察官の経験を有するのはオカンポのみであり、例えばゴールドス
トーンが初めて検察官として法廷に立つために訓練を受けるエピソードなど
は、国際的刑事裁判所・法廷の主席検察官に求められる資質は弁論能力では
なかったことを示している。

　本書は、重厚な研究書ではないものの、単なる自叙伝の寄せ集めにとどま
らない。初代主席検察官らの選任プロセスから組織立上げ、最初の事件の選
定といった共通テーマについて、各元初代主席検察官の個人体験を踏まえた
様々な建設的意見が述べられているだけではなく、その前後に実務家と研究
者による文脈化が行われていることで、初代主席検察官の個人的経験を国際
刑事司法の長い「旅」の中に位置づけ、歴史的なナラティブを形成しようと
する一つの組織論的試みとして結実した書籍といえよう。国際刑事司法の視
点からは、国際的刑事裁判所・法廷にとり、国内刑事司法機関と異なり、証
人保護とアウトリーチの2つの問題が決定的であることや、検察官にとって
の初動戦略の重要性などが説得的に描かれている点が興味深い。他方で、自
叙伝以外の部分についてのオリジナリティは限定的で、例えば第3章は同
テーマについて最も広く参照されているテイラー（Telford Taylor）の書籍
の引用ばかりで構成されている。また、自叙伝ごとにアプローチに大きな差
があり、家族との周辺的なエピソードなどに多くを割いている箇所や、公式
ホームページで確認できるような情報が要約されている箇所が見られる点が
悔やまれる。

9 帶谷俊輔著『国際連盟—国際機構の普遍性と地域性』

（東京大学出版会、2019 年、283 + 34 頁）

渡 部 茂 己

　本書は、2020 年 2 月現在、東京大学大学院総合文化研究科助教をされている帶谷俊輔氏が学位論文「普遍的国際機構としての国際連盟—遍・地域関係の構築」に加筆修正を加え、国際連盟（以下、連盟）創設 100 周年に当たる 2019 年に発刊された。考え抜かれた問題意識に沿って精緻に全体が纏められた良書であるということが第一印象であった。評者は、政治史、外交史の専門ではなく、まったく適任ではないが、国連学会の『国連研究』誌ということから、連盟と国連に共通する国際機構の「普遍性」概念および国際機構による（国際社会の）「ガバナンス」という 2 つの観点を中心に本書を紹介したい。

　そもそも連盟は世界史上初の、機能の面では「包括的（国際社会全体の平和と安全の維持を、直接的には集団安全保障によって、間接的には人道・社会・経済分野での諸活動によって達成する機構）」であり、構成国と活動地域の面では「普遍的（一般的、グローバル、とも表現される）」であることを目指した国際機構である。言い換えれば、機能としても組織としても「一般性」を有する国際機構として、人類の歴史においてほとんど奇跡的に実在化した組織であり、多くの問題を抱えつつ試行錯誤を重ねての活動となったのは当然のことである。国連はその経験を踏まえて発展した部分と大きく変わってはいない部分がある。本書のテーマである地域的国際機構との関係は後者にあたる。そして、「普遍主義もまた連盟期を通じて成長してきた」（3

頁）が、連盟の「普遍性」について正面から論じた研究はほとんど無いにも
かかわらず普遍主義の限界や失敗が論じられることがあるので、本書は連盟
の「普遍性」を正面から問いかけるものとして執筆された。そして、連盟に
多くの問題はあっても乗り越え、活動してきたことを論証している。著者の
構想する「国際機構史」（245 頁）の発端に位置づけられる機構として、連
盟は再研究されるべき存在であろう。

　本書は、序章と終章を含めて全 7 章、283 ＋ 34 頁からなる。構成は次の
通りである。序章、第 1 章　国際連盟理事会改革における「普遍」と「地
域」、第 2 章　中国問題と国際連盟－紛争の国際連盟提起と代表権問題、第 3
章　アジア太平洋地域の条約秩序と国際連盟－国際連盟と多国間枠組みの競
合と包摂、第 4 章　ラテンアメリカと国際連盟－チャコ紛争における国際連
盟と地域的枠組みの競合、第 5 章　国際連盟と地域機構の関係設定の試み、
終章。

　終章の後の本文巻末に、各章ごとにそれぞれ 100 前後の注が掲げられ、合
計 70 頁が注に費やされていることも、本書が丹念に一次文献に当たった成
果であることを示している。注のほか、人名索引と事項索引が 9 頁にまとめ
られ、24 頁の体系化された参考史料・文献が付されており、有用であると
ともに、著者の真摯な研究態度、本書刊行への熱意を推し量ることができ
る。

　以下で、まず本書の構成と内容を、著者による整理（序章）を参考に概略
を紹介したい。序章では、著者の問題関心と本書の執筆目的が、第 1 に「普
遍的国際機構であるはずの連盟がなぜ 1920 年代末に至るまでヨーロッパ以
外の地域にほとんど関わることがなかったのか」、なぜその後にアジアやラ
テンアメリカに「大々的な介入を行なうようになったのか」、第 2 に「普遍
的国際機構たる連盟と地域機構の関係の態様を明らかにすること」にあるこ
とが示される。そして、それらの問いに答えるための研究手法として、マル
チ・アーカイヴァル・アプローチをとり、イギリス、日本、中国、連盟事務
局等の多様な資料を直接確認している。ただし、現場の外交担当者の言動を

重視しており、各国や連盟全体の動きを俯瞰してとらえにくい面が多少あるように評者には思われる。

　第1章では、連盟の当初の活動地域と理事会の構成がヨーロッパ偏重であったことへの批判に答えて、理事国の拡大と地域配分制の導入がなされた経緯が扱われている。この「制度・機構面」における「連盟の普遍性」の制度的改革が一定の効果をもたらし、2章以降で扱う連盟のガバナンス（本書では「ガヴァナンス」との表記を用いている。この語の日本語表記は様々であり、当該書評においては、無用な混乱を避けるため本書からの引用以外では、ガバナンスとの表記に統一したい）に影響を与えたとしている。

　第2章は著者の専門領域でもある東アジアにおける連盟の活動を論じている。とりわけ「連盟創設から中国技術協力、満州事変に至るまでの中国の諸問題が連盟に提起」されたものの、連盟が「1920年代の中国の内戦や数々の対外紛争を静観」して「満州事変までは」関与が「実現しなかった理由」を分析することで、「満州事変には大々的に介入した」ことが説明できるとし、その「連盟の態度の変化」が日本の連盟への反発を強くした要因でもあり得るとする。

　第3章では、「アジア太平洋で萌芽しつつあった地域的枠組みや不戦条約の制度化・機構化の試みと連盟の関係」が述べられている。2章と3章で視点を変えて同じ対象を論ずる試みでもある（87頁）。「アジア太平洋は当時から米州ほど制度化・機構化が進んでいなかった」（12頁）ことを踏まえた本書の連盟期の分析は、基本的状況はほとんど変わっていない現代においても参考となる。

　第4章では、ラテンアメリカの紛争については連盟が関与し、その結果、「連盟と地域的枠組みが管轄権をめぐり緊張関係にあった」事例として「チャコ紛争（パラグアイ＝ボリビア紛争）」を取り上げる。普遍的国際機構と地域的国際機構の関係設定の最初期の事例に正面から取り組んでいる点も評価される。

　第5章は、2章〜4章の事例を踏まえ、現代の国連に引き継がれた、普遍

的国際機構＝地域的国際機構関係を考察し、制度・機構の変化（発展）が、ガバナンスの有効性に影響し、その実行の経験がまた、「制度・機構に還流される」ことを実証した。連盟の活動期間が約20年間という比較的短期間であったため、かえって全体像を一定程度論証することができたとも考えられよう。

　終章では、今日の国連憲章における、国連と地域機構の関係の条文化は、連盟の経験や議論を踏まえたものであり、連盟期の研究を現代に生かすことが重要としている。著者は、普遍的国際機構と地域的国際機構の「協力や役割分担」と表現しつつ、連盟期には先に存在していたパン・アメリカの枠組みを尊重する必要もあってか、本書は全体として「役割分担」の動きを追っている。しかし今日の国連では、「協力」を原則とした上での役割分担という違いがあるように評者には思われる。それは、連盟では「普遍性」自体がまさに問題とされていたのに対し、国連では概念としても実態としても普遍性を有することは前提であり、その上で地域的国際機構との関係を構築しようとしている差異であろうか。

　著者は、まず、今日では大幅に修正されつつあるものの、連盟の失敗と、それを克服した国連という見解に対して、詳細な事実を積み重ねて反論する。たとえば「満州事変における連盟の問題は集団安全保障体制そのものにあり、よく言及されるアメリカの非加盟などは副次的なもの」であり、集団安全保障を機能させるために重要なのは主要国間の協調なのであって、満州事変で連盟が直面したのは、「常任理事国の関わる紛争への対応の困難」さであるとするならば、国連の集団安全保障制度との本質的違いはない。他方で、「連盟」の社会・経済・文化領域における研究の積み重ねによって、「国連」におけるそれらの領域の活動が成果をあげていると一定の評価を受けるまでに至ったその成功の起源は連盟にあったとする研究も増えているとする（2頁）。

　首肯できるが、大きな違いはないと言えるほど同質なわけでもないことは言うまでもない。そのことがよく表れていると評者が受け止めたのは、著者

が連盟の「普遍性」を当該諸作の中心的テーマとしていること自体にある。普遍的国際機構である連盟と地域的組織との競合あるいは協力関係の視角であれば国連にも共通する国際機構一般の機能上・組織上の重要論点であるが、本書では論述の各所で、「連盟の普遍性」自体も繰り返し議論されている。たとえば、序章5頁では「連盟の普遍性という規範は加盟国のレベルでも共有され」と述べている。今日の国連では、「規範」レベルでは当然のこととして、このように「普遍性」について議論されることはない。現実社会において、政治・経済活動や人の移動の面でのグローバリゼーションの程度が比較にならないほど進展しているからでもある。しかし、国際機構の「実質」として、普遍性がどの程度確保されているかは、国連でも安全保障理事会の構成等については研究対象とされているし、政策課題としても憲章改正が提案されている。形は変えても常に意識すべきテーマであり、最初の普遍的国際機構である連盟についての本書の分析は、今後、連盟と国連を比較検討していくうえでも有益である。

　著者の第2の問題関心である「普遍的国際機構としての連盟・国連と地域機構の関係」を、課題として継承されながら未だ解決され得ない「問題群」の一つであるとし、「再び国際機構が危機を迎えつつある」今日の問題としての意識から、「連盟における経験が」「難題に直面する際の一助となることを」目指して、本書は執筆された（2-3頁）。規約（第21条その他）の条項からは「連盟と地域機構の関係を析出することはできず、実際の紛争調停など実践のなかで関係設定が模索された」（7頁）との結論を導く。このような分析は国連にも通ずる。国連憲章についても、たとえば平和維持活動等に関する佐藤哲夫氏の著作などで国際組織設立文書の「創造的解釈」として理解されていることに重なる。すなわち、「規約」や「憲章」が条約一般とは異なる、社会の変化の中で活動を継続している「国際機構」＝「グローバル・ガバナンスの主体」の基本法（＝「憲法的規範」）としての特徴である。

　ところで、包括的・普遍的国際機構たる連盟によるグローバル・ガバナンスとはどのように理解すべきであろうか。「ガバナンス」という用語はきわ

めて多義的であるものの、ここでは大きく 2 つの意味に分けて論じる。そう
すると著者が用いているガバナンスの意味は、評者の捉え方とほぼ共通する
ものとなる。連盟ガバナンスの主体を理事会とし、理事会の構成国の普遍化
をめぐる経緯を論じ、また、「ラテンアメリカにおける連盟のガヴァナンス」
（135 頁）と論述していることから理解されるように、ガバナンスが国際機
構（国際連盟）によって行なわれ、世界社会を対象とする作用と認識してい
る。鍵カッコつきの「統治」組織（公式の法的な政府は存在しない国際社会
における "government"）による「ガバナンス（governance）」である。つ
まり、コーポレートガバナンス（企業統治）や大学における「ガバナンスの
強化」などとして用いられる際のような、「ある組織」内部の（内的な）ガ
バナンスの意味で用いているのではない。

　全体として、普遍的国際機構と地域的国際機構の関係については、当時の
資料に基づき競合的・選択的視点がほとんどであったことを論証しているな
かで、協力的事例として、わずかに保健衛生分野におけるものが挙げられて
いる。そのことは次のように考えることもできる。すなわち、グローバル・
ガバナンスにおける国際機構の機能として、「アクター」（国際社会の行為主
体）である面と「フォーラム」（もう一方の行為主体である国家の集合する
場）の両面をもつ二重機能性を特徴とする。アクターとしての機能はグロー
バル・ガバナンスにおける行政機能、フォーラムとしての機能はグローバ
ル・ガバナンスにおける規範設定（立法）や紛争解決（司法）機能と見れ
ば、行政機能は普遍的国際機構と地域的国際機構の共同実施が可能であり、
むしろ望ましい。本書は紛争管理・解決の面に焦点を当ててグローバル・ガ
バナンスを論ずるものであるため、限定的な扱いであるが、第 4 章で「保健
衛生」に関する協力が効果的であったことが示される（134 頁）。「保健衛生
を担当するライヒマンの派遣が連盟のガヴァナンス拡大の端緒」であり、
「ライヒマンは『グローバル・ガヴァナンス』の尖兵であった」との一文が
2020 ～ 2021 年の新型コロナ感染症の世界的広がりが見られる今日において
興味深い。PKO や平和構築などを含む国際行政活動でこそ、普遍＝地域の、

そして包括的国際機構と専門的国際機構の協力が重要である。連盟より遡る普遍的かつ専門的国際機構として、1865年の国際電信連合（ITU）を嚆矢とする19世紀後半からの各国際行政連合が活動している。「国際機構史」としては、それらと連盟との関係にも注目してみるべきであろう。

　最後に、普遍的国際機構によるグローバル・ガバナンスとしては、連盟時代においては、ヨーロッパのみならずアジアやラテンアメリカまでも含む国々をも対象とするという意味にとどまり、まだ多くが独立国ではなかった当時としては当然の限界ではあるが、アフリカ等は視野に入れてないのは普遍的国際機構たる連盟としての最大の問題であった。国連では、あらゆる国家を含むという意味の普遍性だけでなく、個人・民族も視野に入れている。グローバル・ガバナンスの対象として人間が重視されるのである。難民保護の活動、安全保障についての人間の安全保障概念や人間開発概念がそうであり、ジェンダー、子ども、先住民族などの主体で横断的にとらえる人権諸条約や国連宣言等に深化している。ただし、それも、「国際機構の在り方が憲章や設立条約の起草も含めた創設過程のみならず、その具体的運営や実践のなかからもかなりの程度決定される」（206頁）ことが本書の連盟時代の研究でも実証されたが、その連盟の経験に支えられて大きく発展した部分もあるといえよう。

10 岩谷暢子著『国連総会の葛藤と創造―国連の組織、財政、交渉』

（信山社、2019 年、vii + 233 頁）

久 山 純 弘

　本書は著者が冒頭で述べているとおり、端的に言えば、国連の行財政問題をカバーする国連総会の第 5 委員会に関するものであるが、国連行財政というものを包括的・体系的に扱ったというよりも、むしろ技術的な手引き書的色彩の濃い内容となっている（本書 vii 頁）。

　この様な本書の性格をベースに、第 1 章では国連の構成要素、国連活動の背景にある要因、第 5 委員会の意思決定問題等を取り上げ、第 2 章では国連事務局と国連予算の現状、第 3 章では（歴代事務総長による）国連改革問題、第 4 章では国連通常予算問題、第 5 章では PKO の財政問題を取上げているところ、ひと言で言えば、本書は国連の行財政問題というものをできるだけ深く掘り下げ、その分析結果を広く共有することを目的とした労作と言えよう。

　さて、具体的に書評を行うにあたりまず指摘したいのは、本書の中での用語の使い方が多少一般的でないというか、瞬時に判読するのがやや困難な箇所が散見されるように思われる（例示参照）。これはおそらく当該用語の概念に関する著者自身の熟考の賜物と解すべきなのであろう。

　（例示）ちなみに「機構」という語に関しては次のような様々な使い方がなされている。

　　　「人的リソースの配置とは・・・・・機構である」　　　（18 頁）
　　　「国連の機構は指示事項の総体である」　　　　　　　（26 頁）

　　　「国連事務局とは・・・・・機構と予算そのものである」（195 頁）

　上述のとおり、著者は本書に関し、国連行財政というものを包括的・体系
的に扱ったものではないと述べているが、これまでに国連行財政問題に色々
なかたちで携わってきた評者（第 5 委員会の議長職を含む）としては、国連
行財政、とりわけ第 5 委員会の役割を理解し、加えて本書の末尾で言及され
ている「国連の実効性」の高揚を含め、本書の随所で言及・提起されている
事項に出来るだけ客観的かつ真摯に対応するためにも、いわゆる PDCA
（plan-do-check-act サイクル）理論をベースに、国連行財政に関わる基本原
則、具体的には、「国連活動（プログラム）の基本枠組み」を念頭に置いた
うえで議論することが望ましいと考える。したがって、本書で取上げられた
個別事項へのコメントにあたっては、こういった基本原則との関係性を明示
しつつ行うことと致したい。（ちなみにこれとの関係で、外務省委託により、
「国連活動の効果促進・効率化のための基本枠組み分析と活動（事業）の見
直し・整理問題」と題する報告書を久山純弘・坂根徹両名で執筆し、2008
年 2 月に外務省より「有識者による国連活動評価報告書」として公表され
た経緯があるところ、同報告書の作成過程で、偶々当時担当事務官であった
本書の著者から、とりわけ国連本部での調査等に関わる事務的な面でご支援
を頂いたことを付言しておきたい。）

　＜国連活動（プログラム）の基本枠組みと活動の各段階における問題点・
対応策＞
1　国連活動の基本枠組みは、①国連加盟国で構成される国連総会等の議決
機関による政策的意思決定（マンデートの策定）[ちなみに本書ではマン
デートの代わりに「指示事項」という語が使用されている] と、②マンデー
トに基づく活動の財政的裏付けに始まり、③事務局によるマンデートの実施
と関連マネージメントを経て、④その評価と、⑤評価結果のフイードバック
にいたる一連のプロセスである。

2 　国連活動の各段階における主要問題点と対応策

(1) 　政策的意思決定（マンデートの策定）

　政策的意思決定（マンデートの策定）は、プログラム計画・予算・評価等に関する規範を定めた国連総会決議 37/234 等に基づき、総会等の議決機関により行われるのが原則である。

　この点については、本書としても当然ながら右原則を踏まえつつ、第 3 章において国連改革の経緯を「加盟国と国連事務総長（事務局）の力学的関係を念頭に」概観したいとして（87 頁）、事務総長報告書等に言及しながらも、議決機関による同報告書等の取扱いの実態等に鑑み、それらは概して決定力をもたないことを認めている。これに関しては、確かに事務総長報告書等は政策的意思決定に際しての決定打とはならないまでも、決定に至るプロセスでの有効活用により、より意義のある政策的意思決定へ向けての一つの重要な貢献要因となること等が考えられよう。

　ところで、マンデートの策定段階で重要な機能を有する委員会としてCPC（Committee for Programme and Coordination）（国連総会と経済社会理事会の主要な補助機関）があり、その機能の一つとして、国連活動の重複回避の必要性に留意することとなっている（27 頁）。

　しかし現実には、議決機関により新たな決議案等が提出される場合、既存の活動との重複等に関する情報が事務局から提供されることはほとんどなく（このため安易なリソース増につながっている面もあると思われる）、したがって、こういった状況を改善するには、"sunset rule"（104 頁、アナン事務総長による提案）や、マンデート活動の効果・効率性などについての定期的レビュー条項を決議案に含めるほか、事務局としても、新たに決議案が提出された場合、実施中の活動との重複の有無等の情報を議決機関に提供することが望ましく、そのためにはあらためて既存のマンデート活動の整理等も必要となろう。

　マンデートの整理に関しては、2005 年 9 月に国連総会で採択された世界首脳会議成果文書の中で 5 年超の全てのマンデートのレビューの必要性が決

議され、事務局としてもマンデート目録の作成、事務総長報告（A/60/733）
などの提出等を行った経緯があるが、112-114頁あたりで詳述されているよ
うな事情もあり、マンデートの整理に関しては概して実質的進展が見られな
いまま今日に至っている。何れにせよ、今後あらためてマンデートの整理作
業を行う場合には、限られたリソースの有効活用の観点からも、マンデート
活動の実効性を基本尺度とすることが望ましいと考える。

　（2）　マンデート活動の財政的裏付け（ファイナンシング）（23-26頁）

　マンデート活動のファイナンスについては、国連では ACABQ（Advisory
Committee on Administrative and Budgetary Questions）（16名で構成。
評者も委員を務めた）での審議を経て第5委員会で決定されるが、事務局と
しても予算案の作成等で大きな役割を有する。

　なお、国連ファイナンスの基本構造は、通常予算分担金、予算外資金（任
意拠出金）、PKO分担金の3者から構成されているところ、単にそれらを独
立したものとして扱うのではなく、リソース全体の有効活用という視点か
ら、とりわけ予算外資金と通常予算との連携等に留意すべきである。

　（3）　マンデートの実施と関連マネージメント

　事務局は、財・人・物・情報等を含む種々の分野の適切なマネージメント
体制を基礎に、マンデートに基づく活動の適正な実施に関し、第一義的責任
を有する。

　適切なマネージメント体制に関しては、本書が冒頭 vi 頁で言及している
「組織改編」の必要性の有無等も含まれており、しかもこの「組織改編」は
原則の問題として第5委員会での審議を経ずには行うことは出来ない。換言
すれば第5委員会は単に財政面のみならずマネージメントの側面についても
権限を有する等、国連活動プロセスに広く関与しているという意味で、本書
はとりわけ国連総会関連の委員会等に携わっている人達にとっての第5委員
会に関する知識の増大をはかることの意義について言及している。

　なお、マンデート活動の適正な実施についての事務局の第一義的責任に関
しては、本書は118頁において、加盟国の関心事たるマンデートの執行状況

等についての事務局の「説明責任」について言及している。ここで「説明責任」は "accountability" の邦語訳と想定されるが、accountability の概念はたとえ明示的でなくても特定の二者（行為主体）間での権限委譲（delegation of authority）を一つの要件とし、権限委譲を受けた主体はその結果に責任をとるという要素を含むもので、したがって、「説明責任」という語が、単に説明する責任という意味で使われているとすれば、これは一般論ではあるが、問題と言わざるを得ない（詳しくは、Sumihiro Kuyama & Michael Ross Fowler eds., *Envisioning Reform – Enhancing UN Accountability in the 21st century*, UNU Press, 2009 を参照されたい）。

(4) 活動評価の実施と体制

マンデート活動の評価は、① 効果の側面、すなわち、当該活動の目的・目標 に照らしての貢献度と、② その実施過程の効率性に二分することができる。また国連の評価体制は、各部局、OIOS（内部監査部）に加え、外部監査機関である JIU（国連合同監査団）、会計検査委員会（Board of Auditors）から成るが、各部局の場合、概してスタッフ不足等もあって、評価活動が十分に行われているとは言い難い。

評価能力を向上させる方策としては、第一に各部局自身による評価能力強化が必要なことは当然であるが、同時に OIOS、JIU などの監査組織・機関との連携強化も重要である。たとえば OIOS との連携強化に関しては、各部局による評価結果の組織的活用のうえからも、OIOS による "in-depth evaluation" と有機的にリンクさせることなどが考えられる。なお、JIU（93-94 頁）については次のパラグラフを参照されたい。

(5) 評価結果の検討・フイードバック

評価結果、すなわち、プラス・マイナス両面の評価から学び得る事項は、議決機関による検討を経て、将来の政策、活動内容、実施方法等の改善に有機的につなげる（フイードバックさせる）ことが肝要なところ、ここで、たとえば JIU は以下の様な機能を果している。

すなわち、JIU（国連システム全体をカバーする外部監査機関）による評

価結果は、主要問題点等の明確化と、その改善のための提言を含む報告書の
かたちで、国連総会のほか、国連専門機関等の議決機関に送付され、これを
受けた議決機関は、その内容の検討を経て、しかるべく決議・決定を行うこ
とにより、評価結果を将来のプログラム活動の改善等に結び付けるというメ
カニズム（follow-up system）が構築されている（評者は当時 JIU の議長と
して、本メカニズムを国連システム全体に導入すべく、国連システムの多く
の議決機関での審議に直接参加する等、本件に精力的に関わった経緯があ
る）。

　いずれにせよ、評価結果の検討・審議の場は、単に個別のマンデート活動
についての評価結果の検討に止まらず、当該プログラムと優先課題との関わ
り、予算措置のあり方、マンデートの実施方法、人的資源の管理、更には組
織の改廃、国連内外の主体との協力・役割分担等を含む国連活動全体として
の実効性・効率性強化に向けてしかるべきフイードバックが可能となる様な
機会となることが望ましい。

　本書の扱っている国連の行財政問題は、国連活動の実効性・効率性の強化
問題と密接に関わっており、しかもその強化は、議決機関、事務局、ならび
に監査機関３者の共同責任であるところから、各々の主体としては、そう
いった自覚の下に、国連活動のあらゆる局面において本来の機能を最大限発
揮するとともに、全体としての相乗効果（シナジー）が高まる様に行動すべ
きである。

　なお、国連を取巻く環境の変化を背景に、国連が取組むべき課題はますま
す多岐に亘り複雑化していることから、これらの課題に効果的に対処し、
もって国連の存在意義を高めるためにも、各国政府のみならず、市民社会を
含む多様な主体との間の協力関係の樹立をも念頭に置きつつ、国連活動の一
層の実効性・効率性の促進・高揚を企てることが求められている。

11 詫摩佳代著『人類と病──国際政治から見る感染症と健康格差』

（中央公論新社、2020年、238頁）

鈴 木 淳 一

　世界が新型コロナウィルスの脅威と闘った2020年に「人類と病」というタイトルの本書が出版された。コロナ禍に直面した多くの人が、人類と病の歴史について書かれた本書を手に取ったことは想像に難くない。

　本書は人類と病の関係について通時的に記述しつつ、国際政治の視点から分析するものである。本書は病に関する無数の糸を丁寧に紡いでおり、本稿ではそれらの糸をときほどきながら本書の紹介をすることで書評としたい。

　「序章　感染症との闘い」の前半では、ペストとコレラに焦点を当てて、その二つの感染症が人類社会に与えた影響や人類による対処方法とその限界を記述している。

　古来より、感染症への対応は、時代ごとの科学的知見や共同体の特徴を反映しつつ、様々な方法で試みられてきた。ペストやコレラについても、適切な治療法や予防ワクチンの存在や感染メカニズムが知られていない状況では、患者を自宅等に隔離し、町全体を閉鎖するという、共同体内部の対策が主流であった。ペストやコレラとの闘いを通じて、人類は科学技術（医学）ばかりか下水道や消毒などの公衆衛生設備や検疫などの社会制度の重要性を認識し、次第にこれらを実現するようになった。

　しかし共同体内部のシステムを改善したとしても、感染症は共同体の外からももたらされるため、国境を越えて流入してくる感染症には十分な備えとならないことが認識されたとし、感染症対策について国際協調が求められる

ようになったことが指摘されている。

「序章　感染症との闘い」の後半では、感染症の国際的な管理の枠組みの黎明期について描かれている。

共同体内部の枠組みに加えて、国際的な管理枠組みを形成するためには、長い時間を要した。1851 年にフランスの主導によりパリにおいて国際衛生会議（国際保健会議）が初めて開催され、19 世紀後半には欧州諸国の間で、チフスやコレラへの共同対策について検討することを目的として国際衛生会議が繰り返し開催された。感染症対策のため検疫を求めるフランス・ドイツを中心とした諸国と海外植民地との自由な交易を重視するイギリスとの間で利益が対立した。国内外の議論を経て、1903 年に国際衛生協定が初めて締結された。

著者は同協定の締結が国際条約という形で結実した点で画期的なものであったと評価している。もっとも国際衛生協定とそれを監視するための国際ネットワークが存在するようになったにもかかわらず、国際社会にはそれらを調整する主体は存在しなかったと当時の枠組みの限界も指摘している。また本枠組みは感染症から欧州諸国を守ることを目的とした枠組みであり、人類全体を病から普遍的に守ろうという取り組みではなかったとしている。

「第一章　二度の世界大戦と感染症」では、二つの世界大戦において、人類がどのように感染症に対応し、その経験から国際的な保健協力の枠組みがいかに確立されたのかを検討している。

第一次大戦の戦中・戦後に、スペイン風邪（インフルエンザ）、天然痘、マラリア、チフスなどの感染症が流行したことは、世界の諸国を疲弊させ、戦況にも多大な影響を及ぼした。著者は第一次大戦における感染症の流行が契機となって、国際協力の必要性が広く認識されるようになったと指摘している。

第一次大戦後の 1920 年には、普遍的な国際機関である国際連盟が発足し、同規約には連盟が病気の予防と撲滅に取り組むことが規定された。国際連盟においては、公衆衛生に関する協力事業が広範に展開され、ポーランドを含

む東欧のチフスは国際連盟の管轄事項となった。ポーランドのチフスに対処するため、細菌学者のルドヴィック・ライヒマンの提唱によって 1921 年に感染症委員会が結成され、同国に派遣された。同委員会の活躍に後押しされて同年には国際連盟保健機関暫定保健委員会が設置された。暫定であった国際連盟保健機関は、感染症委員会の活躍が評価され、1923 年に常設機関へと昇格した。この時期に活躍したのは前述したライヒマンであり、その部下のノーマン・ホワイトであった。

　国際連盟における感染症の対応の内容は、感染症情報の管理に限定されず、パンデミックが発生した際の対処や感染症の発生・感染拡大を事前に予防するための調査・研究も含めた多角的なものであったと著者は評価する。さらに国際連盟期にはマラリア対応、感染症情報業務、血清やビタミンの国際標準化事業などが実現されたことを説明している。

　「第二章　感染症の『根絶』」の前半では、世界保健機関（WHO）設立の過程を記述する。

　第二次大戦では、第一次大戦と比較して、戦間期に発展した国際保健協力の枠組みによって感染症情報の提供が行われ、国際連盟保健機関はその活動を通じて戦時中から連合国側を支援した。第二次大戦後の WHO の設立を主導したのは連合国であり、特にアメリカであった。WHO が設立当初から国際政治と密接に関係したことを著者は指摘している。

　しかし WHO の設立へ向けた活動が国際政治の潮流に対して「受動的」であったわけではなく、各国の関与を利用しつつ、専門家たちを中心として地道な実績を積み上げたと著者は評価している。たとえば第二次大戦中から、国際連盟保健機関のレイモンド・ゴーティエとイヴ・ビローは戦後の国際保健機関を構想していたことを指摘している。

　「第二章　感染症の『根絶』」の後半では、天然痘、ポリオ、マラリアの三つの感染症について、WHO が展開した対策プログラムを記述している。

　感染症予防の観点から人類史上の大きな転機となったのは、1796 年のイギリスの医師エドワード・ジェンナーによる種痘法の完成であった。第一次

大戦後には治療薬によって感染症の治療が可能となり、感染症を事前に予防
するためワクチンが開発されるようになった。たとえば 1921 年には結核予
防のための BCG ワクチンが初めて人に投与された。また抗菌薬のサルファ
剤やペニシリン、抗マラリア薬のクロロキンなどの開発により、第二次大戦
期には第一次大戦期と比較して感染症による死傷者数が大幅に抑制された。

　第二次大戦後には、天然痘根絶やポリオ根絶への道が模索され、米ソの協
力によって実現した。1980 年に天然痘の根絶に成功したものの、ポリオと
マラリアはいまだ根絶されていない。本書は感染症の根絶の問題を扱いなが
ら、その背景にワクチンや治療薬の発見・開発の困難さに加え、国際社会の
構造に起因する問題も関係していることを指摘している。

　「第三章　新たな脅威と国際協力の変容」では、エイズ、サーズ
(SARS)、エボラ出血熱、新型コロナウィルスなどの近年新たに人類の脅威
となった感染症に注目して、それらが感染症と人類との闘いに与えた影響を
検討している。

　著者は、新しい感染症が既存の国際保健の枠組みの限界を露呈したとし、
人類に対して認識の変化を促したとしている。たとえばエイズについては、
ワクチン開発を含めてその予防や治療のための資金調達を目的として新たな
枠組みが必要とされ形成されてきたとしている。さらにサーズやエボラ出血
熱などの新興感染症については、従来の枠組みでは十分な対応ができず、国
際保健規則の改定を含む改革が行われたとしている。

　「第四章　生活習慣病対策の難しさ」では、糖尿病、がん、肥満などの
「生活習慣病」への取り組みを検討している。人類史において主要な死亡原
因の一つが感染症であった時代は長く続いたが、今日の世界では非感染性疾
患（NCD）である生活習慣病が死亡原因の半分以上を占めるようになって
いる。本書では、生活習慣病を広義の「病」の範疇に入れて国際政治の観点
から分析しており、これは類書にはない特徴である。

　生活習慣病への対策においては、狭義の感染症対策とは異なる対応が求め
られる。具体的な対策としては、喫煙、塩分・糖分やアルコールの過剰摂

取、運動不足などの危険因子を軽減するように、人々に生活習慣の改善を働きかけることが必要となる。しかし特定の食品・嗜好品の摂取が健康に有害となることが明らかとなっても、害を取り除こうとする国際機関と、それに抗おうとする業界団体とが対峙する中での対策は困難を伴うと指摘する。

　著者は、生活習慣病への対応の難しさを踏まえつつ、たばこの喫煙の規制をとりあげ、本分野においては状況が異なったとして、「たばこ規制枠組み条約」が人間の健康を守るために拘束力ある条約として史上初めて成立したと評価している。

　「第五章　『健康への権利』をめぐる戦い」では、感染症対策のための国際社会の組織化が進み、新しい治療法・治療薬・ワクチンが開発され、規範意識として「健康への権利」が定着する状況となっていても、国際社会の構造に起因する健康の格差が存在し続けているとしている。特に医療品へのアクセスの問題や疾病への注目の格差が健康への権利の阻害要因となっていると指摘している。

　国際政治の観点から病を論ずる研究は希少であり、病の問題はこれまで国際政治学の主要な論点ではなかった。本書は感染症を含む病の問題を国際政治の観点から一般の読者向けに平易に示した点に意義がある。

　もっとも 2020 年の新型コロナウィルス感染症のパンデミックによって、感染症が国際政治の主要な議題となっており、WHO および各国による対応の評価についても今後の研究の進展が待たれる。また安全保障や軍縮を含む国際政治の観点からすれば、①病を生物兵器として利用することの規制、②病を利用したバイオテロ等への具体的な対策方法を含むバイオセキュリティの問題、③病に関する知見や技術を軍事目的にも民事目的にも利用できるという倫理上の課題（デュアルユースの問題）も、本書の問題意識と密接に関係している。本分野の研究の更なる深化が期待されているが、そのための重要な一歩として、本書を位置づけることができる。

V

日本国際連合学会から

1 国連システム学術評議会（ACUNS）2020 年度年次研究大会に参加して

植 木 安 弘

　国 連 シ ス テ ム 学 術 評 議 会（Academic Council of the United Nations System: ACUNS）の 2020 年度年次研究大会は、当初ロンドンのメトロポリタン大学で 6 月 25 日から 27 日まで開催される予定だったが、コロナ禍の影響で急遽オンラインで開催されることとなった。世界から参加者が集まるこの年次大会をオンラインで同時に行うことに伴う参加者の数や技術的側面が懸念されたが、予想を上回る 700 人超が登録し、技術面でも ZOOM の使用によって会議がスムーズに運営された。実際の参加者は 350 人程度だった。

　このこれまでに経験のないオンライン会議の模様についてまず紹介する。ロンドンが開催地ということもあり、GMT をベースに世界の参加者が可能な範囲で参加できるように工夫したことがある。通常オープニングセッションや全体会議は会議の冒頭に行われることが多いが、これらを丁度中間に置くことにより多くの人の参加を可能にした。GMT で 13 時から始まると、日本時間では 21 時から、アメリカの東海岸では 8 時からといった具合である。その前後にはパネルセッションを設け、日本からの発表者は、日本時間で 17 時 30 分からセットされた 3 つの一時間パネルセッションに配置された。セッション間に 10 分の休憩があった。一つの時間帯には 4 つから 5 つのセッションがセットされた。それぞれのセッションにはアシスタントを配置し、参加者やプレゼンターへの通知、タイムマネジメントなどを行った。

セッション内のコミュニケーションにはチャットルームが使用された。予め ACUNS の HP を通じて登録した人だけが、年次大会への参加を認められる方式を取り、部外者による妨害を防ぐ措置を取った。

　このような新しい試みは、全く問題がなかったという訳ではなかった。全体会議は 21 時から二回続けて行われたため、それが終わる頃には日本時間で 11 時を過ぎることから、それ以降のパネルセッションへの日本人の参加はよほど関心のあるテーマや次の日に時間的に余裕のある人のみに限られるという状況になった。それぞれのパネルセッションには一人モデレーターが付きセッションの運営にあたったが、モデレーターとスピーカー共に ZOOM に慣れていない人もあり、セッションによっては時間をロスする場合もあった。スピーカーは何人いても最大 30 分という制約があったため、3 人いると一人 10 分という短い時間で発表を行わなければならない。そのため、時間を超過する場合も多く、その分質疑応答の時間が短くなる場面も結構多かった。セッションによってはスピーカーが現れない場合もあった。一番の問題は接続だった。Wi-Fi の接続状況が良くないケースがあり、声が切れたり、良く聞こえないこともしばしあった。今大会では、参加者が自由に交われるようにソーシャル・ルームを開設したが、実際にはあまり活用されなかった。通常の大会ではコーヒーやスイーツなどを楽しみながら交じり合えるのだが、オンラインでは難しかったといえる。

　今研究大会でのメインイベントは、ブルントランド（Dr. Gro Harlem Brundtland）によるジョン・ホルムズ記念講演（John w. Holmes Memorial Lecture）だった。ブルントランドは現在「エルダーズ」（Elders）というマンデラ（Nelson Mandela）が設立したグループのメンバーになっている。元々小児科医から政治家となり、ノルウェーの首相を三度経験し、1998 年から世界保健機関（WHO）の事務局長を経験した人である。1984 年から 1987 年には、国連に設置された環境と開発に関する世界委員会の委員長を務めたため「ブルントランド委員会」の名称で知られ、「地球の未来を守るために（Our Common Future）」報告書を発表した。これがその後のリオ

会議や気候変動枠組み条約締結などに繋がっていく。コロナ禍の拡大でアメリカによる WHO 批判が続く中で、ブルントランドの見解が注目された。

　ブルントランドは、先ず、1945年以来これほど多国間主義が深刻な脅威を受けている時はないとし、特定の国家指導者による多国間主義への悪意と放置を批判した。具体的にアメリカに言及し、トランプ政権は、パリ協定からの離脱や世界貿易機関（WTO）上級審メンバーの任命阻止、さらに、INF 条約、オープンスカイ条約などの軍縮条約からの撤退など多国間主義に深刻なダメージを与えた。また、コロナ禍への対処がグローバルな協調を必要としているにも関わらず、WHO からの脱退を表明している（注：アメリカは WHO からの脱退を7月7日に国連事務総長に通知し、一年後に正式脱退となる）。このような多国間主義の後退や安保理の機能不全に責任があるのはアメリカだけではなく、他の常任理事国、とくに中国やロシアなどにも責任があると主張した。両国とも民主主義や国家の人々への責任（アカウンタビリティー）といった概念を根底から覆すことをしている。また、ブラジルはアマゾンの熱帯森林を破壊し、ハンガリーやイスラエル、フィリピンなども人権を尊重していない。アメリカを筆頭とした多国間主義への攻撃に対して、多国間主義を唱える国々はあまり声をあげてはいないとして、現状を嘆いた。

　エルダーズは、最近現在の多国間主義に関する報告書を作成し、その中で、ルールに基づいたグローバルなシステムの構築を唱え、平和と安全保障、健康や経済的繁栄を達成する上での国連の重要性を強調した。そこでは、「多国間主義を通してこれまで天然痘を撲滅させたり、ポリオの撲滅への努力、HIV/AIDS への対処などを行ってきた。そうすることが、自国の利益になるだけでなく、より脆弱な国々にとっての利益にもなるのである。WHO を政治の道具に使ってはいけない。コロナ禍でも分かるように、グローバルなリスクは関連しているのであり、すべての国が安全にならない限り誰も安全にならない。予防は不可欠であり、グローバルな課題にはグローバルな対処が必要だ。気候変動についても炭素排出量を削減し、強靭で回復

可能なプログラムを作成する。新たな軍拡の動きの中でNPTレビュー会合も延長されたが、新スタート協定については5年の延長を促すことが必要だ。戦後75周年の節目を迎え、国連憲章が目指すグローバルな人々の連帯といった崇高な目標を実現するためには、市民社会が多国間主義の促進に深く関与し、国家間のギャップを埋める必要がある。」ことを強調した。

今回の年次大会のテーマは「UN@75: パートナーシップと多国間主義の将来」で、基調演説は国連訓練調査研究所（UNITAR）のセス（Nikhil Seth）所長が行った。セスは、国連の経済社会局で持続可能な開発目標（SDGs）の成立に貢献した人である。基調演説は、これまでの国連の成果と後退を見つめながら国連と多国間主義の将来を論じたものであった。

セスは、「現在進行中のコロナ禍は国際社会に暗い影を落としているが、その対応においては国際協力や思いやり、連帯が欠如している。不平等や貧困がそのインパクトを不均等にしており、ソーシャルメディアによる偽りの情報操作、女性や子供に対する家庭内暴力や人権の侵害などが起きている。この暗い影は、既存の深い政治、経済、社会や環境危機の継続によってより混迷が深まっている。紛争や地政学的緊張は続いており、気候変動や環境破壊もこれまでにない勢いで進んでいる。国家やビジネスなどへの信頼の欠如が人々の不安を掻き立て、人種差別や極端なナショナリズムも高揚している。際限のない資本主義やグローバル化は不平等を助長し、技術の負の面はサイバー空間での犯罪や憎悪、不寛容を作り出している。」と述べた。

さらに、セスは、次のように提言している。このような中で、国連創設75周年にあたり、再度国連憲章に戻って考える必要がある。今日国連憲章を再度起草するとするとどのような考えを基にするか。現在の様々な現象を概観しながら、国連憲章をさらに近代化するためにはどうしたらよいか。まず、気候変動への対処で見られるような緊急な行動への連帯が必要で、若者や産業界、地方自治体、科学者や学界などが様々な解決に向けた提言や行動を牽引していくことが重要となる。国連はそのような前向きな人達が行動を起こし、イノベーションを作り出し、ジェンダー平等や環境の持続性、人間

らしい仕事や雇用の機会の創造に貢献することを奨励するような場を提供できよう。国連のグローバルコンパクトをより改善したり、SDGs を促進するための学術的研究をユネスコや国連大学とともに国連が機会を提供することも考えられる。市民社会との協力も不可欠で、国連を人々に近づけるための「国連やその機関の民主化」の促進、多国間主義を尊重する「指導者革命」、政府間国際機関の活性化などが必要となる。グテーレス（Antonio Guterres）事務総長が促進している「Build Back Better」のアプローチ、予防や調停、軍縮、気候変動、SDGs の重要さを強調し、我々が望む将来をいかに構築するか、人々の声に耳を傾け、若い人の声に耳を傾け、平和な未来を目指して共に歩もう。」という事務総長の言葉で演説を閉じた。

　今回の年次大会には日本からの参加者も多くいた。日本国際協力機構（JICA）で平和構築活動に従事している坂根宏治さんは、ミンダナオ和平に貢献している日本や JICA の役割を説明し、東京大学のアカデミック・フェローの宮澤哲さんは、東ティモールにおける紛争解決における伝統手法の功績に関する発表を行った。青山学院大学の JSPS フェローの大石コウジさんは、グローバルな政府開発援助に関する分析を行い、東京大学の阪本拓人准教授は安全保障理事会の演説記録の数量的テキスト分析を披露した。また、東京大学院生の伊藤慎也さんは社会規約に関する報告、東京理科大学の横田匡紀教授は生物多様性を例に国連の環境規範と日本の対応についての報告を行った。

　日本国連学会からは、赤星聖会員（関西学院大学）が OCHA と世界人道サミットに関連した分析、キハラハント愛会員（東京大学）は国連平和活動における性的搾取と暴行のデータ分析、藤重博美会員（青山学院大学）と石塚勝美会員（共栄大学）は国連 PKO に関する分析、松隈潤会員（東京外国語大学）は食料の権利と国連、そして筆者は COVID-19 の政治とそのグローバルガバナンスへの影響に関する発表を行った。

2　ACUNS-Tokyo 2020 に参加して

庄 司 真 理 子

　ACUNS の Regional Session として東アジアの中では東京がハブとなることになり、2020 年 11 月 7 日に ZOOM 上で、各国から参加者を招いて東京ベースで国際会議が開催された。共通テーマは「International Leadership in the 21st Century: Themes, Contexts, and Critiques」というものであった。

　オーストラリアのモナシュ（Monash）大学教授の Varuni Ganepola が、"Why leadership matters: Exploring Psychological Aspects of Leadership" というテーマで報告し、心理学的な観点からリーダーシップの資質としては、Openness to experience, Consciousness, Extroversion, Agreeableness, Neuroticism の 5 点が重要であると指摘した。社会のグループの中でのアイデンティティのみならず、グループを超えたアイデンティティも必要であるし、グループの要請を聞き入れてこれを評価し、文脈を考えて多様な意見を統合してバランスをとり行動することが求められることを指摘した。

　ACUNS-Tokyo 事務所長の長谷川祐弘会員は、"Critique of Kantian Leadership for the Contemporary World" と題して、カントの「正しいことをしなさい。なぜならそれは正しいから」という考え方、J.F. ケネディーの第三の自由としてのエゴからの解放、孫子の敵と己を知れば百戦錬磨、アインシュタインの「同じことを考えていたら解けない。」との考え方を示して、ジョセフ・ヘイラーの国連の市民すべてにとって正しいことをする必要性を説いた。

ネパールのポカラ（Pokhara）大学のSangita Rayamaji教授は、"Gender, Differences and Leadership: An Individual Assessment" と題して、「女性がリーダーになった場合、男性のように競争心を持ち、とても支配的で、横柄になってよいのか。今日のリーダーシップの在り方は、上からの支配という考え方から、たくさんの人々に参加を促し（participative）、社会を変換させる（transformative）ような前向きの管理能力を持つ行動が必要である」と説いた。

ハーバード（Harvard）大学の特別研究員で国連人権高等弁務官事務所（OHCHR）の元次席高等弁務官だったKate Gilmoreは、"Leading the International Community with Global Values" と題して、「これからのリーダーは、人権に基づき、地球市民を尊重する行為能力を持ち、人類共通の利益を希求し、人道的であって、関係性を大切にする必要がある」ことを指摘した。

ACUNS理事長でジョージタウン（Georgetown）大学教授のLise Morjé Howardは、"Leadership in Peacekeeping" と題して、「PKOに関する数量的な統計から、多様な要員が参加したほうが市民の保護（POC）はうまくいく、多様な要員が参加すると性的虐待は減るが、トランスジェンダーな問題は発生する。女性の要員が多いほうが性的暴力は減る。」と述べた。また、PKOにとって必要な指導力とは、1. 説得力（persuasion）、2. 誘導力（inducement）、3. 強制力（coercion）の3つであることを指摘した。また、フランスで最近テロが発生したが、ムスリムとカトリックを包摂する寛容力（tolerance）がリーダーには必要であると指摘した。

ニュージーランドのマッセー（Massey）大学教授のSuze Wilsonは、"Lessons from New Zealand's leadership of the pandemic" と題する報告の中で、「ニュージーランドはパンデミックに対して、アーダン首相のリーダーシップが医学の専門家と経済の専門家の話をよく聞き、包括的に考えて、対話と説得と必要に応じてロック・ダウンを早期に行うなどの対策が功を奏したと述べた。さらに、これからのリーダーは、人道的であるだけでは

なく、結果責任（accountability）をとれることが必要であり、この場合の
結果責任は、憲法および人権に基づいているものでなければならないとし
た。国連からの、国連による、さらに国連の中のリーダーシップも立憲的で
ある必要があるとも述べた。

（＊参加者名は、外国語表記のまま掲載した。）

3　渉外委員会報告

庄 司 真 理 子

　コロナ禍の影響で、今年、広島で開催が予定されていた東アジア国連システム・セミナーは、2021 年に延期となった。その代わりに、2020 年 10 月 16 日、日中韓の学会理事長レベルの相互交流を確認する "Say Hello Session" を、日本国連学会が主催して開催した。テーマは、"International Cooperation and Empowering the post-Corona United Nations System from East Asia" であり、Greeting Session の予定であったが、相互に協力的かつ内容に踏み込んだセッションとなった。

　日本からは神余理事長が参加し、マルチラテラリズムの視点を持って気候変動などの国連の枠組みに取り組む必要性、また日本が従来から指摘してきた人間の安全保障の視点から COVID-19 を考えていく姿勢の重要性などを指摘した。

　中国からは中国国連協会（UNA-China）の理事長 Zhang Dan が参加し、米中冷戦などというユニラテラリズムではなく、国連を中心としてマルチラテラリズムの連帯が今こそ必要であり、公衆衛生の問題、ワクチンの問題、経済の回復など、地理的に隣国である国々と SDG s を通じた協力が必要であると述べた。

　韓国からは、高麗大学校教授の Lee Shin-wha が、韓国の国連システム学術評議会（KACUNS）の理事長代理で参加し、WHO が国連システムの役割を弱体化させた問題、ポピュリズムや大国のユニラテラリズムが多国間外交を弱体化させた問題などを指摘し、新しいシステムに向けた提案が必要で

あることを述べた。また人権に関しては、KACUNS 理事長の Soh Changrok 氏が人権理事会の諮問委員会のメンバーに再選されたことなど、韓国から国連の人権分野で顕著な活躍がなされていることを指摘した。

ACUNS からは、今年から理事長となった Lise Morjé Howard が参加し、COVID-19 に対する恐れから人々が後ろ向きになっているが、前向きになるような考え方で国連を見ていく必要性が論じられた。

ACUNS-Tokyo からは、ACUNS 東アジア連絡事務所長で日本国際平和構築協会理事長の長谷川祐弘氏が参加し、メディアの役割が各国間のパワー・バランスに影響を与える点、国連に代わって G20 + AU/OAS という新しい枠組みが形成されつつあること、国連が国家中心主義から市民中心にシフトし、国連議会総会（the UN Parliament Assembly）を組織する提案がなされた。

日本国連学会事務局からは久木田純事務局長（関西学院大学教授）が参加し、「世界が気候変動、格差や分断のみならずパンデミックで危機にある今、オンラインとはいえ日中韓の対話を継続することは大変意義がある。危機を乗り越えて、来年、広島でお会いできるのを楽しみにしている。」と述べた。

渉外委員会からは、高橋一生前渉外委員会主任（アレクサンドリア図書館顧問、元 ICU 教授）が、COVID-19 のこの時期だからこそ SDG ｓの重要性を認識し、この実施を強化する方法を模索することが必要であること、SDGｓが目的を突き動かす力になれば、これが世界のコミュニティが現在の深淵から抜け出すための最も有望な方法かもしれないことを指摘した。

最後に、来年の開催予定地である広島から、佐渡紀子広島修道大学教授が、ウェルカムメッセージを述べた。

渉外委員会主任の筆者は、中国の参加が貴重であること、韓国の人権分野のご活躍に祝辞を述べた。全体として、国連を通したマルチラテラリズムの重要性を確認し、SDGs および日本の提唱する人間の安全保障の観点から、国家ではなく市民中心の国連を模索することの重要性を確認した。

上記の Greeting Session の後、参加者各自が自己紹介をして閉会した。

登壇者以外の参加者は、下記の通りであった。

　Feng Fei（United Nations Association of China）、Zhao Jienan（United Nations Association of China）、Heung-Soon Park（KACUS, professor emeritus and former dean of the Graduate School, SunMoon University）、Dong-Joon Jo（Seoul National University）、Taehee Whang（Yonsei University）、Jihwan Hwang（University of Seoul）、Buhm-Suk Baek（Kyung-Hee University）、Utak Chung（Kyung Hee University and Sogang University）、Hong, Mi Hwa（Kookmin University）、Yong-il Moon（University of Seoul）、Seunghyun,Nam（Korea University）、Jinwon Lee（Korea University Human Rights Center）、Roger Coate（Paul D. Coverdell Professor of Public Policy at Georgia College）。また、日本国連学会からは、キハラハント愛会員（東京大学大学院）、大平剛会員（北九州市立大学）、柳生一成会員（広島修道大学）、玉井雅隆会員（東北公益文科大学）、津崎直人会員（広島修道大学）、藤井広重会員（宇都宮大学）が参加した。

（＊参加者名は、外国語表記のまま掲載した。）

4 Report of the International Symposium, "The Future of Struggling Liberalism and the United Nations – East Asian Perspectives in the Age of Corona Pandemic"

Kazuo Takahashi

The Japan Association of United Nations Studies organized an international symposium by webinar, focusing on the dynamic interactions between liberalism which has been increasingly challenged by powerful forces in the 21st century and evolving roles and functions of the UN. Titled "The Future of Struggling Liberalism and the United Nations – East Asian Perspectives in the Age of Corona Pandemic," the symposium was held on 20 March 2021 on Zoom, attended by more than 50 participants.

The Greeting Speech by Professor Mariko Shoji was followed by the Opening Remarks by the President of JAUNS, Professor Shinyo, which were more substantial than a usual ceremonial statement.

The keynote address was made by Professor Thomas Weiss, a former President of the Academic Council of the United Nations Studies. Reflecting on the history of the United Nations starting with its preparatory phase in 1942, and going into its future, he looked into the cost-benefit for the member states between multilateralism and bilateralism against the background where critical issues have been becoming increasingly international and global with some emphasis on the US perspective. After a short Q and A on this speech, six presentations were made by East Asian scholars, two each on three themes: human rights, democracy, and civil society and NGOs, followed by comments on each of them.

All of the six presentations were innovative and excellent, and I am tempted to comment on each of them on their own right. However, I should limit my observation of them to their relevance to the United Nations studies. While I have noticed a number of relevant points, I would like to highlight one general point, three features which support it and one reminder which is essentially a caution.

The general point is that the United Nations is probably evolving into a new generation in the coming period. While the nature of the United Nations has been discussed from its inception, it has been proved through its history of three-quarters of a century that it is like a living organism rather than a static structure. Adjusting collectively to a constantly, sometimes rapidly, changing international environment, it has been transforming itself in its forms and operations.　Now, it appears that the United Nations is evolving into a qualitatively different organization from the original conception. While there may be many factors that will constitute the evolving United Nations, today's presentations and comments suggest the following features.

1. Individuals beyond nation-states are becoming an important and constituent part and critical objects of the United Nations. The starting phrase of the United Nations Charter, "We, the peoples of the United Nations..." is now becoming real in the new United Nations. The people orientation of the United Nations and its vast implications will characterize its emerging generation.

2. Prevention is the major conceptual base on which the priorities of the United Nations should be set in the coming period. In the medical field it is said that an ounce of prevention is worth a pound of cure. However, in the context of the United Nations, it has traditionally been pointed out that the consideration of political costs of prevention is overwhelmingly more important than that of the economic costs of prevention which is obviously smaller than post-fact interventions. It has been pointed out that it is the optic of professionals to choose a smaller political cost for any intervention, which is the case after a problem becomes a crisis. Many member states therefore responded negatively initially as the present Secretary-General Guterres proposed the overwhelming importance of prevention upon assuming his post several years ago. The rapidly evolving United Nations in response to the challenges of the global community has made it imperative for itself to prioritize its operations based on prevention in a number of issue areas ranging from conflicts, disasters and environment to development and probably more. There are bound to be huge implications of this change for the new United Nations.

3. Multi-actor cooperation among governments, private sector enterprises and civil society organizations with UN organizations has been pursued for some time. These attempts have met difficulties. However, it appears that this feature is increasingly becoming a major mode of operation in the broader spectrum of UN activities than before. It should be important to make it clear that multi-actor cooperation cutting across sectoral lines of governments, business and civil society is recognized as the mainstream, constituting a central feature in the emerging generation of the United Nations.

Finally, a note of caution. It is related to the traditional concept of unintended consequences. There have been important attempts at the level of inter-governmental actions in response to the needs of some of these new features. International regimes that are intended to protect individuals that are becoming important actors and recipients of services of the international community could become factors which, however, undermine the interests of the same individuals. In order to improve the quality of the evolving international community, it is essential for the United Nations to be mindful of the caution of unintended consequences in view of the increasing importance for the new United Nations of individuals who are vulnerable in the turbulent world community.

All of these points need to be kept in mind as we proceed with our studies of the United Nations in the coming period. It suggests that the academic field of United Nations studies provides a rich menu of research and teaching activities as suggested by today's presentations and comments. I have learned a lot from them for which I should like to extend my appreciation to all the participants.

5 規約及び役員名簿

(1) 日本国際連合学会規約

I 総則

第1条（名称） 本学会の名称は、日本国際連合学会とする。

第2条（目的） 本学会は、国連システムの研究とその成果の公表及び普及を目的とする。

第3条（活動） 本学会は、前条の目的を達成するために、以下の活動を行う。

1) 国連システムに関する研究の促進並びに各種の情報の収集、発表及び普及
2) 研究大会、研究会及び講演会等の開催
3) 機関誌及び会員の研究成果の刊行
4) 内外の学会及び関係諸機関、諸団体との協力
5) その他本学会の目的を達成するために必要かつ適当と思われる諸活動

II 会員

第4条（入会資格） 本学会の目的及び活動に賛同する個人及び団体は、本学会に入会を申請することができる。本学会の会員は、個人会員と団体会員からなる。個人会員は、一般会員と院生会員の2種とする。

第5条（入会申請） 本学会への入会は、理事を含む会員2名の推薦に基づき、理事会の承認を得なければならない。

第6条（会員の権利） 会員は、本学会の機関誌の配布を受け、本学会の総会、研究大会、研究会及び講演会等に参加することができる。

第7条（会費） 会員は、別に定める所定の会費を納める。2年以上にわ

たって会費を納めていない者は、理事会の議を経て会員たる資格を失う。

第8条（退会）　本学会から退会しようとする会員は、書面をもってこれを申し出、理事会がこれを承認する。

III　総会

第9条（総会）　通常総会は年一回、臨時総会は必要に応じ理事会の議を経て、理事長が招集する。

第10条（意思決定）　総会の議決は、出席会員の過半数による。但し、規約の変更は出席会員の3分の2以上の同意によって行う。

IV　理事会

第11条（理事及び監事）　本学会に、理事20名程度及び監事2名を置く。

第12条（理事及び監事の選任と任期）　理事及び監事は、総会において選任される。理事及び監事の任期は3年とし、二回まで継続して再選されることができる。

第13条（理事及び監事の職務）　理事は理事会を構成し、学会の業務を管掌する。監事は理事会に出席し、理事の職務の執行及び学会の会計を監査する。

第14条（理事会の任務及び意思決定）　理事会は本学会の組織運営にかかわる基本方針及び重要事項を審議し、決定する。理事会の議決は、理事の過半数が出席し、現に出席する理事の過半数をもって行う。

第15条（理事長）　理事長は、理事の互選により選任される。理事長は本学会を代表し、その業務を統括する。理事長の任期は3年とする。

V　主任及び各委員会並びに運営委員会

第16条（主任）　理事長は、理事の中から、企画主任、編集主任、渉外主任及び広報主任を指名する。

第 17 条（委員会）　各主任は会員の中から数名の委員を指名し、委員会を構成する。各委員会の構成は運営委員会によって承認される。

第 18 条（運営委員会）　運営委員会は、理事長、各委員会主任及び事務局長並びに原則として理事の中から理事長が指名するその他の委員によって構成される。運営委員会は学会の業務を遂行する。

VI　特別顧問

第 19 条（特別顧問）　本学会に特別顧問を置くことができる。特別顧問の任命は、理事会の議を経て、総会が行う。特別顧問は、本学会の会費の納入を免除される。

VII　事務局

第 20 条（事務局）　本学会に、理事長が指名する理事を長とする事務局を置く。事務局長は、理事長を補佐し、本学会の日常業務を処理する。事務局長は、事務局員を置くことができる。

VIII　会計

第 21 条（会計年度）　本学会の会計年度は、毎年 4 月 1 日に始まり翌年の 3 月 31 日に終わる。

第 22 条（予算及び決算）　本学会の予算及び決算は、理事会の議を経て総会の承認を得なければならない。決算については、監事による監査を受けるものとする。

（付則）　（1）この規約は、1998 年 10 月 22 日より施行する。
　　　　　（2）この規約は、2016 年 6 月 11 日より施行する。

（2）日本国際連合学会役員等名簿（2019 年 10 月 1 日～ 2022 年 9 月 30 日）

理事長：神余隆博

事務局長：久木田純

企画主任：山本慎一

編集主任：本多美樹

渉外主任：庄司真理子

広報主任：小山田英治

1　特別顧問：

　　明石康　武者小路公秀　渡邉昭夫

2　監事：

　　松隈潤　渡部茂己

3　理事：

　　秋月弘子　石原直紀　位田隆一　猪又忠徳　植木安弘　小山田英治

　　久木田純　久山純弘　功刀達朗　佐藤哲夫　庄司真理子　神余隆博

　　滝澤三郎　滝澤美佐子　西海真樹　広瀬　訓　二村まどか　本多美樹

　　望月康恵　山本慎一　弓削昭子　米川正子

　　（以上、22 名）

　　（職務出席：外務省総合外交政策局　国連企画調整課ご担当者、事務

　　局次長：真嶋麻子）

4　運営委員：

　　小山田英治　久木田純　庄司真理子　神余隆博　二村まどか

　　本多美樹　山本慎一

　　（職務出席　真嶋麻子）

（3）日本国際連合学会　各種委員会・事務局

5　企画委員会：

山本慎一（主任）　キハラハント愛　佐俣紀仁　菅原絵美　二村まどか

6　編集委員会：

本多美樹（主任）　赤星聖　石塚勝美　上野友也　軽部恵子　柳生一成
吉村祥子

7　渉外委員会：

庄司真理子（主任）　秋山肇　大平剛　髙橋一生　玉井雅隆

8　広報委員会：

小山田英治（主任）　妻木伸之　平井華代

9　事務局：

久木田純（事務局長）　真嶋麻子（事務局次長）

VI

英文要約

1 From Mdgs to Sdgs :

Analysis of its Process and Identification of the Issues for a Post-Sdgs Exercise

Kazuo Takahashi

Sustainability of the daily lives and of the production-consumption system has been shattered world-wide by COVID 19 as if "Sustainable "Development Goals are mocked by it. Examination of SDGs should be called for so that its value and the scope for its further evolution should be identified. One useful optic for this purpose may be to review the process of the birth of SDGs with the focus on the political dynamics of the continuity from MDGs to SDGs.

The two historical processes, one starting with the proposal of President Kennedy for a UN decade of development in 1961, and another initiated by the Swedish government at ECOSOC for a special session of GA on environment in 1967, merged as SDGs in 2015. The multilateral process for development arrived at a peak in the year 2000 with the adoption of MDGs which, however, was virtually the copy of a development cooperation strategy of DAC, OECD of 1996, a process initiated by the then Secretary-General Kofi Annan. G77 plus China decided to take back the initiative in forging a global policy to its group through an intergovernmental process. Making use of a Rio follow-up mechanism, G77 plus China aimed at the pivotal year of the end of MDG, 2015, as the target point for this political initiative.

In the course of the preparation for Rio plus 20, the representative of Colombia proposed the idea of SDGs in 2011. Without any rigorous analytical exercise, the integral concept of SDGs was welcomed as a politically useful idea in the diplomatic forum. Centering around this concept, strengthened mechanisms of reviews and evaluations were largely agreed. It was also agreed in 2012 that the outcome of Rio plus 20 should become the basis of post-MDGs negotiations for the target year of 2015. Along these lines' details were negotiated at an open-ended working group of 30 countries which produced a report in September 2014. The General Assembly endorsed the recommendations of this report which was incorporated in the presentation of the Secretary- General to the General Assembly in 2015.

The preparations initiated by the Secretary-General from 2011, including the eminent persons group consisting of a number of presidents and prime ministers and the working group of representatives of relevant UN bodies, therefore, became subsumed to the Rio plus 20 follow-up. The negotiated draft was agreed on a consensus base, launching the SDGs by the General Assembly in 2015.

This study shows that SDGs is an evolving concept. A number of issues for the further evolution of SDGs are identified in relation to the concept and also to the United Nations itself. One important example is that SDGs may become an additional pillar of the international security structure in the framework of the United Nations in the coming years.

2 Can the Globe be Governed Through Goals? :

Lessons from the Sustainable Development Goals

Hiroko Ogawa

Since around the 2010's, multilateral and transnational cooperation is increasingly ineffective in areas such as trade and climate change. Gridlock is not unique to one issue domain but appears to be becoming a general feature of global governance. It means that international regimes -- chiefly state-to-state negotiations over treaties have not been effective tools for solving problems. As an attempt to break the deadlock, a wide variety of governance systems have emerged, including private regimes and network-based governance, in which not only large powers but also non-state actors participate.

The Sustainable Development Goals (SDGs), "governance through goals," is also one of them. The United Nations (UN) encourage all the actors to make efforts to progress towards the 17 goals and the 169 targets of the SDGs but leave the actors to decide how to implement them according to their abilities and their situation. The implementation of the SDGs is supposed to be "tailor-made" instead of "one-size fits all," which is highly evaluated because we can implement the SDGs flexibly and realistically. Meanwhile, governance through goals might mean the absence of governance and might not increase their efforts sufficiently. Can the SDGs, which try to govern actors through goals, ensure the effectiveness?

Our progress toward the SDGs is encouraged by the world-wide monitoring system, unlike the previous international goals, such as ODA 0.7% target and the Millennium Development Goals. The UN created "the global indicators" to encourage the governments to measure their achievements and submit their progress reports to the UN High-level Panel Forum. In addition, the Bertelsmann Foundation created "SDG index score and Dashboard" as the provisional and supplementary tools for the global indicators to compare the performance of the states and show the issues to be addressed. Most countries missed many basic data for the indicators, and the monitoring system did not work sufficiently. However, most countries around the world were embarking on and advancing this global task to achieve the SDGs, even though they would not be able to achieve the SDGs by 2030.

Previous research argued that the indicators that could measure our progress accurately were essential to the monitoring system. However, in reality, many countries have increased their SDG index scores to progress toward the SDGs over the past four years. We can safely say that the SDGs, that is, "governance through goals," have been able to ensure the effectiveness until now.

On the other hand, this article clarified that many countries with high SDG index score have reduced the rate of increase of the score. Therefore, we can predict that the countries might stop to increase the score and the SDGs might not ensure its effectiveness in the future. It is important to reveal the domestic and international factors that prevent the countries from increasing the score. It should be recognized that qualitative analysis can complement quantitative analysis.

3 Sustainable Development Goals and Business Actions :

The Responsibility and Role of Companies Regarding "Business and Human Rights"

Emi Sugawara

Five years have passed since the establishment of Sustainable Development Goals (Sdgs), which were set in 2015. In solving global issues, companies have been subject to regulation as causing and contributing to degradation of the environment and violations of human rights and have been a counterpart for global partnerships pioneered by the United Nations Global Compact. One of the characteristics of the SDGs is that companies are actively positioned as leading actors of public policy. As part of these SDGs efforts, companies are expected to minimize negative impacts on society and strengthen positive impacts throughout their business activities, including the value chain. From a business and human rights perspective, confirmed in the United Nations Guiding Principles on Business and Human Rights (2011), this means that at the core of the SDGs, it is corporate responsibility to respect internationally recognized human rights (expressed in the International Bill of Human Rights and the eight ILO core conventions) throughout corporate activities, including the value chain.

However, on the ground, there are often concerns about the efforts of companies toward the SDGs that have neglected core efforts such as responsibility for respecting human rights, as represented by the term "SDG-Washing." The UN Business and Human Rights Working Group has emphasized that the responsibility of companies for respecting human rights throughout the value chain is the most powerful contribution to sustainable development, that the business strategy for contributing to SDGs will not replace human rights due diligence and has recommended the implementation of an operational grievance mechanism as a remedy for human rights violations. Moreover, the issue of whether or not a company fulfills its responsibility for human rights as the core of the SDGs is receiving more attention in countermeasures against the new coronavirus infection (hereinafter referred to as "COVID-19"). The unemployment problem has been exacerbated because of COVID-19 and its resulting economic recession. The issue that "leaving no one behind" during the economic recovery from COVID-19 is a task for the SDGs. OHCHR calls for respect for the rights of directly hired workers, which is currently insufficient, respect for the rights of workers throughout the value chain, human rights due diligence for its business activities during the COVID-19 crisis, and access to effective relief because of the crisis.

With the SDGs being raised in the context of reconstruction from COVID-19, companies are asked how they will deal with employment issues not only within their own company but also in the global value chain as corporate responsibility to respect human rights, which is the core of the efforts of SDGs.

4 SDGs and Civil Society :

In View of Creating Global Public Policy and Global Institution

Takehiko Uemura

This paper demonstrates how essential the implementation of global public policy such as global taxes and a global institution such as a world government are in achieving Sustainable Development Goals (SDGs). It also places special emphasis on the role of civil society in realizing both of these goals.

This article starts by positioning civil society in the global society by applying the three sectors model comprised of government, market and civil society, and showing the significance of global governance where actors from each sector work together as partners in addressing pressing global issues. This article further articulates how essential building a global government or a world government is to making global governance succeed in attaining SDGs.

The paper explains why local and national actions and governance alone are not sufficient to achieve SDGs by showing the global political economic structures that cause global challenges. Specifically, they are (1) the lack of finance to achieve SDGs; (2) the expansion of the "money game economy" and tax havens; and (3) the limitations of the Westphalian system and the malfunction of current global governance.

With these factors in mind, the paper explains why global taxes are indispensable to addressing these causes, thereby achieving SDGs, by focusing on: (1) generating huge finance necessary for SDGs; (2) suppressing negative global activities including speculative financial trading and CO_2 emissions; and (3) creating a more democratic, transparent, and accountable global governance than currently exists, leading to the eventual establishment of a world government.

At the same time, this paper examines the place of a world government as an essential ingredient to achieving SDGs, by: (1) providing a definition; (2) showing why it is more desirable than the current global political system; (3) addressing the common criticisms of a world government; and (4) reviewing ways to overcome those criticisms by examining federalism, subsidiarity principles, a United Nations Parliamentary Assembly (UNPA) and the introduction of global taxes.

The paper then, focuses on how to realize both global taxes and a world government through analyzing two NGOs: the Global Tax Forum (GTF) aiming at a realization of global taxes in Japan; and the Democracy Without Borders (DWB) working to establish a world parliament and a world government.

Those examinations articulate both the positive impacts they create and the challenges they face, i.e., a lack of funding. In order to overcome this challenge, the article proposes a strategy for getting NGOs all over the world involved in advocating for the implementation of global taxes, arguing that a portion of the revenue generated by global taxes would be delivered to NGOs.

This article concludes that innovative ideas and strategies are needed to attain SDGs and to empower NGOs toward implementing global taxes and building a world government.

5 Re-examining the Post-Libya Trajectory of Responsibility to Protect (R2P):

Tradition of Conflict Prevention and an Unfolding "Pillar Two-and-a-half" of R2P?

Hiroshi Nishikai

This article aims to re-examine the trajectory of Responsibility to Protect (R2P), especially after the R2P-related military intervention in Libya in 2011. This re-examination is required because there seems to be discordance among recent arguments and discourses on R2P. On the one hand, both interest in and valuation of R2P have apparently registered a decline, especially among academics, as Libya has returned to civil war after the intervention and the international community has been unable to take effective measures against crises in Syria, Myanmar, and other regions. On the other hand, discourses and practices concerning R2P are being steadily accumulated within and around the United Nations (UN) after 2011; for example, UN General Assembly has been adopting R2P as an agenda for its formal session since 2017.

This article argues that the discordance is the result of the academics' narrow perspective in understanding R2P that focuses on only one aspect, i.e., forcible 'military intervention'. To show its narrowness, this article retrieves three traditions intertwined into the R2P concept, i.e. 'just war / intervention', 'conflict prevention', and 'governance', by reviewing the report of the International Commission on Intervention and State Sovereignty (ICISS) that originally coined the term in 2001. In addition, to clarify the discourses accumulated around the UN, this article overviews the 2005 World Summit Outcome Document, UN Secretary-General's first report on R2P submitted in 2009, and development of the concept during 2001-2009. These reviews confirm the following facts: first, the three traditions remain the axes of discourses and practices concerning R2P and second, the tradition of 'conflict prevention' has been gradually mainstreamed in the UN. Thus, the trajectory of R2P cannot be unerringly comprehended without a perspective covering the three traditions.

The three-tradition perspective enables us to re-examine discourses, practices, and efforts made to realise and institutionalise R2P after 2011, most of which are based on the tradition of 'conflict prevention', for example, the R2P Focal Point Initiative. Moreover, the re-examination with due attention to the tradition leads us in foregrounding the Kigali Principles on the Protection of Civilians (POC) advocated in 2015. The Principles, which are clearly interconnected with R2P, aim to promote 'use of force' by Peacekeeping Operations (PKO) missions to protect civilians at risk; besides, PKO and POC are included in 'Pillar Two' of the three-pillar framework of R2P implementation. This implies that the Principles promote measures of more than 'Pillar Two' (centred on 'conflict prevention') but less than 'Pillar Three' (centred on 'intervention') of R2P; in other worlds, the Principles develop an unfolding 'Pillar Two-and-a-half'. In conclusion, the tradition of conflict prevention and the Kigali Principles should be paid more attention to comprehend R2P and to protect people more effectively.

6 UN Peace Operations and Local Peace

Ayako Kobayashi

This paper analyzes local peace, which has received attention in both academic research and United Nations (UN) peace operations in recent years. The paper considers, first, the definition of what the term "local" is in local peace, and, secondly, explores the challenges associated with implementing policies and operations designed to secure local peace.

In seeking to define local peace, the existing literature has highlighted the relational aspects of 'localness' and offered three main categories of local peace study: peace from above and below, which includes state building and peace consolidation in a sub-state level; peace from outside and within, or international peace operations vis-à-vis domestic initiatives; and people-to-people peace, which excludes intervention from either above or outside. It was found that while liberal peacebuilding focuses on peace from above and outside, ongoing policy discussions on local peace supported by UN peace operations are peace from outside while within; a classification which was not clear in the existing literature. This observation led to a conclusion that careful study and delineation is necessary before local peace efforts can be appropriately characterized.

The second half of the paper examines two cases which demonstrate the complexities and challenges of local peace in UN peacekeeping operations. The first case considers "the Two Areas" in the Sudan, where the UN Security Council established a new mission in June of 2020. There are challenges of local peace that have been left out of the national peace agenda, making Sudan's case uniquely suited to study of peace from above or below, as well as peace from the outside-in. The second case is the communal conflicts in Jonglei state, South Sudan, which will celebrate its tenth anniversary of independence in July 2021. After the North-South Sudanese Civil War, South Sudanese people exercised their right to self-determination and achieved independence at the national level. However, South Sudan's communal conflicts have evolved locally, with a different logic to that of the national concerns, for people-to-people peace, or the lack thereof. The unique, 'local peace,' that the case studies represent requires a more considered and different type of response than UN peace operations have hitherto employed.

The peace pursued in conflict-affected countries is multi-faceted and complex, and varies greatly, based on history, involved actors, and political dynamics. The urge is often strong to secure an immediate, more visible type of peace, which often leaves groups of people disenfranchised to attempt to secure more sustainable solutions. Local peace theory bears further research and analysis in order to better understand and address the many, diverse dimensions of peace.

編集後記

　第 22 号も、研究、実務、現場の観点から国連の主要分野をカバーする形で、特集論文、独立論文、政策レビュー、書評を掲載いたしました。また、国連システム学術評議会（ACUNS）研究大会、ACUNS-Tokyo 大会、国際シンポジウムなどについても紹介することができました。論考をご執筆、ご投稿をいただいた会員の皆様に感謝を申し上げたいと思います。また、ご多忙の中、査読のためにご協力いただきました学会会員や会員外の先生方にも大変お世話になりました。ありがとうございました。残念ながら今号への掲載が叶わなかった論文もありましたが、次号以降に、また、本学会の研究大会でのご研究の成果の発表をお待ちしています。

　最後になりましたが、今号も無事に出版できましたのは、国際書院の石井彰社長の本学会へのご理解とご協力のおかげです。心より感謝申し上げます。
（本多美樹　法政大学）

　本号では、特集論文のなかでも投稿論文を担当させて頂きました。独立論文でも同様ですが、査読の結果によっては掲載されないこともあります。しかし、これまでに依頼した査読者はどの方も非常に丁寧にコメントをして頂いておりまして、掲載が叶わなかった場合でも、そのコメントを次の投稿に活かして頂ければ幸いです。
（上野友也　岐阜大学）

　本号では特集論文を担当いたしました。本多編集主任を始めとする編集委員の先生方や国連研究に対する会員の皆様の熱意に励まされ、無事刊行に至ることができました。寄稿・投稿をお寄せいただいた会員の皆様および査読等お引き受け下さった皆様に心より御礼申し上げます。依然として世界情勢は厳しく、「ニューノーマル」が続く現在、働き方も生き方も転換を余儀な

くされています。このような世界では、国連を始めとする多国間機構の真価が、ますます問われてくると思われます。今後も、会員の皆様からの意欲あふれる論説寄稿をお待ちしております。　　　　　　（吉村祥子　関西学院大学）

　特集テーマのセクションを担当させて頂きました。コロナウイルス禍等で大変お忙しい中にもかかわらず、執筆をご快諾下さいました先生方に深く感謝申し上げます。編集に携わることによって、市民社会や企業によるSDGsの実現の重要性などを通じて、国家中心の視点にとらわれずに現在のグローバルな課題を考察することの重要性をあらためて認識する機会を頂きました。

（柳生一成　広島修道大学）

　右も左もわからない状態で、何とか編集委員を務められたのは、本多主任を初めとする編集委員会の皆様のおかげです。また、全国の大学教員が初めてのオンライン授業の準備と採点に忙殺される中、期日通り原稿を提出いただいた投稿者と査読者に、厚くお礼申し上げます。

（軽部恵子　桃山学院大学）

　本号では独立論文セクションを担当させていただきました。刺激的かつ意欲的な論考を投稿いただいた執筆者の先生、大変丁寧で建設的なコメントをいただいた査読者の先生方には厚く御礼申し上げます。両者の意義深いやり取りを経て、独立論文として掲載されるプロセスに関わることができ、大変有難い機会を得ることができました。引き続き、会員のみなさまからのご論稿をお待ち申し上げております。　　　　　　（赤星聖　関西学院大学）

　書評セクションにおいて、4本の書評の編集を担当いたしました。評者の方々が期日厳守で、詳細かつ的確な解説・論評をしてくださったお陰で、スムーズに編集作業の過程を進めることができ、かつ私自身も4本の名著の内容を同時に理解することができ、知識や議論の幅を広げることができまし

た。心より御礼申し上げます。　　　　　　　　　　　　（石塚勝美　共栄大学）

＊セクション担当順

〈執筆者一覧〉掲載順

髙橋　一生

アレキサンドリア図書館顧問、元国際基督教大学教授

経済協力開発機構（OECD）、笹川平和財団、国際開発研究センター長、東京大学、政策研究大学院大学、国連大学などの客員教授などを歴任。

専門は、国際開発論、地球公共財論。

著書に、*Japan at 50 in the UN*, United Nations University, 2006；『地球公共財の政治経済学』国際書院、2005 年；『国際開発の課題』国際開発高等研究機構、1998 年など。

小川　裕子

東海大学政治経済学部教授

専門は、国際政治学。

近著に、「内面化という虚構：国際規範の法制度化と実効性」西谷真規子編著『国際規範はどう実現されるか：複合化するグローバル・ガバナンスの動態』ミネルヴァ書房、2017 年 3 月、252-281 頁；"Normality of International Norms: Power, Interests, and Knowledge in Japan's ODA Politics," *Journal of International Development Studies*, Volume 28 Issue 3, 2019, pp. 5-18 など。

菅原　絵美

大阪経済法科大学国際学部教授

専門は、国際法、国際人権法。

近著に、「『ビジネスと人権』に関する国家の域外的保護義務の展開：日本の国別行動計画の策定における優先課題」『神奈川法学』第 51 巻 3 号、2019 年、681-699 頁；「企業の社会的責任と国際制度：『ビジネスと人権』を事例に」『論究ジュリスト』第 19 号、2016 年、51-58 頁など。

上村　雄彦

横浜市立大学国際教養学部教授

専門は、グローバル政治論。

近著に、『グローバル・タックスの理論と実践：主権国家体制の限界を超えて』日本評論社、2019 年；『不平等をめぐる戦争：グローバル税制は可能か？』集英社、2016 年；『グローバル・タックスの可能性：持続可能な福祉社会のガヴァナンスをめざして』ミネルヴァ書房、2009 年など。

西海　洋志

聖学院大学政治経済学部准教授

専門は、国際政治思想。

近著に、『保護する責任と国際政治思想』国際書院、2021 年；「後期近代における時間：技術（テクノロジー）と社会的加速への問い」『時政学への挑戦：政治研究の時間論的転回』ミネルヴァ書房、2021 年など。

小林　綾子

上智大学総合グローバル学部特任助教

専門は、国際政治学、国際機構論、紛争・平和研究。

近著に、「地球社会と人間の安全保障」滝田賢治・大芝亮・都留康子編『国際関係学：地球社会を理解するために』有信堂、2021 年［第 3 版］、187-200頁；「アフリカの内戦における人道アクセスと反乱軍：南スーダンを事例として」『国際政治』第 186 号、2017 年、80-96 頁など。

星野　俊也

大阪大学大学院国際公共政策研究科教授、前国際連合日本政府代表部大使・次席常駐代表

専門は、国際政治学、国際関係論、人間の安全保障。

近著に、『自由の共有と公共政策』大阪大学出版会、2019 年；『富の共有と

公共政策』大阪大学出版会、2018 年；『平和の共有と公共政策』大阪大学出版会、2016 年など。

越智　萌
立命館大学国際関係学部・国際関係研究科准教授
専門は、国際法、国際刑事司法。
近著に、『国際刑事手続法の体系：「プレミス理論」と一事不再理原則』信山社、2020 年；「国際刑事司法における恩赦と一事不再理の適用例外：「不処罰との闘い」構想の具体化の反映として」『国際公共政策研究』23 巻 1 号、2018 年 9 月、75-96 頁など。

渡部　茂己
常磐大学常任理事、中央大学法学部兼任講師
専門は、国際法、国際環境法、国際機構論。
近著に、『国際法・第 3 版』（共編著）、弘文堂、2018 年；「紛争の解決と安全保障」『国際機構論　活動編』国際書院、2020 年；『国際人権法』（編著）、国際書院、2009 年など。

久山　純弘
前国連大学客員教授
元国連事務次長補、国連代表部（第 5 委議長等を兼任）、JIU 等
専門は、国連改革・国連行財政
著書に、*Envisioning Reform – Enhancing UN Accountability in the 21st century,* United Nations University Press, 2009；「国連行財政改革の指針・動向」『国連と地球市民社会の新しい地平』東信堂、2006 年など。

鈴木　淳一

獨協大学法学部教授

専門は、国際法。

近著に、「ラテンアメリカ及びカリブ海地域と世界遺産条約—文明間接触と先住民族に関する国際法の観点から—」『獨協法学』第 113 号、2020 年、181-277 頁；「＜研究ノート＞2014 年の西アフリカにおけるエボラ出血熱の流行への国際社会の対応－国際法の視点から－」『獨協法学』第 98 号、2015 年、29-66 頁など。

植木　安弘

上智大学グローバル・スタディーズ研究科教授

専攻は、国際関係論、国際機構論。

近著に、「リベラルな国際秩序と国連」納家政嗣・上智大学国際関係研究所編『自由主義的国際秩序は崩壊するのか：危機の原因と再生の条件』勁草書房、2021 年、第 3 章；『国際連合：その役割と機能』日本評論社、2018 年など。

庄司　真理子

敬愛大学国際学部教授

専門は、国際関係論、国際法。

近 著 に、"The UN Global Compact for Transnational Business and Peace: A Need for Orchestration?" Mia Mahmudur Rahim（Eds）: *Code of Conduct on Transnational Corporations: Challenges and Opportunities*, Springer Nature, February 2019 など。

（『国連研究』第 22 号）

持続可能な開発目標と国連
SDGs の進捗と課題

編者　日本国際連合学会

2021 年 6 月 19 日初版第 1 刷発行

・発行者──石井　彰　　　　　　　・発行所＿＿＿＿＿＿＿

印刷・製本／モリモト印刷株式会社

© 2021 by The Japan Association
　　for United Nations Studies

KOKUSAI SHOIN Co., Ltd.
3-32-5, HONGO, BUNKYO-KU, TOKYO, JAPAN.

株式会社 **国際書院**
〒113-0033 東京都文京区本郷 3-32-6 ハイヴ本郷 1001
TEL 03-5684-5803　　FAX 03-5684-2610
E メール：kokusai@aa.bcom. ne.jp
http://www.kokusai-shoin.co.jp

定価（本体 3,200 円＋税）

ISBN978-4-87791-313-7 C3032 Printed in Japaqn

横田洋三編

国連による平和と安全の維持
―解説と資料

87791-094-8　C3032　　　　A5判　841頁　8,000円

本書は、国連による国際の平和と安全の維持の分野の活動を事例ごとに整理した資料集である。地域ごとに年代順に事例を取り上げ、①解説と地図、②資料一覧、③安保理などの主要資料の重要部分の翻訳を載せた。　　　　　　　　　　（2000.2）

横田洋三編

国連による平和と安全の維持
―解説と資料　第二巻

87791-166-9　C3032　　　　A5判　861頁　10,000円

本巻は、見直しを迫られている国連の活動の展開を、1997年以降2004年末までを扱い、前巻同様の解説・資料と併せて重要文書の抄訳も掲載し、この分野における全体像を理解できるように配慮した。　　　　　　　　　　（2007.2）

秋月弘子

国連法序説
―国連総会の自立的補助機関の法主体性に関する研究

906319-86-6　C3032　　　　A5判　233頁　3,200円

国連開発計画、国連難民高等弁務官事務所、国連児童基金を対象として国連という具体的な国際機構の補助機関が締結する「国際的な合意文書」の法的性格を考察することによって、補助機関の法主体性を検討する。　　　　　　　　（1998.3）

桐山孝信／杉島正秋／船尾章子編

転換期国際法の構造と機能

87791-093-X　C3032　　　　A5判　601頁　8,000円

［石本泰雄先生古稀記念論文集］地球社会が直面している具体的諸課題に即して国際秩序転換の諸相を構造と機能の両面から分析する。今後の国際秩序の方向の学問的展望を通じて現代日本の国際関係研究の水準を次の世紀に示す。　（2000.5）

関野昭一

国際司法制度形成史論序説
―我が国の外交文書から見たハーグ国際司法裁判所の創設と日本の投影

87791-096-4　C3032　　　　A5判　375頁　4,800円

常設国際司法裁判所の創設に際しての我が国の対応を外交文書・関連資料に基づいて検討し、常設国際司法裁判所が欧米の「地域」国際裁判所に陥ることから救い、裁判所に「地域的普遍性」を付与したことを本書は明らかにする。　（2000.3）

横田洋三／山村恒雄編著

現代国際法と国連・人権・裁判

87791-123-5　C3032　　　　A5判　533頁　10,000円

［波多野里望先生古稀記念論文集］「法による支配」を目指す現代国際法は21世紀に入り、危機に直面しているとともに新たなる理論的飛躍を求められている。本書は国際機構、人権、裁判の角度からの力作論文集である。　　（2003.5）

秋月弘子・中谷和弘・西海真樹　編

人類の道しるべとしての国際法
［平和、自由、繁栄をめざして］

87791-221-5　C3032　　　　A5判　703頁　10,000円

［横田洋三先生古稀記念論文集］地球共同体・人権の普遍性・正義・予防原則といった国際人権法、国際安全保障法、国際経済法、国際環境法などの国際法理論の新しい潮流を探り、21世紀国際法を展望する。　　　　　　　　（2011.10）

小澤　藍

難民保護の制度化に向けて

87791-237-6　C3031　　　¥5600E　A5判　405頁　5,600円

難民保護の国際規範の形成・拡大とりわけOSCEおよびUNHCRの協力、EUの難民庇護レジームの形成・発展を跡付け、難民保護の営為が政府なき世界政治における秩序形成の一環であることを示唆する。　　　　　　　　（2012.10）

掛江朋子

武力不行使原則の射程
―人道目的の武力行使の観点から

87791-239-0　C3032　　　　A5判　293頁　4,600円

違法だが正当言説、妥当基盤の変容、国連集団安全保障制度、「保護する責任論」、2005年世界サミット、安保理の作業方法、学説などの分析を通して、人道目的の武力行使概念の精緻化を追究する。　　　　　　　　　　（2012.11）

東　壽太郎・松田幹夫編

国際社会における法と裁判

87791-263-5　C1032　　　　A5 判　325 頁　2,800 円

尖閣諸島・竹島・北方領土問題などわが国を取り巻く諸課題解決に向けて、国際法に基づいた国際裁判は避けて通れない事態を迎えている。組織・機能・実際の判決例を示し、国際裁判の基本的知識を提供する。　　　　　　　　　　　　　　（2014.11）

渡部茂己・望月康恵編著

国際機構論［総合編］

87791-271-0　C1032　　　　A5 判　331 頁　2,800 円

「総合編」、「活動編」「資料編」の 3 冊本として順次出版予定。「総合編」としての本書は、歴史的形成と発展、国際機構と国家の関係、国際機構の内部構成、国際機構の使命など第一線で活躍している専門家が詳説。　　　　　　　　　　　　　　（2015.10）

吉村祥子・望月康恵編著

国際機構論［活動編］

87791-305-2　C3032　¥3200E　　A5 判　321 頁　3,200 円

国際機構論における「総合編」「活動編」「資料編」の第 2 巻に当たる本書 [活動編] では安全保障、軍縮、人権、国際協力、経済、環境、文化、交通通信など各分野の活動を取り上げ国際機構の今日的役割を明らかにする。　　　　　　　　　　　（2020.7）

松隈　潤

地球共同体の国際法

87791-294-9　C1032　¥2000E　　A5 判　193 頁　2,000 円

「地球共同体の価値・利益」を保護する法の発展という現象に着目し、国際法の履行確保に関し国際機構論などの先行研究に依拠しつつ、各分野の「課題の所在」を確認し、「地球共同体の国際法」の可能性を追う。　　　　　　　　　　　　　（2018.9）

横田洋三・大谷　實・坂元茂樹監修

世界人権宣言の今日的意義
―世界人権宣言採択70周年記念フォーラムの記録―

87791-298-7　C3032　¥1200E　　四六判　169 頁　1,200 円

世界人権宣言の法的側面からの議論を通して世界人権宣言の現代社会における意義および役割を考える。21 世紀国際社会における人類のゆくへをみる上で個人の尊厳を今こそわたしたちが真摯に問う時だ。　　　　　　　　　　　　　　（2019.8）

安藤貴世

国際テロリズムに対する法的規制の構造:
テロリズム防止関連諸条件における裁判管轄権の検討

87791-303-8　C3032　¥6200E　　A5 判　415 頁　6,200 円

今日まで 19 を数えるテロリズム防止関連諸条約を通して裁判管轄権規定の成立過程を描き出すことにより、国際テロリズムの処罰の法構造がどのように形成されてきたかを明らかにし今後の法的展望を示唆する。　　　　　　　　　　　　（2020.4）

波多野里望／松田幹夫編著

国際司法裁判所
―判決と意見第 1 巻（1946-63 年）

906319-90-4　C3032　　　　A5 判　487 頁　6,400 円

第 1 部判決、第 2 部勧告的意見の構成は第 2 巻と変わらず、付託事件リストから削除された事件についても裁判所年鑑や当事国の提出書類などを参考にして事件概要が分かるように記述されている。　　　　　　　　　　　　　　　（1999.2）

波多野里望／尾崎重義編著

国際司法裁判所
―判決と意見第 2 巻（1964-93 年）

906319-65-7　C3032　　　　A5 判　561 頁　6,214 円

判決及び勧告的意見の主文の紹介に主眼を置き、反対意見や分離（個別）意見は、必要に応じて言及する。事件概要、事実・判決・研究として各々の事件を紹介する。巻末に事件別裁判官名簿、総名簿を載せ読者の便宜を図る。　　　　　　　（1996.2）

波多野里望／廣部和也編著

国際司法裁判所
―判決と意見第 3 巻（1994-2004 年）

87791-167-6　C3032　　　　A5 判　621 頁　8,000 円

第二巻を承けて 2004 年までの判決および意見を集約し、解説を加えた。事件概要・事実・判決・主文・研究・参考文献という叙述はこれまでの形式を踏襲し、索引もまた読者の理解を助ける努力が施されている。　　　　　　　　　　　　（2007.2）

横田洋三／廣部和也編著

国際司法裁判所
—判決と意見第 4 巻 (2005-2010 年)

87791-276-5 C3032　　　　　A5 判　519 頁　6,000 円

1999 年刊行を開始し、いまや国際法研究者必読の書として親しまれている。第 4 巻は 2005-2010 年までの国際司法裁判所の判決および勧告的意見を取上げ、事件概要・事実・判決・研究を紹介する

(2016.8)

横田洋三／東壽太郎／森喜憲編著

国際司法裁判所
—判決と意見第 5 巻

87791-286-4 C3032　　　　　A5 判　539 頁　6,000 円

本書は 2011 – 2016 年までの国際司法裁判所が出した判決と勧告的意見の要約および開設を収録している。判決・勧告的意見の本文の紹介を主な目的とし、反対意見・分離意見は必要に応じて「研究」で言及した。

(2018.1)

横田洋三訳・編

国際社会における法の支配と市民生活

87791-182-9 C1032　　　　　四六判　131 頁　1,400 円

[ifUNU レクチャー・シリーズ①]　東京の国際連合大学でおこなわれたシンポジウム「より良い世界に向かって−国際社会と法の支配」の記録である。本書は国際法、国際司法裁判所が市民の日常生活に深いかかわりがあることを知る機会を提供する。

(2008.3)

内田孟男編

平和と開発のための教育
—アジアの視点から

87791-205-5 C1032　　　　　A5 判　155 頁　1,400 円

[ifUNU レクチャー・シリーズ②]　地球規模の課題を調査研究、世界に提言し、それに携わる若い人材の育成に尽力する国連大学の活動を支援する国連大学協力会 (jfUNU) のレクチャー・シリーズ②はアジアの視点からの「平和と開発のための教育」

(2010.2)

井村秀文編

資源としての生物多様性

87791-211-6 C1032　　　　　A5 判　181 頁　1,400 円

[ifUNU レクチャー・シリーズ③]　気候変動枠組み条約との関連を視野にいれた「遺伝資源としての生物多様性」をさまざまな角度から論じており、地球の生態から人類が学ぶことの広さおよび深さを知らされる。

(2010.8)

加来恒壽編

グローバル化した保健と医療
—アジアの発展と疾病の変化

87791-222-2 C3032　　　　　A5 判　177 頁　1,400 円

[ifUNU レクチャー・シリーズ④]　地球規模で解決が求められている緊急課題である保健・医療の問題を実践的な視点から、地域における人々の生活と疾病・保健の現状に焦点を当て社会的な問題にも光を当てる。

(2011.11)

武内和彦・勝間　靖編

サステイナビリティと平和
—国連大学新大学院創設記念シンポジウム

87791-224-6 C3021　　　　　四六判　175 頁　1,470 円

[ifUNU レクチャー・シリーズ⑤]　エネルギー問題、生物多様性、環境保護、国際法といった視点から、人間活動が生態系のなかで将来にわたって継続されることは、平和の実現と統一されていることを示唆する。

(2012.4)

武内和彦・佐土原聡編

持続可能性とリスクマネジメント
—地球環境・防災を融合したアプローチ

87791-240-6 C3032　　　　　四六判　203 頁　2,000 円

[ifUNU レクチャー・シリーズ⑥]　生態系が持っている多機能性・回復力とともに、異常気象、東日本大震災・フクシマ原発事故など災害リスクの高まりを踏まえ、かつグローバル経済の進展をも考慮しつつ自然共生社会の方向性と課題を考える。

(2012.12)

武内和彦・中静　透編

震災復興と生態適応
—国連生物多様性の 10 年と RIO＋20 に向けて

87791-248-2 C1036　　　　　四六判　192 頁　2,000 円

[ifUNU レクチャーシリーズ⑦]三陸復興国立公園 (仮称) の活かし方、生態適応の課題、地域資源経営、海と田からのグリーン復興プロジェクトなど、創造的復興を目指した提言を展開する。

(2013.8)